Wolfgang Reiß · Kinderzeichnungen

Wolfgang Reiß

Kinderzeichnungen

Wege zum Kind durch seine Zeichnung

Luchterhand

Die Deutsche Bibliothek – CIP-Einheitsaufnahme

Reiß, Wolgang A.:
Kinderzeichnungen: Wege zum Kind durch seine Zeichnung/ Wolfgang Reiß. – Neuwied; Kriftel; Berlin; Luchterhand, 1996
Zugl. Kurzfassung von: Essen, Univ. Habil.-Schr., 1992
ISBN 3-472-01694-9

Alle Rechte vorbehalten.
© 1996 by Hermann Luchterhand Verlag GmbH
Neuwied, Kriftel, Berlin.
Das Werk einschließlich aller seiner Teile ist urheberrechtlich geschützt.
Jede Verwertung außerhalb der engen Grenzen des Urheberrechtsgesetzes ist ohne Zustimmung des Verlages unzulässig und strafbar. Das gilt insbesondere für Vervielfältigungen, Übersetzungen, Mikroverfilmungen und die Einspeicherung und Verarbeitung in elektronischen Systemen.
Satz: Fotosatz Froitzheim, Bonn
Gesamtherstellung: Wilhelm & Adam, Heusenstam
Printed in Germany, Januar 1996

⊖ Gedruckt auf säurefreiem, alterungsbeständigem Papier

Für Kristina

Vorwort

Die Ausdrucksmittel Zeichnen und Malen gehören, neben der sprachlichen Verständigung, zu den wichtigsten Kommunikationsformen in der Kindheit.

In den Bildern stellen die Kinder ihre Wirklichkeit dar, die unterschiedlichen Formen der Auseinandersetzung mit ihr, die Wünsche, Ängste, Sehnsüchte und Hoffnungen. Durch die Freiheit der Darstellung kann das Kind phantasievoll-schöpferisch tätig sein. Im produktiven Umgang mit der Bildherstellung werden von Heranwachsenden Lernerfahrungen gemacht, die von keinem anderen geistigen Ausdrucksgebiet ersetzt werden können.

Darüber hinaus kann das selbst hergestellte Bild helfen, affektive Erlebnisse zu verarbeiten, bisher nicht beherrschte Situationen zu erproben oder einem Wunsch nahezukommen. So kann das Kinderbild ein Spiegel sein, durch den man direkten Zugang zum Denken und Fühlen des Kindes in der gesellschaftlichen Wirklichkeit erhält.

Im Gegensatz zur sozialwissenschaftlichen Öffnung des Faches Kunsterziehung seit den sechziger Jahren, beruhte die Sichtweise der Kinderzeichnung in nuce immer noch auf den Theorien der Ganzheits- und Gestaltpsychologie. Die hier vorgelegte Arbeit bleibt nicht auf die Analyse der Morphogenese beschränkt, sondern manifestiert sich unter dem Aspekt der präsentativen Kommunikation auf drei synchronen Ebenen: dem direkten Zusammenhang zwischen den Aspekten der Gestaltung, den Inhalten der jeweiligen kindlichen Weltbezüge und der pädagogischen Aufgabe der Eltern, Lehrer und Erzieher, die auf Verständigung zielenden Aussagen der Kinder ernst zu nehmen. Neue Einsichten in das Bildverständnis, in den Verlauf und die Struktur ikonischer Repräsentation könnten – das wäre unser Anliegen – den Prozeß einer unabhängigen Wesensbestimmung kindlicher Gestaltung weiter voranbringen.

Das Buch stützt sich auf die Untersuchung von Kinderbildern, die in den Jahren zwischen 1982 und Anfang der neunziger Jahre entstanden sind. Neben Längsschnittstudien einzelner Kinder bildeten Arbeiten aus der Schulpraxis und die Untersuchung von ca. 34 000 Kinderbildern zu dem Thema: »Wie wir Kinder heute leben« die wichtigsten Grundlagen der empirischen Erhebungen.

Dank für die Materialbeschaffung gebührt *Alfred Feuerstein* und *Imke Liegmann* vom Verlagshaus Gruner & Jahr (Hamburg). Gedankt sei dem ehemaligen Präsidenten des Deutschen Kinderschutzbundes *Prof. Dr. Walter Bärsch* (Hamburg). *Eva Thomkins* (Köln) und die Familie *Crummenauer* (Düsseldorf) haben mir mehrere tausend Bilder ihrer Kinder überlassen, hierfür sei ihnen herzlich gedankt. Ebenso danke ich *Sebastian,* der viele Jahre für mich zeichnete und damit stellvertretend den vielen tausend Kindern, die durch ihren gestalterischen Beitrag zu dieser Arbeit beigetragen haben. Dieser Dank schließt auch alle Eltern, Lehrer und Studenten ein.

Besonders verbunden bin ich *Hermann J. Mahlberg* (Wuppertal) und *Gunter Otto* (Hamburg) für ihre Kritik und Anregung; *Helmut Schaffrath* (†) (Essen) für die statistische Beratung und Auswertung und insbesondere *Matthias Kohn* (Essen), ohne dessen Unterstützung des gesamten Arbeitsprozesses diese Arbeit in dieser Form nicht hätte vorgelegt werden können. *Uwe Arnim Borchers* danke ich für Beratung und Unterstützung, die zur Publikation im Luchterhand Verlag führte.

Eine erweiterte Fassung dieser Arbeit wurde 1992 vom Fachbereich Gestaltung – Kunsterziehung der Universität-GH-Essen als Habilitationsschrift angenommen.

Wolfgang Reiß

Inhalt

Vorwort

1.	**Neue Forschungen zur Kinderzeichnung**	1
2.	**Kinderzeichnung und Elternhaus**	4
3.	**Kinderzeichnung und Schule**	6
3.1.	Das normative Handlungsmodell	8
3.2.	Das teleologische Handlungsmodell	11
3.3.	Das dramaturgische Handlungsmodell	13
3.4.	Das kommunikative Handlungsmodell	14
3.5.	Zusammenfassung	16
4.	**Wesen und Funktion der Kinderzeichnung**	20
4.1.	Präsentative Kommunikation	20
4.2.	Individuum und Umwelt	22
4.3.	Zeichnen als Handlungsakt	23
4.4.	Zeichenhandlung und Kommunikation	27
4.5.	Zeichnung und Interpretation	30
5.	**Bildnerisches Verhalten von Vorschulkindern**	34
5.1.	Die prä-schematische Phase	34
5.2.	Björn zeichnet	36
5.3.	Raumvorstellung beim Vorschulkind	38
5.4.	Kinderkunst?	42
6.	**Bildnerisches Verhalten in der Schulkindheit**	45
6.1.	Die Schemaphase	45
6.2.	Abzeichnen und Zeichenhilfen	49
6.3.	Teile und Ganzes	52
6.4.	Die Standlinie	55
6.5.	Egozentrismus	60
6.6.	Realismus	62
6.7.	Konkretes Denken	66
6.8.	Wahl der Ausdrucksmittel	67
6.9.	Qualitative Farbauslegung	72
6.9.1.	Quantitative Farbauslegung	77
6.9.2.	Geschlechtsspezifische Farbauslegung	79
6.10.	Text und Bild	81
6.11.	Darstellung des Menschen	83
6.11.1.	Entwicklung der menschlichen Gestalt, Querschnittuntersuchung	85

6.11.2.	Entwicklung der menschlichen Gestalt, Längsschnittstudie	97
6.12.	Raumdarstellung	107
6.12.1.	Topologische Relationen	109
6.12.2.	Orthogonale Relationen	110
6.12.3.	Euklidische Relationen	113
6.12.4.	Ergebnisse der Raumdarstellung	114
7.	**Inhalte im Kinderbild**	**137**
7.1.	»Wie wir Kinder heute leben«	137
7.2.	Familie	144
7.3.	Schule	149
7.4.	Freizeit	154
7.5.	Umwelt und Umweltzerstörung	165
7.6.	Gesellschaft und Politik	167
7.7	Ängste und Nöte der Kinder	174
7.8	Lebenswelt und semantische Profile	181
	Nachwort	187
	Anmerkungen	188
	Literatur	198

1. Neue Forschungen zur Kinderzeichnung

Eingebettet in das Spannungsverhältnis zwischen Außenwelt und Wahrnehmung ist die Kinderzeichnung ein besonders wichtiger Gegenstand, um die Genese und Entwicklung unterschiedlicher Repräsentationsleistungen zu studieren. In der etwa hundertjährigen Forschungstradition gab es viele »Wenden«, um die Besonderheit des Zeichnerischen im Sinne einer sich verselbständigenden Zeichen- und Bildsprache zu erklären. Einmal betonte man den rational-nachahmenden, ein anderes Mal den sinnlich-irrationalen Charakter dieses Ausdruckssystems. In den letzten Jahren ist es stiller um diesen einstmals bevorzugten Forschungsgegenstand geworden.

Während die Begriffs- und Konzeptbildung der Sprache, des Raumes, der Zeit, der Zahl und die Entwicklung konzeptueller Strategien theoretisch und empirisch immer wieder zum Gegenstand neuer Forschungen werden, finden sich Untersuchungen über Formen und Strategien der bildhaften bzw. ikonischen Repräsentation eher beiläufig, sozusagen als Randerscheinung der sprachlich-begrifflichen Denkstrukturen. Dieser Schwerpunkt des Forschungsinteresses hängt zusammen mit der Dominanz des begrifflichen Denkens in unserer Kultur. Dies ist jedoch von der Bedeutung und vom Anspruch nonverbaler Ausdrucksfelder her nicht gerechtfertigt. Neuropsychologische wie entwicklungspsychologische Forschungen betonen die Bedeutung des anschaulichen, bildlichen »Denkens« als eigenständige »Lern- und Denkweise«, die der sprachgebundenen Lern- und Denkweise gegenübersteht und erbringen viele Belege dafür, daß erst die Integration beider zum Aufbau angemessener Verarbeitungsformen komplexer Strukturen führen kann.

Die Prozesse visueller Erkenntnis bei der künstlerisch-praktischen Tätigkeit fördern spezifische Fähigkeiten einer Ausdruckshandlung, welche von keiner anderen geistigen Tätigkeit vermittelt werden können. Darüber hinaus kann sie den Menschen Kreativität, Sensibilität, aber auch die Fähigkeit vermitteln, die Vielfalt, die Schönheit dieser Welt zu erleben. Denn das Bild verfügt, anders als die Sprache, über eine »besondere holistische Qualität« *(Hans Daucher).*

Aber diese Abwendung von der Kinderzeichnungsforschung ist nicht nur in der Entwicklungspsychologie zu beobachten, auch in der Kunstpädagogik gab es keine Fortsetzung und Erprobung der Ansätze aus der Vorkriegszeit. Die kunstpädagogische Kinderzeichnungsforschung, die nach dem 2.Weltkrieg das Gestalten des Kindes in »ganzheitliche Stufenfolgen« einband, lenkte von weiterführenden inhaltlichen und sozialen Fragestellungen ab. Die gegenwärtige Didaktik der Ästhetischen Erziehung sieht ihre anspruchsvolle Aufgabe in der Koordination komplementärer Erfahrungsmöglichkeiten, welche die Integration sinnlicher und begrifflicher Erkenntnis in Verbindung von Lebens- und Erkenntniszusammenhängen anstrebt.

Doch bedarf es großer Forschungsanstrengungen, um solche Ziele auch wissenschaftlich abzusichern. Der Blick auf den Stand der Forschungen über ästhetische Erkenntniszusammenhänge zeigt, wie ungenügend noch die Voraussetzungen sind:

1. Neue Forschungen zur Kinderzeichnung

Während in der psychologischen Diagnostik die Popularität und der Publikationsfluß für qualitative diagnostische Verfahren mittels Zeichnen und Malen ungebrochen ist, ging der Zusammenhang, den die Zeichnungsforschung zur Kunsterziehung hergestellt hatte, fast ganz verloren. Das »fast« bezieht sich im deutschsprachigen Raum vor allem auf die Arbeiten von *Max Kläger* (1974 und 1989), *Hans- Günther Richter* (1976 und 1987), *Walter Mosimann* (1979), *Helmut Hartwig* (1980), *Helga John-Winde* (1981, 1993), und *Hans Daucher* (1990).

Es muß auch gesagt werden, daß die zuletzt genannten Autoren, bis auf die Untersuchung *John-Windes* und *Mosimanns* keine neuen empirisch ermittelten Daten vorlegten. Zudem bezogen sich die weiteren Arbeiten, aus jüngster Zeit auf die Darstellung der Frühformen des kindlichen Gestaltens. Diese Konzentration auf die Vorschulzeit findet sich schon in der grundlegendsten Arbeit, der »Entwicklungspsychologie des zeichnerischen Gestaltens« von *Günther Mühle* (1955, 4.Auflage 1975), und setzte sich bis in die Gegenwart fort (*Kellog* 1970, *Korte* 1973, *Grözinger* 1975, *Staudte* 1977, *Seitz* 1980, *Aissen-Crewett* 1988).

Für die Dimensionen ästhetischen Verhaltens der mittleren und späten Kindheit fehlen neuere Erkenntnisse, ebenso Begriffe, die eine Einordnung und Beurteilung in dieser Altersstufe ermöglichen.[1] *Hans- Günther Richter* wies im Nachwort seines Buches »Die Kinderzeichnung« auf diese Desiderata hin:
»Das riesige Gebäude von Ausdeutungen, Zuordnungen, Klassifikationen o.ä. steht nur auf einem dürftigen Fundament von gesichertem Wissen über die Abläufe des **zeichnerischen** Geschehens, die **bildnerischen** Zusammenschlüsse, die (frühen) **Strukturbildungen**, die **individuellen** Varianten von Formen und Themen usw. So muß sich der Eindruck aufdrängen, daß die vorhandenen Informationen immer nur umgedeutet werden anstatt überprüft, in Frage gestellt und durch neue Erhebungen ergänzt bzw. ersetzt zu werden. Manche der Daten, auf die wir unsere Überlegungen, Beurteilungen und Interpretationen bis heute gründen, wurden in den ersten Jahrzehnten unseres Jahrhunderts unter völlig anderen sozial-kulturellen Bedingungen und mit unzulänglichen methodischen Mitteln erhoben«.[2]

Durch den gesellschaftlichen Wandel haben sich Kindheit und Jugend in den letzten Jahrzehnten so grundsätzlich verändert, daß Untersuchungsergebnisse der Forschungen, die Jahrzehnte zurückliegen, die Rezeptions- und Produktionsformen unserer Kinder nicht mehr angemessen beschreiben. Der Wandel ist so gravierend, daß die uns zur Verfügung stehenden Forschungsergebnisse allenfalls noch einen historischen oder heuristischen Wert besitzen.

Die Auffassungen über den »Stil der Kinderkunst« und seine von der *Britsch*-Schule und vor allem von *Hans Meyers* geprägten Entwicklungsreihen sind in Frage zu stellen. Die ältere Kunstpädagogik betonte die Dominanz endogen gesteuerter Schübe und Phasen in Verbindung mit gestaltpsychologischen Aussagen zum »wahren« und »guten« Kinderbilds. In dieser Sichtweise wurde das Kinderbild nicht wieder Gegenstand neuerer Überprüfungen.

Die Sicherheit, mit der die Kunsterziehung zu wissen glaubte, was kindgemäße Gestaltung und wie die »Welt der kindlichen Bildnerei« sei, ist verlorengegangen. Und weil es an zureichendem Wissen dessen fehlt, was Kinder darstellen, als auch an Kenntnissen darüber, wie die Bildstrategien der Kinder verlaufen und sich verändern, ist die gegenwärtige didaktische Literatur dazu übergegangen, die anthropologischen Grundlagen der kindlichen Aktivitäts- und Aneignungsformen weitgehend auszuklammern.[3]

Die Folgen dieser Entwicklung haben Auswirkungen auf Schule und Elternhaus. Denn ohne Kenntnisse der Darstellungsfähigkeit ist es Eltern und Lehrern nicht möglich, die entsprechenden ästhetischen Erfahrungsräume der Heranwachsenden zu sichern und zu fördern.

2. Kinderzeichnung und Elternhaus

Die zeichnerische Tätigkeit der Kinder findet seine erste Aufmerksamkeit und kommunikative Begleitung im Familienkreis. Hier sind es Eltern oder ältere Geschwister, welche die ursprünglichen Reaktionen des Kritzelns oder des vorschematischen Gestaltens begleiten.
Da der Wert der Zeichnung für die meisten Laien in ihrer Ähnlichkeit zum Objekt liegt, taucht unweigerlich die (dem Kind unverständliche) Frage auf: »Was soll das bedeuten?« Es beginnt nun eine Art Anti-Zeichenlehre, die mit den primitivsten Schemata des Gesichtszeichnens einsetzt und dann versucht, die Zeichengebilde des Kleinkindes Schritt für Schritt »naturalistisch« zu verfeinern. Unzählige Stabreime pressen die frühkindlichen Gestalten in die Stereotype der Strichmännchen, Segelschiffe, Hasen und Häuser: »Punkt, Punkt, Komma, Strich, fertig ist das Mondgesicht. Uns ist heut ein Kind geboren, mit zwei langen Eselsohren, Beine wie 'ne Sechs, Arme wie 'ne Hex und Haare wie 'nen Klecks«. (Abb. 1)

Abb. 1

Es scheint ein unauslöschlicher Ehrgeiz zu sein, die Freiheit der Form – welche die Angemessenheit der gewünschten Funktion des Kleinkindes vollkommen repräsentiert, so rasch wie möglich auszulöschen und durch geschlossene Elemente der Schemata zu ersetzen. Damit wird aber das Zeichnen von Anfang an in naturalistische Bahnen gelenkt, Ästhetische Praxis wird nicht als eine eigenständige freie und selbstverständliche Ausdrucksweise erlebt, sondern das Kind lernt bereits im Anfangsstadium seiner Zeichentätigkeit, daß die eigenen Fertigkeiten offenbar unzureichend und verbesserungswürdig sind, da sie ja den Erwachsenenansprüchen nicht genügen.
Es erfährt sich nicht als Urheber seiner Gestaltung, dessen Fortschritt von ihm selbst bestimmt wird. Was für alle Gestaltungstätigkeit pädagogisch-didaktische Maxime sein sollte, wird somit durch »Falsch-Richtig-Wertungen« im Sinne von naturalistischen Vorurteilen bereits sehr früh verdrängt und beeinträchtigt die Entwicklung der Darstellungsfähigkeit des Kindes. Aber Kinder können ihren freien und schöpferischen Ausdruck nur dann finden, wenn sie zu ihren Gestaltungen eine positive Einstellung einnehmen können. Hier fällt dem Elternhaus eine bedeutsame Rolle zu, denn die zeichnerische Tätigkeit dokumentiert nicht nur ein bestimmtes Abbildungswissen, sondern in ihr dokumentiert sich der Ausdruck der ganzen Persönlichkeit des Kindes.
Die Bedürfnisse des Kindes verändern sich entsprechend seinem Alter und seiner Entwicklung. Die angemessene Aufnahmefähigkeit entwickeln zu können und sie im Sinne der Kinder zu fördern, setzt das Verstehen voraus.

2. Kinderzeichnungen und Elternhaus

Viele Eltern sind überrascht über die Bildgestaltungen ihrer Kinder besonders in der Zeit zwischen dem 2./3. und dem 5./6. Lebensjahr. In diesem Zeitraum der Vorschulkindheit tragen die Zeichnungen den Reiz der Unmittelbarkeit, zeigen die Fähigkeit der Umsetzung taktilmotorischen und emotionalen Erlebens im grafischen Ausdruck. Das Zeichnen des Kindes unterliegt in dieser Zeitspanne noch keinem konventionalisierten Zeichenrepertoire und diese Fähigkeit der unmittelbaren Niederschrift erzeugt eine Fülle individueller und ästhetisch polyvalenter Gestalten, deren Komplexität und Vitalität beim Betrachter häufig Erstaunen und Begeisterung hervorrufen.

Dennoch ist eine kritiklose Bewunderung in dieser Phase nicht richtig. Der Erwachsene sollte sich klarmachen, daß die Fragen: »Was gefällt mir?« oder »Was finde ich interessant?« oder »Wie naturgetreu ist die Zeichnung?«, die falschen Fragen sind. An ihrer Stelle sollten die Fragen stehen: »Wie kann ich die **Individualität** der Zeichensprache erhalten?« und: »Wie gelingt es mir mit dem Kind in einen **Dialog** über sein Bild einzutreten?« und: »Wie erhalte ich das **Interesse** des Kindes an der Zeichnung, seine Fähigkeit, Erlebnisse und Bewußtseinsinhalte durch Bildzeichen ausdrücken zu können?«. Mit diesen Fragen gelangen wir bereits zu einem Kernpunkt aller kindlichen Gestaltung: Dem Kind geht es nicht um die ästhetische Befriedigung des Erwachsenen, nicht um die Kunst, sondern um die **Erschließung der eigenen Wirklichkeit**. Das Kind ist auf jeder Stufe seiner Entwicklung realistisch eingestellt und darum bemüht, seine jeweilige Befindlichkeit durch seine Zeichnung zu repräsentieren.

Zeitlich später, etwa mit dem Eintritt in die Schule, ändert sich das zeichnerische Verhalten. Schemata treten nun zunehmend an die Stelle der freieren figuralen Gestaltung. Nicht selten weicht die anfängliche Begeisterung der Enttäuschung, wenn das Kind seine Schemata gefunden hat und sie nun stereotyp über einen längeren Zeitraum verwendet. Hinzu tritt der Wandel der Inhalte. Der frühkindliche Nahraum bewegt sich thematisch in naiv-bezaubernden, allgemein akzeptierten Erlebnishaltungen. Mit dem Ende der frühen Kindheit wendet sich das Schulkind der Welt zu; es erlebt, daß es eine Vergangenheit und eine Zukunft hat; die Welt wird fragwürdig, nicht nur in bezug auf kognitive Erkenntnisse, sondern vor allem im Sinne seiner affektiven Verbindlichkeit und seiner Beziehungen und Gewohnheiten zu Familie, Schule und Umwelt. In den Bildern werden Wünsche dargestellt ebenso wie aggressive Handlungen; vielfach überlagern stereotype Schemazeichnungen von Pferden, Ornamenten, Kriegsdarstellungen, Comic-Figuren, Modepüppchen, Sex und Technik die einstmals so reizvollen Themen. Der Faszination der Erwachsenen über die gelungene Gestaltungsmonade folgt die nüchterne Betrachtung der mangelnden »Originalität« und der »zerteilten« Darstellung von Inhalten.

Das Problem besteht also für den Erwachsenen darin, daß seine ästhetische Sicht und das Gestalten des Kindes in einem reziproken Verhältnis zueinander stehen: Während für das Kind die Erweiterung seiner Inhalte und die Festlegung auf Schemata einen objektiven Fortschritt seiner Entwicklung widerspiegelt, spricht der Erwachsene diesem ästhetischen Verhalten die künstlerischen Eigenschaften ab. Doch handelt es sich hier um einen allgemeinen Rationalisierungsprozeß, um ein Verhalten, daß entwicklungsnotwendig ist und das dem Wollen und Empfinden des Kindes entspricht. Eltern, die diese Entwicklungsprozesse verstehen, sind eher vor Fehlurteilen geschützt, sie können dem Kind ein wirklicher Partner bei dessen Aktivität im Bereich der Gestaltung sein.

3. Kinderzeichnung und Schule

Die pädagogische Arbeit der Lehrerinnen und Lehrer ist auf ein authentisches Wissen über den strukturellen morphologischen Verlauf, die Entwicklung von Bildstrategien und den Wandel der Inhaltsfelder angewiesen. Es ist daher schon ein erstaunlicher Umstand, daß zwar tagtäglich viele tausend Bilder von Schülern eingefordert und bewertet werden, die wissenschaftliche Erforschung und damit die Kenntnisse über die Kinderzeichnung diesen Anforderungen aber nicht gerecht wird. Während wir über Sonderfälle, wie z.B. einzelner begabter Kinder, über bestimmte Verhaltensweisen von behinderten Kindern, aber auch über die Vorschulzeit relativ gut informiert sind, fehlt es an repräsentativen Untersuchungen über das Durchschnittsverhalten der sog. Regelschüler. Für Lehrer besteht ein großes Defizit an systematisch gewonnenen Aussagen über die Ausgangslage ihrer Schüler. Dies liegt nicht zuletzt daran, daß die Methoden wissenschaftlicher Quantifizierung die vielfältigen Interpretationsmöglichkeiten auf bestimmte Variablen einschränken. Doch darf das andererseits nicht dazu führen, auf empirisch ausgerichtete Forschungsfragen ganz zu verzichten. So wird es unsere Aufgabe sein, anhand unterschiedlichen Grundlagenmaterials zu versuchen, eine große Anzahl von Schulkindern zu erfassen und deren Verhalten bei der morphologischen Gestaltung wie bei der inhaltlichen Auslegung darzustellen.

Entscheidend scheint eine doppelte Sichtweise zu sein: Kinder sind nur dann zu verstehen, wenn man sie als Individuen betrachtet, denn kein Kind gleicht dem anderen. Dieser subjektive Standpunkt, der an die personale Interpretation gebunden ist, bildet die eine Seite. Die Deutung läßt sich auf festeren Boden stellen, wenn sie durch allgemeine, auch statistisch gewonnene Untersuchungen gestützt werden kann. Statistische Analyseverfahren können allgemeine Trends feststellen und verallgemeinern.

Im Verlaufe des Buches wird der Versuch unternommen, diese beiden Ansätze miteinander zu kombinieren. So wechseln Querschnitts- und Längsschnittuntersuchungen, Einzelbetrachtungen, Klassenergebnisse und statistische Untersuchungen verschiedener Gruppen einander ab. Alle Ergebnisse können – dessen sollte man sich immer bewußt sein – nur Hilfen sein und Teil der kunstpädagogischen Arbeit; sie können helfen, das Wissen zu konsolidieren und dazu beitragen, die ästhetischen Verhaltensweisen besser zu verstehen, aber sie können niemals die subjektive Variable ausschalten.

Für die Kunstpädagogik ist entscheidend, daß ein bestimmtes Können in der Darstellungsfähigkeit nicht schon immer vorhanden ist, sondern erst allmählich und aufeinander aufbauend erworben wird. Das betrifft sowohl die Fähigkeit, wie die Kinder etwas darstellen können, als auch die Fähigkeit, was die Kinder für unterschiedliche und allgemeine Aussagen über inhaltliche Probleme machen können. Wenn wir also etwas über bereits erworbene oder noch nicht vorhandene bildnerische Fähig- und Fertigkeiten, Gestaltungsweisen und Einstellungen wissen, kann

3. Kinderzeichnung und Schule

diese Kenntnis unter Berücksichtigung der Voraussetzungen gezielter zugrundegelegt, ausdifferenziert und weiterentwickelt werden.[4] Zum anderen ist die Untersuchung der alters- und erfahrungsspezifizierten Lernvoraussetzungen ästhetischer Reproduktionsprozesse im Rahmen der Kunsterziehung notwendig, weil der Unterricht sich auf die Erfahrungsbereiche und -aspekte beziehen muß, die die Schüler adäquat in Hinblick auf Gefühls-, Gestaltungs- und Inhaltsfelder anspricht. Denn Aufgabenstellung und Themen sollten so sein, daß sie über die unmittelbare Bedürfnislage hinaus Wahrnehmungsprozesse und Erkenntnisse unter Beteiligung der Vorstellungen in Gang setzen, damit Schüler über ihren erreichten Wahrnehmungsstand hinausgelangen können. Erst dann ist es möglich, so anregend zu arbeiten, daß sich eine selbstbewußte, gleichsam selbstverständliche ästhetische Produktions- und Ausdrucksfähigkeit entwickelt.[5]

Diese Arbeit geht also von der Grundannahme aus, daß ästhetische Lernprozesse unter alters- und entwicklungsbedingten Voraussetzungen zu untersuchen sind. Insofern unterscheidet sich dieser Ansatz von Tendenzen, die der gegenwärtigen Didaktik zum bildnerischen Verhalten zugrunde liegen. Sie betonen die Voraussetzungsgebundenheit jedes Lernprozesses von den soziokulturellen und den dynamischen Faktoren, wie Motivation, Einstellungen sowie dem Aktivitätsniveau, vernachlässigen dabei aber den sachstrukturellen Entwicklungsstand. Diese in weiten Bereichen instruktionstheoretisch ausgerichtete Didaktik der Gegenwart orientiert sich an der von *Bruner* als »kühn« bezeichneten Hypothese, derzufolge »jeder Stoff jedem Kind in jedem Stadium der Entwicklung in intellektuell redlicher Weise wirksam vermittelt werden kann«[6]. Anderseits weist *Bruner* darauf hin, das nur unter Beachtung des entsprechenden sachstrukturellen Entwicklungsstandes das Kind in der Lage ist, das ihm Gebotene in seine subjektive Begriffswelt zu übersetzen und in einer ihm gemäßen Form auszudrücken. Eine optimale Anregungswirkung wird (auch nach *Piaget* und *Heckhausen*) am ehesten dann erreicht, wenn eine mittlere Diskrepanz zwischen der gegebenen Umweltsituation und dem jeweiligen sachstrukturellen Entwicklungsstand besteht.[7]

Damit sollen nicht überholte Vorstellungen von der Bindung bildnerischer Entwicklungsfähigkeiten an bestimmte Altersstufen, wie sie in den älteren Phasenlehren aufgestellt wurden, reaktiviert werden. Das Programm heutiger Forschungen ist gekennzeichnet durch die Feststellung, daß Bedeutungen lebenspraktische Entwürfe sind, die in einem Wechselprozeß produziert werden, bei denen das Kind Produkt und Produzent ist. Es wird versucht, die Subjekt-Objekt-Trennung durch die Bindung des Zeichnens an ihre Funktionen aufzuheben. Die bisher normativ beschriebene Zeichentätigkeit des Kindes wird als intersubjektives Handeln von Individuen begriffen[8], den Forschungen dieses Bandes geht es also darum, den zunehmenden Erwerb zeichnerischer Struktur- und Verwendungsregeln zu beschreiben. D.h., die weitere Fundierung der Theorie der Kinderzeichnung wird nicht durch die Festlegung definitorischer Bestimmungen geleistet, sondern auf dem Wege der mühevollen Beschreibung und Erforschung einzelner Felder begründet.

Innerhalb der Forschungsgeschichte der Kinderzeichnung hatten die Methoden der Gestaltungspraxis und der Interpretation häufig gewechselt. Unter dem jeweiligen Einfluß kultureller, ästhetischer und fachdidaktischer Präferenzen lassen sich (unter Ausschluß projektiver Methoden) vier Modelle lokalisieren, unter denen die Kinderzeichnung bearbeitet wurde.

3. Kinderzeichnung und Schule

Es handelt sich um das normative, das teleologische, das dramaturgische und das kommunikative Handlungsmodell. Dabei sollen an dieser Stelle nicht alle Theorien zur Kinderzeichnung vorgestellt und diskutiert werden, sondern nur diejenigen, die repräsentativ für eine Gruppe ähnlicher Überlegungen stehen und noch heute in der Schul- und Lehrpraxis das Gestalten und die Interpretation beeinflussen.

3.1. Das normative Handlungsmodell

Das erste, das normative Handlungsmodell, setzt Zeichnen als ein Medium voraus, das kulturelle Werte überliefert und einen ästhetischen Konsens trägt, der sich mit jedem weiteren Akt reproduziert.

Es handelt sich um ein kulturalistisches Konzept, das kulturanthropologisch verankert ist und am folgenreichsten für die Kinderzeichnung in der Vergangenheit war und in der Gegenwart noch ist. Theorie und Praxis dieser musisch-gestaltpsychologischen Betrachtungsweise waren so ausgelegt, daß sie in ihrer Grundstruktur eine von sozialen, kulturellen und individuellen Einflüssen weitgehend gereinigte und unabhängige Gestaltung sowie Betrachtung forderte.

Die Normativität dieses Ansatzes zeigt sich zuerst in der Annahme darüber, welches »autochthone« Gestaltungen der Kinder darstellen und welche Bilder »Übernahmen« sind. Zugrunde liegt ein musisches Ideal. Für den Fachmann soll erkennbar sein, welches Kinderbild »musische Qualitäten« enthält und welches nicht.

Dazu *Emil Betzler:*
»Das alles zu erkennen und zu beurteilen, setzt freilich beim Lehrer ein Mindestvermögen an musischem Augenmaß voraus, Empfindlichkeit des Auges und Sinn auch für die bildnerischen Imponderabilien, die nicht in Worten erfaßt und erklärt werden können. In der gestalterischen Qualität fassen wir schlechthin alle Kunstphänomene und gelangen damit zum eigentlichen Wesen alles Musischen, in dem der Mensch und auch schon das Kind seinem Verlangen nach dem ideal Schönen und Vollkommenen Gestalt und Gehalt gibt. Jedes musische Gebilde will uns über das bloße Zweckgebundene hinaus erheben, will ein ›Fest fürs Auge‹ sein, will Musik sein, die aus Linien- und Farbgefügen ebenso aufklingen kann wie aus den Tönen eines Instrumentes. Einzig im Künstlerischen gelingt es dem Menschen, ganz sein Verlangen nach dem makellos Vollkommenen und Reinen zu stillen«.[9]

Maßstab für das gelungene Kinderbild bietet das »entwicklungsgemäße Verhalten« des Kindes. Die gestalterische Qualität läßt sich auf der Basis der Ganzheitspsychologie daran messen, in welcher Weise die komplex-qualitative Zeichentätigkeit des Kleinkindes im Laufe seiner Entwicklung immer komplexer werdenden Regelsystemen folgt und sich weiter ausdifferenziert.

Unter dem Einfluß der ganzheitlichen Gestalttheorie *(Mühle)* versuchte man der gestalterischen »Ganzheitlichkeit« eines Bildentwurfs gegenüber einer eher »analytisch-funktionalen« Gestaltung den Vorzug zu geben. So unterschied man etwa zwischen einem »komplexen« Gestalter und einem »struktiven« Gestalter.

Der komplexe Typ wird als der malerische der emotionale, phantasievolle bezeichnet, der als der kreativere angesehen wird. Über den anderen, den »struktiven Typ« wird gesagt, »daß es auch in der Schülerzeichnung nicht angebracht ist, ausschließlich durch kühle Berechnung zum Ziel zu gelangen.«[10]

3.1. Kinderzeichnung und Schule

Gestaltpsychologische Ansätze und bildnerische Stufenmodelle verbinden sich bei diesem Handlungsmodell, das unter didaktischen Aspekten eine »bewahrende Führung« *(H. Meyers)* anstrebt. Seit den großen Untersuchungen der Jahrhundertwende, von *James Sully,* über *Georg Kerschensteiner, Victor Lowenfeld,* bis weit in die sechziger Jahre hinein wird das bildnerische Gestalten in der Kindheit in Stufen, Phasen oder Schritte untergliedert. Dafür waren weitgehend Prädeterminationstheorien der klassischen Entwicklungspsychologie maßgebend. Die bildnerische Entwicklung in ihren Eigenschaften, Dispositionen und Fähigkeiten, in ihrer Ausprägung generell aber auch individuell erschien demgemäß als determiniert. Diesen Reifungstheorien zufolge schreitet die Entwicklung primär durch endogen gesteuerte Schübe und Phasen voran. Bis heute haben sie ihren tiefen Einfluß auf die kunstpädagogische Praxis und Theorie ausüben können. Diese Theorien lassen sich schon bei *Corrado Ricci* finden, der die Entwicklung des kindlichen Schönheitsgefühles in Verbindung mit der *Darwinschen* Evolutionstheorie brachte[11], bei *James Sully* und *Siegfried Levenstein,* die wie Jahrzehnte später auch *Hans Meyers,* das kindliche Gestalten auf dem Hintergrund der Kulturstufentheorien deuteten[12], bei der *Britsch*-Theorie, die das kindliche Gestalten aus einer »Gesichtssinn-Theorie« ableitet[13] oder wie bei *Günter Mühle,* der Entwicklung als diffus-ungegliederte Ausgangszustände verstand, die sich fortentwickeln unter den Kriterien des Ordnungsgewinns und der Integration.[14]

Stadien- oder Stufenbeschreibungen einzelner Funktionen unter Ausblendung der Inhalte, der interindividuellen Differenzen und unter Vernachlässigung der gesellschaftlichen Einflüsse erleichterten die Gewinnung von Altersnormen und von Anhaltspunkten für zu erwartende Gestaltungsleistungen. Die Suche nach Gesetzmäßigkeiten führte zur Konzeption von Sequenzregeln für Entwicklungsreihen wie bei *Hans Meyers,* der die Darstellung des Menschen, des Tiers, des Baums, des Raumes und des Kopfes in seiner Entwicklung als Abfolge von Stadien festlegte, indem er jedes Stadium durch Bildzeichen oder wie bei der Raumdarstellung durch mehr oder weniger durchgängige Organisationsprinzipien gekennzeichnet hat. So läßt *Meyers* die Menschendarstellung mit den ersten nachträglich sinnunterlegten Kritzelzeichen eines 2;6 Jahre alten Mädchens beginnen und gibt dann in kurzen Zeitabständen die weitere Entwicklung an, die über den »Kopffüßler«, die Ausgestaltung menschlicher Attribute, die »Profilwendung«, die durchlaufende Profillinie, über die Proportionierung der Teile zum Ganzen, bis zur »organischen Verschmelzung der Richtungen, Proportionen und Bewegungsdarstellung« verläuft.[15] *Meyers* sieht die Entwicklung als Phasen aufeinander Aufbauender Abfolgen an, die er in ihrer Endgestalt bis zur höchsten Vollendung führt: am Ende seiner morphologischen Entwicklungsreihen zeigt er Beispiele aus der Kunstgeschichte, von *Rembrandt* oder *Franz Marc*.[16]

Das konsequenteste Stufenmodell stammt von *Gustav Britsch* und *Egon Kornmann.* Es hat über Jahrzehnte die Kunstpädagogik beeinflußt und man findet bis heute noch Anhänger dieser Theorie.

Britsch und *Kornmann* nahmen an, daß die Entwicklung des Kinderbildes bestimmten »Denkbedingungen«, nach- oder aufeinanderfolgenden logischen Stufen unterliege. Innerhalb der entsprechenden Stufe, d.h. nach Ansicht der Theorie innerhalb seiner gestalterischen »Denkbedingung« stelle das Kind dann eine »reine« Gestaltung dar, wenn der Lehrer auf die **Einhaltung der Stufen** achtet, auf die **ausdrückende Ausgestaltung** der einheitlichen **Beziehungen** zwischen den **Einzelformen**, ihrer Lage und dem **Bildganzen**.

3.1. Kinderzeichnung und Schule

Als Stufenabfolge bezeichnet die Theorie den »gemeinten Farbfleck« im 3. und 4. Lebensjahr, die »Stufe der Richtungsunterscheidung« im 4. bis 6. Lebensjahr, die »Stufe der Richtungsdifferenzierung« im 7. und 8. Lebensjahr, die »Stufe der Richungsveränderlichkeit« im 9. bis 11. Lebensjahr, die »Stufe des Richtungszusammenhanges« im 12. und 13. Lebensjahr und schließlich die letzte Stufe, die der »Ausdehnungsveränderlichkeit«, die übergeht zur Volkskunst oder zur »hohen Kunst«.

Dieses altersgemäße Stufendenken fand Eingang in viele Fachbücher. Sie bestätigten und tradierten damit bis in die Gegenwart die Vorstellung einer bildlogisch fortschreitenden Entwicklung.

Zum Abschluß dieses Abschnittes soll ein Beispiel anhand der Bewertung eines großen Mal- und Zeichenwettbewerbs aufzeigen, daß der musisch-gestaltpsychologische Bewertungsmaßstab weitgehend an der Wirklichkeit des Kinderbildes vorbeiging:

Im Jahr 1955 fand ein großer Malwettbewerb einer Wuppertaler Kunstlederfabrik statt, an dem sich etwa 22.000 Kinder aus der Bundesrepublik im Alter von 8 bis 14 Jahren beteiligten. In der Ausschreibung hatte man betont, daß die Kinder inhaltlich an kein Thema gebunden sind. Es hieß explizit: »Ihr sollt malen und zeichnen was Ihr wollt!«[17] Darüber hinaus war es den Teilnehmern freigestellt, statt einer Arbeit auch zwei oder drei Bilder einzusenden.

Es kamen schließlich etwa 32.000 Arbeiten zusammen und eine prominent besetzte Jury aus künstlerischen Fachleuten von den führenden Kunstakademien und dem Vorsitzenden des »Bundes deutscher Kunsterzieher« hatten die Aufgabe, die Haupt- und Trostpreise zu bestimmen. Das Hauptkriterium der Auswahl war die »kindhafte Echtheit«. Dieses Prädikat billigte man 600 Bildern zu. Über die ausgeschiedenen Bilder schrieb das Jurymitglied und der Autor des Buches: daß sie in vielen Graden absänken »bis zu Zeugnissen eines Vegetierens in wüster armseliger Dürftigkeit«,[18] und an anderer Stelle: »daß sich bei verkümmerter Phantasie an die Stelle persönlich erlebter Bilder schwache Bildsurrogate peinlichen Klischeecharakters einnisten, beweisen die erwähnten 31.400 Zeichnungen«.[19]

Dies ist ein drastisches Beispiel für die normative Bestimmung des Kinderbildes. Nach Meinung dieser Fachleute erfüllten nur zwei von Hundert aller Kinder den Anspruch einer »ursprünglichen«, ›echten‹ kindlichen Leistung«. Nicht die 31.400 Bilder der Kinder waren Spiegel kindlicher Zeichentätigkeit (mit ihrer gerügten Übernahme von Klischees und Bildvorlagen), sondern allein die 600 Bilder entsprachen – mit den Worten der musischen Terminologie – der »kindgemäßen Gestaltung«, der »Echtheit des Ausdrucks« und der »Ganzheitlichkeit des Erlebnisses«.

Die Reduzierung des Gestaltungsprozesses auf einen bloßen objektorientierten Form- und Konfigurationsaspekt oder auf bestimmte Verhaltensweisen klammert die Tatsache aus, daß es sich bei der Handlung des Zeichnens wesentlich um **soziale** Sachverhalte handelt. Die Gestalt entsteht durch die Zeichenhandlung und in ihr manifestiert sich die gesellschaftliche, geschichtliche oder ontogenetische Befindlichkeit dessen, der »gestaltet« hat. Denn die Strukturen, Formen oder Konfigurationen bilden **Inhalte** ab. »Gestalt« entsteht beim Kind durch formende Vergegenständlichung an einem Material mit Hilfe bestimmter Mittel und enthält durch die absichtliche und auf ein Ziel gerichtete Tätigkeit, eine Aussage, einen Gehalt, eine Funktion (wobei der Grad der Bewußtheit sehr unterschiedlich sein kann).

3.2. Das teleologische Handlungsmodell

Das teleologische Handlungsmodell betont die strukturellen Veränderungen, die durch intentional gesteuerte Lernprozesse in das Kinderbild eingreifen. Es lassen sich innerhalb dieses Modells drei Hauptströmungen lokalisieren, die sich von der musisch-gestaltpsychologischen Richtung deutlich abheben. Die erste betrifft die frühen zeichnerischen Versuche, die im Alltag der Familien stattfinden: das Bedürfnis der Kleinkinder zum Bilden von Zeichen und dem Nachahmen von Schreibbewegungen findet hier seine Unterstützung und »pädagogische« Begleitung. Die zweite Strömung setzt ein mit dem historischen Beginn der wissenschaftlichen Auseinandersetzung mit der Kinderzeichnung, die sich um ein anthropologisch begründetes und empirisch abgesichertes Wissen bemüht. Die dritte Hauptströmung schließlich betrifft strukturelle Eingriffe in den kindlichen Formbestand. Sie wurde als komplexe Theorie auch im Gegensatz zur gestaltpsychologischen Sicht in den sechziger Jahren als sach- und fachlogische Didaktik ausformuliert.

Alle drei Bereiche verbinden sich in dem Versuch, die Zeichenhandlung durch bewußte Eingriffe in die kindliche Zeichentätigkeit zu steuern: sei es im Sinne der Mimesis, durch bildnerische Mittel oder theoretische Reflexionen. Diese Einflußnahmen dienen, geleitet von sehr unterschiedlichen Motiven, dem Abbau von Defiziten; das Kinderbild wird primär unter dem Aspekt gesehen, was gestalterisch verbesserbar ist, wie das »richtige Sehen«, die formale Schulung von »Auge und Hand« erzogen werden kann oder wie (bei *Pfennig* und den frühen Schriften von *Otto*), die Strukturen des Kinderbildes praktisch und theoretisch für Lernleistungen fruchtbar zu machen sind.

Seit *Georg Kerschensteiner* das Problem der »zeichnerischen Fertigkeit« und »Hilfe zu ihrer Verbesserung« um die Jahrhundertwende untersuchte, lassen sich bis heute immer wieder zeichendidaktische Bemühungen nachweisen, die im Sinne der Naturtreue und Motivähnlichkeit in die Zeichentätigkeit des Kindes eingreifen.

Die Untersuchungen von *Kerschensteiner* waren geleitet von der Intention, durch neue Forschungen das zeichnerische Vermögen der Kinder genauer kennenzulernen, um später durch einen planmäßigen Aufbau die Zeichenfertigkeit der Schüler zu verbessern. Dabei stand die Frage nach der zeichnerischen Begabung im naturalistischen Sinn im Vordergrund seiner Forschungen. Er fragte:

1. »Wie entwickelt sich die graphische Ausdrucksfähigkeit des unbeeinflußten Kindes vom primitiven Schema bis zur vollendeten Raumdarstellung?
2. Welche Qualität der Ausdrucksfähigkeit kann bei Kindern von 7–14 Jahren billigerweise erwartet werden?[20]

An den Beginn seines Werkes stellte er zwei Selbstbildnisse von den Ausnahmeerscheinungen *Albrecht Dürer* und *Hans Thoma*. Beide Bildnisse hatten die Künstler in jungen Jahren geschaffen, und sie bildeten das Ideal, das *Kerschensteiners* Ansichten bestimmte. Zu seiner Enttäuschung fand er allerdings unter den vielen hunderttausend Kinderbildern, die er in seine Untersuchungen einbezog, nur einzelne Beispiele älterer Kinder, die seinen Vorstellungen vom begabten Kind entsprachen. So gab es beispielsweise unter 58 000 Kinderzeichnungen aus dem ersten bis achten Schuljahr nur 40 Zeichnungen, die die Darstellung des menschlichen Körpers tatsäch-

3.2. Das teleologische Handlungsmodell

lich annähernd richtig wiedergaben. Und unter den 58 000 Bildern befanden sich ganze sechs, die tatsächlich charakteristische Porträts naturalistisch »richtig« gezeichnet hatten und ohne »Fehler« waren; d. h. es gab unter 58 000 Kindern sechs hervorragend Begabte, von denen zwei »überragend begabt« waren.[21]

Auf Grund dieser empirischen Ergebnisse wird verständlich, daß bei *Kerschensteiner* selbst, aber auch in späteren Untersuchungen, dieser Begriff der Begabung an Interesse verloren hat. Vergleichbar blieben daher nur Formausprägungen, die für jedes Kind leistbar sind und die keiner besonderen Begabung bedürfen. Dennoch gibt es seitdem immer wieder den Versuch (nicht nur von Laien), den Zeichenprozeß der Kinder in seiner Struktur von den ersten Jahren der Grundschule an im Sinne der Mimesis zu steuern. Häufig ist bei den in der gegenwärtigen Schulpraxis eingesetzten fachfremd unterrichtenden Lehrern zu beobachten, daß sie den Zeichenprozeß der Kinder primär unter dem Aspekt seiner morphologischen Struktur sehen und versuchen, ihn im Sinne der naturalistischen Darstellungsweise zu lenken.

Von ungleich komplexerer Realität findet sich in der Gegenwart der Kunsterziehung das teleologische Handlungsmodell wieder, so in der Praxis der ästhetischen Erziehung, des »wissenschaftlichen« Kunstunterrichts, wie er in den Jahren von 1959 bis 1969 von *Pfennig* und *Otto* entwickelt worden war. Es begann durch Arbeiten *Pfennigs,* in denen er das Erlernen der »formalen Dimension des Bildwerkes« in den Mittelpunkt des Kunstunterrichts stellte, weil nur diese lehrbar sei.[22] Bestimmte Gestaltungsprobleme der modernen Kunst wurden für den Kunstunterricht in Anspruch genommen und »der Lernende sollte sich diese Gestaltungsprobleme der Modernen Kunst so erarbeiten, wie der Künstler sie »gelöst« hatte, er sollte wie der Künstler denken lernen: in bildnerischen Problemen.[23] In *Gunter Ottos* fachdidaktischer Position der sechziger Jahre werden für die 6- bis 12jährigen Kinder folgende Bestandteile für jeden Kunstunterricht als verbindlich erachtet:

a) Lösung künstlerischer Probleme,
b) Einführung in bildnerische Problemlösungsprozesse,
c) Artikulation von Zeichen und
d) der Erwerb bildnerischer Ordnungen.[24]

Die Orientierung an bildnerischen Ordnungen soll die Kinder befähigen, ihr bildnerisches Repertoire zu erweitern, ja sogar die Grenzen der jeweiligen Entwicklungsstufen zu überschreiten. Damit steht er im Gegensatz zu den Handlungsmodellen normativer und dramaturgischer Provenienz, welche einen intentionalen Lernprozeß ablehnten.[25]

Wie sehen nun konkrete Schulbeispiele aus? Für das 2. Schuljahr schlug *Otto* z. B. das Thema vor: »Wir drängeln uns früh in die Schule hinein«. Der Lehrer soll bei der Durchführung der praktischen Arbeit besonders auf die Vermittlung der bildnerischen Probleme achten wie: »Räumlichkeit durch Überdeckung«, »Bewegung«, »dekorative Farbgebung«, besondere »Artikulation« der Formen, »Gruppierung« und »Vereinzelung« von Zeichen etc. Deutlich wird der Versuch, intentional in das bildnerische Verhalten des Kindes einzugreifen. Die Wahl der Inhalts dient nicht dem persönlichen Ausdruck des Kindes, sondern der Strukturierung des bildnerischen Prozesses. Sachlogisch geht es bei ihm um das Erkennen der formalen Strukturen ästhetischer Objekte, genetisch um die Anreicherung, Verfeinerung und Differenzierung der bildnerischen Produktion. Kommunikativ bedeutet in dieser Konzeption, das (sachimmanente) Erkennen von Kommunikationsformen und Verstehensweisen im bildnerischen Bereich. Bildnerische Prozesse dienen nicht dem Ausdruck kindlichen Weltverständnisses sondern versuchen, durch Fortschritte in der Darstellungsdifferenzierung Lehr- und Lernprozesse in Gang zu setzen.

3.3. Das dramaturgische Handlungsmodell

Das dramaturgische Handlungsmodell möchte die kognitiven Aspekte zurückdrängen zugunsten der expressiven Funktion der Kinderzeichnung. Ihre Vertreter stehen dem normativen Handlungsmodell skeptisch, dem teleologischen Handlungsmodell gänzlich ablehnend gegenüber.

Während die teleologische Sicht des Kinderbildes ein strenges methodisches Vorgehen verlangte, betonen die Vertreter des dramaturgischen Handlungsmodells eine dem Spielerischen und dem Gefühlshaften verpflichtende Arbeitsweise.

Das Jahrzehnt von 1920 bis 1930 darf als die Gründungs- und Explorationsphase gelten, in der die Transformation des Elementaren der Kinderzeichnung zur pädagogischen Erschließung expressiver Qualitäten vollzogen wurde. Zum ersten Mal wird das kreative Verhalten im Gestaltfindungsprozeß bestätigt. Diese Auffassungen, die das Gestalten des Kindes und das Bild unter Kunstaspekten sehen, gehen nicht mehr, wie bei den vorhergehenden Modellen beschrieben, von den Unterschieden der geistigen Fähigkeit zwischen Kindern und Erwachsenen aus, sondern sehen in der künstlerischen Arbeit die Fähigkeit, die Ganzheit eines Menschen in Bildern gefühlshaft repräsentieren zu können. Denn ebenso wie der gestaltende Erwachsene sind die Kinder in der Lage, Gefühlsqualitäten während des Zeichenprozesses einzubringen. Diese Einheitlichkeit einer elementaren Ausdruckssprache hatte auch ihren Einfluß auf die Arbeit von Künstlern wie *Picasso, Klee, Dubuffet, Miró, Chagall* und viele andere. Die Ausprägungen dieses Handlungsmodells, in verschiedene Schulen und Spezialitäten zerlegt, hat Bestand bis in unsere Gegenwart und es scheint, daß es in Verbindung mit kunsttherapeutischen Ansätzen weitere fruchtbare Abwandlungen und Erneuerungen erfährt.

Zum ersten Mal hatte im Jahr 1921 der Kunsthistoriker *Gustav Hartlaub* in seinem Buch »Der Genius im Kinde« die schöpferischen Möglichkeiten der kindlichen Gestaltung in den Mittelpunkt der Betrachtungen gestellt. Er schrieb: »Diese apriorische Begabtheit, mit der das kleinste Kind an das riesenhafte Erlebnispensum herantritt, /.../ wirkt wahrlich wie von einer höheren Naturmacht – eben dem ›Genius‹ – eingegeben, nicht durch bewußte Willensanstrengung herbeigeführt, nicht als Verdienst, sondern als natürliche Gnade.«[26]

Das bislang herrschende System konnte erst überwunden und erweitert werden, nachdem die abstrakte wie die impressionistische und expressionistische Kunst den Weg freigemacht hatte für solche Vergleiche. Aber mit der Betonung des autochtonen Kinderbildes und dem Primat des Schöpferischen war auch die negative Seite auszumachen, indem man die kognitive Bedeutung zugunsten ihrer expressiven Funktion herunterspielte. Man sah nun sogar Gefahren in einer bildnerischen

3.4. Das dramaturgische Handlungsmodell

Unterweisung und einer damit verbundenen Weiterentwicklung. *Hartlaub* meinte, daß der Weg des Kindes zum Erwachsenen einem stetigen Verarmungsprozeß gleichkomme. Kinder müßten mit der Erziehung und der Ausbildung der kognitiven Fähigkeiten mit dem Preis des Verlustes ihrer schöpferischen Möglichkeiten bezahlen. Am prägnantesten hatte diese Richard Otto 1949 in seinem Buch »Urbild der Seele« mit dem Diktum: »Das Kind lernt im Kunstunterricht absolut nichts, es entwickelt sich nur« ausgedrückt.[27] Die Vertreter des dramaturgischen Handlungsmodells können aufzeigen, daß der Gestaltfindungsprozeß der Künstler sich nicht prinzipiell von dem der Kinder abgrenzen läßt. Damit werden neue Maßstäbe der Beurteilung und der Handlung gewonnen. Indem sie auf Verwandtschaften zwischen Graphismen der Kinder und den Künstler der Gegenwart hinweisen, zeigen sie, daß die normativen ästhetischen Kriterien der Lösung formaler Probleme einer »guten und anschaulichen Gestalteinheit« nicht mehr greifen. Denn die sinnlich geprägten Formkomplexe von *Joseph Beuys,* die Arbeiten des Informel wie des Action-paintings tragen einen zufälligen Charakter, der gesteuert wird durch das intensive Interesse, die unmittelbare Sensibilität und die innere Anteilnahme. Das heißt, daß die weitere Entwicklung der bildenden Kunst auch die Sicht der Kinderzeichnung erweitert hat und daß sie allein mit Gestaltkriterien nicht mehr adäquat zu fassen ist. Natürlich besteht auch hier das Problem solcher Analogien zwischen Avantgarde- und Kinderkunst – ebenso wie beim normativ bestimmten Bild – in der Auswahl der Bildbeispiele. Bestimmte Gestalt- oder Kunstqualitäten bilden den Maßstab für einen selektiven Eingriff. Aus Tausenden von Kinderbildern werden diejenigen herausgezogen, welche die eigene Theorie stützen. Die vielschichtige Wirklichkeit des Kinderbildes aber bleibt letztlich unberücksichtigt. Darüber hinaus besteht bei einseitigen Betrachtungsweisen die Gefahr einer Fehleinschätzung.[28]

Wir versuchten zu zeigen, daß normative und teleologische Handlungsmodelle immer von Defiziten in der Kinderzeichnung ausgehen und daß sie daher zu einer mehr oder weniger rigiden Führung verleiten. Bei dem dramaturgischen Handlungsmodell tritt eher das Gegenteil ein: Man glaubt eo ipso an das Schöpferische im Kind; dem Erwachsenen bleibt lediglich die anregende Verstärkung. Leider endet auch hier der Versuch, das Schöpferische und Expressive im Kinderbild zu betonen, häufig in Enttäuschungen. Denn die gestalterische Qualität der Kinderbilder wechselt und kann im Bild sehr unterschiedliche Ausprägungen haben. Expressive Gestaltungen können zwar (besonders bei den Vorschulkindern und bei den Kindern im ersten und zweiten Schuljahr) vorkommen, sie werden aber von ihnen nicht immer willentlich-produktiv angestrebt; häufig sind sie lediglich das Resultat der Über- oder Unterbetonung figuraler Operationen.

3.4. Das kommunikative Handlungsmodell

Das kommunikative Handlungsmodell orientiert sich an der eindeutigen Identifizierung der Zeichen, des informativen Austausches und der Verständigung.

Mit dem Begriff des kommunikativen Handlungsmodells müssen zwei unterschiedliche Bereiche getrennt betrachtet werden. Einmal kennzeichnet »Kommmunikative

3.4. Das kommunikative Handlungsmodell

Handlung« eine Leitidee und ein durchgängiges Handlungsprinzip, das generell auch auf alle zeichnerischen Handlungsakte angewendet werden sollte. Zum anderen umfaßt es Konzeptionen, die sich um die Vermittlung von spezifischen Fähigkeiten bemühen. Es kann sich dabei um den Versuch handeln, mit Hilfe bestimmter Gestaltungsaufgaben politische Ziele zu erreichen oder aber Sachwissen zu vermitteln, um den bildsprachlichen Dialog effizienter zu gestalten.[29]

Eine Einschränkung der freien Kinderzeichnung bedeutete die Durchsetzung der kunstpädagogischen Konzeption der »Visuellen Kommunikation«, die am Ende der sechziger Jahre zunehmend die neue Position bestimmte. Ihr ging es primär um die »Erweiterung der kommunikativen Kompetenz«.[30] Einen Lernzielkatalog, den der »Bund Deutscher Kunsterzieher« 1972 beschloß, beinhaltete u.a. die Forderung nach der Entwicklung der Fähigkeit:

- visuelle Mitteilungen absichtsvoll herzustellen,
- eigene Bedürfnisse visuell zu formulieren,
- visuelle Mittel und Medien einzusetzen sowie
- visuelle Mittel und Medien zur Verdeutlichung von Absichten und zur Veränderung von Einstellungen einzusetzen.[31]

Es fand eine Verlagerung der Sichtweise des Kinderbildes statt. Die Angemessenheit von Mitteln, Strategien und Techniken wurde nicht bestimmt durch den Ausdruck bildnerischen Denkens und Handelns als Übereinstimmung von Wahrnehmung, Gefühl, Phantasie, Einfallsreichtum und Prägnanz der Gestalten, sondern: »Der Schüler soll verstehen und erproben, daß die Übersetzung von Signalen zu Zeichen in Abhängigkeit von Zielen, Zwecken und Absichten als kommunikative Strategien aufgefaßt werden müssen, die beim Rezipienten bestimmte /.../ Verhaltensformen veranlassen wollen. /.../ Er soll Repertoires kennen und ihre Wirksamkeit im strategischen Konzept, d.h. in der Absicht-Mittel-Wirkung-Relation in der konkreten Kommunikation untersuchen«.[32] In ihrer konsequenten Form erinnert diese Praxis der Gestaltung an bildsprachliche Traditionen, die den Versuch unternahmen, eine gültige und universell verständliche Bildsprache zu entwerfen, wie das in den zwanziger Jahren der Wiener Kreis um *Otto Neurath* versuchte.[33]

Ebenfalls den Schwerpunkt auf die Rolle der kommunikativen Absicht legt *Widlöcher* in seiner Darstellung. Für ihn ist die Kinderzeichnung ein wichtiges Ausdrucksmittel, mit deren Hilfe das Kind erzählen, informieren und kommunizieren kann. Als ein echtes Äquivalent zur Erzählung, ist auch der Wunsch der gleiche: mit Hilfe der Sprache in Bildern zu informieren, zu erzählen.[34]

Die Bedeutung der narrativen Funktion, ist nach *Widlöcher* so dominant, daß das Kind im Stadium des »intellektuellen Realismus« (d.h. die Schulkindzeit) sogar seine Spontaneität und Kreativität diesem Ziel unterordnet. Damit grenzt er sich gegen gestalt- und ganzheitspsychologische Auffassungen ebenso ab wie gegen naturalistisch geprägte Auffassungen.

Das Kind will durch seine Bilder Geschehnisse erzählen, Gegenstände charakterisieren, so daß das Typische genau wiedergegeben wird und vom Betrachter gut erkannt werden kann.[35] Zeichnen als Handlungsakt, der primär einer kommunikativen Absicht unterliegt, bedeutet, daß sich Wesen und Funktion der Kinderzeichnung nicht auf Ausdrucksphänomene und Mimesis allein beschränkt, sondern zu einer wechselseitigen Orientierung an Themen, Gedanken, Motiven, Wünschen und sozialen Regeln beiträgt. Allerdings würde eine Reduzierung der Kinderzeichnung allein auf ihre kommunikative oder narrative Funktion andere – ebenso relevante Funktionen (schöne Gestalt, Freude an Wiederholung, Lust an Erfindung, seelische Abreaktion etc.), wiederum ausblenden und somit die Möglichkeiten des Kinderbildes einschränken. Denn der Handlungsakt des Zeichnens muß nicht grundsätzlich dialogisch sein, er kann autistische Züge tragen, an den Zeichner selbst gebunden bleiben und als monologischer Akt zufriedenstellend sein. Die Betonung des Motivs »Kommunikation« trägt darüber hinaus die Gefahr in sich, die Bildgestaltung zu stark dem Gelingensaspekt zu unterwerfen, um damit die Grenze des an den Zeichner gebundenen Zeichenaktes zu transzendieren.

3.5. Zusammenfassung

Unser Blick auf unterschiedlichen Ausprägungen und theoretische Grundlagen der Kinderzeichnung konnte zeigen, daß Kinderbilder vielfältigen theoretischen Deutungen und Auslegungsprozessen unterliegen. Der Gestaltungsvorgang konkretisiert sich nicht einheitlich, sondern als ein Handlungsakt, in dem Spontaneität und Phasen langer analytischer Überlegungen, emotionale Prozesse und Befindlichkeiten (z. B. primärprozeßhafte Stimmungen) ihren Ausdruck finden. Er ermöglicht die Selbstregulation leistungsbezogenen Handelns. Die Strukturen des Bildes vermitteln sich durch die Art und Weise der Gestaltung sowie gleichzeitig durch ihren Inhalt und geben so gemeinsam Einblick in den Gestaltungsprozeß.
Es gibt Zeichnungen und Malereien, die in heftiger expressiver Malweise entstanden sind *(vgl. Abb. 85 und 94, S. 123, 132)* mit einem Duktus sich vielfach überkreuzender und verwischender Linien. Es gibt kraftvolle, zarte und unsicher-tastende Striche; armselige Gestaltungen an Farbe und Form, den sparsamsten Einsatz bildnerischer Mittel und kräftige, farbenfrohe Bilder mit einer schier unerschöpflichen Fülle an erzählerischen Formen *(vgl. Abb. 84, 87, 93 und S. 122, 125, 131)*. Das Kind kann bereits in einem sehr frühen Alter sowohl ganzheitlich als auch analytisch wahrgenommene Prozesse in seinem Bild umsetzen. Eine freundliche, bestätigende und anregende Atmosphäre *(vgl. Abb. 86, S. 124 und vgl. Abb. 91, S. 123)* wird ebenso wie eine bedrückende, beängstigende Situation den Prozeß des Handlungsaktes und damit das Bildgeschehen beeinflussen und im Bild seinen Ausdruck finden *(vgl. Abb. 82, 120)*. Der Versuch von *Mühle* kann daher nicht überzeugen, den (künstlerischen) Ausdruck des Künstlers vom (nichtkünstlerischen) Ausdruck des Kindes zu trennen. Nach *Mühles* Aussagen vermag ein Kind eine »Steigerung des Fühlens« und seines Erlebens aus »strukturellen Gründen« nicht zu leisten und zu erreichen, weil das Kind »weder sich«, noch die »Natur aus seinem subjektiven Weltgefühl heraus« deuten kann.[36] Auch die älteren dualistischen Theorien wie die Gegensatzpaare »Sehvorstellung–Sehform« *(Wulff)*, »Darstellen–Gestalten« *(Kolb)*, »Struktiv« und »Ganzheitlich« *(Read* u. a.) können dem Handlungsprozeß und ihren lebenspraktischen Bedeutungen nicht gerecht werden.
Theorien und darauf gestützte Interpretationen von Kinderzeichnungen decken sich vielfach nur deshalb, weil diese in Hinblick auf spezifische Phänomene hin (»ex-

pressiv«, »naturalistisch«, »abstrakt«, »ganzheitlich« etc.) ausgesucht wurden. Letztlich handelt es sich um einen circulus vitiosus, weil man nur auf die Gesichtspunkte Bezug nimmt, die der eigenen Bestätigung dienen.

Entgegen den Aussagen der divergierenden Erklärungsansätze **basiert das Kinderbild auf Grundlagen, die alle Aktivitätsformen umfaßt.** Die von uns beschriebenen Implikationen der vier Handlungsmodelle schließen einander nicht aus, sondern bedingen einander und sind voneinander abhängig. Im Akt des Zeichnens treffen verschiedene lebensgeschichtliche Bedürfnisse zusammen, die im Zusammenspiel mit bildstrukturellen, affektiven, kognitiven und den in der Umwelt liegenden Faktoren zu klären sind.

Bis heute wird die notwendige Zusammengehörigkeit und Gleichwertigkeit des **Form-, Inhalt-** und **Beziehungsaspekts** vernachlässigt. Die Beurteilung der Kinderzeichnung im Fach Kunsterziehung scheint sich noch auf der Stufe des Deutschunterrichts zu befinden, als man das Schönschreiben genauso hoch bewertete wie die Semantik des Inhalts. Um bei dem Vergleich zu bleiben: Auch die Kunstpädagogik muß dazu übergehen, den persönlichen, »handschriftlichen« Duktus des Gestaltens zu akzeptieren und dahin kommen, das Kind in seinem **individuellen** Ausdruck stärker zu fördern und die Verschiedenheit des Ausdrucks anzuerkennen. Individualität und Kreativität, Originalität und Imagination sind wesentliche Begriffe der modernen Kunstpädagogik. Ihre Verfahrensweisen entstanden aus der Umkehrung des bis dahin Gewohnten, aus dem Durchbrechen der alten Kriterien und Ordnungsprinzipien.

Abb. 2: Andreas W., 9 Jahre, »Scheidung«, Bleistift, Filzstifte.

3.5. Zusammenfassung

Gerade im Kontext pädagogischer Intentionen kann die Kongruenz zwischen (guter) Form und vorbestimmter inhaltlicher Aussage nicht ausreichen, weil dann viele Teile einfach ausgeschlossen bleiben und wichtige Aspekte der vom Kind angestrebten Aussage nicht einbezogen werden.

Machen wir zum Abschluß noch die Probe am praktischen Beispiel, indem wir ein gestaltlogisch-geschlossenes und ein struktiv-analytisch gestaltetes Bild miteinander vergleichen.

Das Bild »Scheidung« *(Abb. 2)* des 9jährigen *Andreas* vermittelt keine charakteristischen Grundgestalten, sondern es dominiert die genaue analytische Wiedergabe von Einzelteilen.

Das narrative Element steht ganz im Vordergrund; Text und Bild, Sprechblasen und genaueste Details – aufgeteilt in vier Bilder – ergänzen einander zu einer bewegenden Aussage. Fröhliche Gesichter von Eltern und Kind auf den beiden Bildern der linken Bildhälfte. Im oberen der beiden Bilder sitzt die Familie um einen reich gedeckten Tisch; Kuchen, verschiedene andere Speisen, Weingläser und Flasche sind auf ihm zu erkennen. Im unteren Bild ist die Familie vollständig abgebildet.

Die neue Situation unter der Überschrift: »Was mir nicht gefällt«, zeigt wiederum die gleiche Küche, aber nun ist der Tisch fast leer, vor der Mutter stehen ein Glas und eine Flasche; der Vater sitzt allein im Schlafzimmer ebenfalls vor einer Flasche und sagt: »Ich lasse mich scheiden«.

Weitere Details zeigen ein Taschentuch in der Hand der Mutter sowie die Beschriftung auf den Kopfkissen »Papi« und »Mami«. Bedeutsam ist, daß sich das Kind ohne

Abb. 3: Klaus N., 11 Jahre, »Meine Mutter«, Bleistift.

3.5. Zusammenfassung

Hände zeichnet, ein Indiz für den Ausdruck seiner unendlichen Hilflosigkeit der Situation gegenüber.
Im unteren vierten Bild sind Mutter und Kind auf der einen Seite und der Vater durch einen räumlichen Abstand voneinander getrennt und der Aufforderung der weinenden Mutter, die sagt »Komm Halt«, antwortet der Vater mit einem »Nein«.
Im zweiten Bildbeispiel »Meine Mutter« (*vgl. Abb. 3*) verzichtet dagegen der elfjährige Junge auf detaillierte Aussagen und es gelingt dem Kind, alles Wesentliche seiner Aussage mit wenigen charakteristischen Grundgestalten zu vermitteln: der arbeitenden Frau, dem Arbeitswerkzeug und dem Arbeitsgegenstand, der Treppe.

Die Zeichnung zeigt mit einfachsten bildnerischen Mitteln die Summe dessen, was die Gesamtbeziehung der Tätigkeit charakterisiert, es erläutert die Funktionen der Arbeit und der Zusammenhänge mit einleuchtender Klarheit. Im Bereich der Bildfläche ist seine Logik unmittelbar überzeugend und belehrend.

Die Bewunderung des Erwachsenen, die den einprägsamen Zusammenhang zwischen Bildaussage, der als Putzfrau schwer arbeitenden Mutter und der formalen Ausdruckskraft, die sich in den auf die notwendigen beschränkten Bildgegenstände und in der hoch auftürmenden Treppe zeigt, kann das Kind nicht teilen. Es hatte dieses eindrucksvolle Bild bereits zerknüllt und in den Papierkorb geworfen, bevor es auf Anraten der Lehrerin wieder hervorgeholt – und darüber gesprochen wurde. Die Unterhaltung zwischen Lehrerin und Schüler ergab, daß sich das Kind wegen des Bildinhalts schämte. Es zeigt nämlich seine Mutter in einer Situation, in der die ganze Last ihrer Tätigkeit zum Ausdruck kommt. Es war dem Kind ein unerträglicher Gedanke, diese Aussage vor sich, der Lehrerin und seinen Mitschülern auszubreiten.

Wer will bei diesen beiden Bildbeispielen darüber urteilen, welches Bild »qualitätvoller« in Hinblick auf die formale Gestaltung oder in bezug zur inhaltlichen Aussage ist? Deutlich wird die Einheit von Gestalt und Inhalt als eine selbstregulierte Disposition des jeweiligen Kindes. Die Bindung des Bildes an seinen Inhalt und damit an seine Funktion und seinen individuellen Gebrauchswert hebt die formal-ästhetischen Bezüge nicht auf und kann auch auf diesen wesentlichen Teil des präsentativen Aktes nicht verzichten. Aber eine angemessene Sicht der Kinderzeichnung muß ihre Interdependenz berücksichtigen und die individuellen Lebensbezüge, die in die Handlung einfließen.

Das heißt, Aussagen zur Auslegungspraxis sollten ästhetische, morphogenetische, inhaltliche, intentionale und lebensweltliche Aspekte gleichermaßen berücksichtigen. Unter dieser Perspektive wechselseitiger Durchdringung einander bedingender Faktoren können normative Setzungen wie altersfixierte Aufgaben oder Erwartungen an bestimmte Bildlösungen keinen Bestand haben.

4. Wesen und Funktion der Kinderzeichnung

4.1. Präsentative Kommunikation

Wenn Kinder zeichnen, handelt es sich um eine produktive Äußerung, die präsentativen Handlungsregeln unterliegt. Das Bild entsteht durch einen raumzeitlichen Vorgang als ein System von Bewegungsspuren. Seit *Vasari* gilt die Prämisse, die Zeichnung als unmittelbaren Niederschlag des Vorstellungs- und Wahrnehmungsvermögens zu begreifen.

Jede zeichnerische Aussage enthält eine Vielzahl von Funktionen, deren Kundgabe kommunikative, ästhetische, emotionale und intellektuelle Anteile enthält. Die Funktionen des Narrativen, des Schönheits- und Gestaltungsempfindens, des Gefühlshaften sowie des Wissens bedingen einander und unterliegen ständig wechselnden Abhängigkeitsverhältnissen sowie situativen Bedingungsfeldern.

So beruht die Umsetzung der Bilder auch nicht primär auf der Grundlage **eines** Sinnes, (wie man es fälschlicherweise in unterschiedlichen Theorien annahm), sondern auf der Summe von Erfahrungen; es handelt sich um optische, räumliche, haptische, kognitive und affektive Erlebnisse der ganzen Persönlichkeit. Dieses wird besonders sinnfällig, wenn wir Bilder blinder – auch geburtsblinder – Kinder betrachten. Ihre Bilder gleichen, trotz aller technischen Mängel und einer immer vorhandenen Retardierung, den Bildern Sehender. Sie durchlaufen auch die gleichen Entwicklungsstadien, wobei natürlich die Entwicklung vor den nur noch durch optisch aufnehmbare Sinneserlebnisse gestaltbaren Bildzeichen endet (wie dies z. B. bei der Fluchtpunktperspektive der Fall ist).[37]

Bildungstheoretisch gewendet könnte man zusammenfassend feststellen: wenn alles, was das Kind aufnimmt, Eingang in den bildnerischen Prozeß findet, wenn Sinnesempfindungen, Wissen und Gefühl bei dieser Tätigkeit zum Ausdruck gebracht werden können, dann muß diese Tätigkeit etwas über das Individuum aussagen und gleichzeitig auf das Individuum bildend zurückwirken.

Die Handlung des Zeichnens setzt individualgenetisch eine bestimmte Reife und Schulung voraus, da es sich um eine geistige Tätigkeit handelt, die ein bestimmtes Maß sensomotorischer Fertigkeiten verlangt und nach einem mehr oder minder freien Vorstellungsbild auf einer unbestimmten Fläche vollzogen wird. Im Laufe der Entwicklung des Kindes von seinen ersten Kritzeläußerungen bis zum Bild des Jugendlichen unterliegt der zeichnerische Akt einer permanenten strukturellen Veränderung. Der sich wandelnde und zunehmende Prozeß neuer Verwendungsregeln und Inhaltsfelder wurde in der bisherigen Kinderzeichnungsforschung primär unter der Funktion der Darstellung beobachtet und beschrieben.

4.1. Präsentative Kommunikation

Das Zeichnen ist jedoch mehr; es begleitet in unserer Kultur das heutige Kind als eine selbstverständliche Aussageform, die neben anderen Ausdrucksformen umfassend Auskunft über die Ontogenese allgemeiner geistiger Fähigkeiten geben kann. Denn das präsentative »Zeichen-Setzen« gestattet es, daß Denken und Fühlen im Medium zum Tragen kommen und sich darüber hinaus die Herausbildung der Identität widerspiegelt, d. h. beim Kind zeigt sich hier der Erwerb seiner Interaktionskompetenz, seine Fähigkeit, zunehmend an komplexeren Handlungssystemen teilnehmen zu können.

Während die sprachlich-diskursive Ausdrucksform den allgemeinen Regeln folgend festgelegte Äquivalenzen besitzt, deren permanente Bedeutungseinheiten darüber entscheiden, mit welchem Grad von Authentizität sich ein Kind auszudrücken vermag, ist die bildnerische Äußerung gekennzeichnet durch ihren hohen Grad an Anschaulichkeit, durch ihre beliebig variierbaren Zeichen und durch ihre Offenheit dem Emotionalen gegenüber. *Susanne Langer*[38)] hat als weitere strukturelle Charakteristika des präsentativen Denkens die Vorherrschaft visueller Elemente und Prinzipien sowie ihre Gleichzeitigkeit betont. Für sie führt präsentatives Denken zur Verformung und Verdichtung von subjektiven Wahrnehmungen, zu poetischen Verhaltensweisen, zur Steigerung gefühlshafter Vorstellungen.

Damit ist der entscheidende Unterschied zwischen Sprache und Bild angedeutet: Während die regelgeleitete diskursive sprachliche Form permanenten Bedeutungseinheiten unterliegt und immer nur als Weg zu einer vollkommeneren Form zum Erwachsenenstatus gesehen werden kann, besitzt das präsentative Kommunikationssystem des Kinderbildes einen eigenen, autochthonen Wert. Denn das Kind versucht keineswegs, die Kunst des Erwachsenen nachzuahmen, sondern der dem Kind eigene Stil ist ohne dieses Vorbild in der Lage, ein eigenes Bild seiner Welt zu entwerfen, das seine Vorstellungen angemessen repräsentiert. Diese Darstellungsweise ist Ausdruck einer bestimmten Wahrnehmungshaltung und ist stark abhängig vom Reifungsprozeß der intellektuellen, perzeptiven und beim jüngeren Kind auch von seinen motorischen Fähigkeiten.

Die Fähigkeit des Kindes, spontan und ungehemmt Vorstellungen, Empfindungen und Wünsche im Bild darzustellen und damit seine Erfahrungen und jeweilige charakteristische Prägung durch die Umwelt, macht den eigentümlichen Reiz von Kinderbildern aus. Über das Medium des Bildes können wir mit dem Kind in Verbindung treten und Einblick nehmen in seine Weltsicht. So können wir das Kinderbild als ein Kommunikationssystem eigener Art bezeichnen, das subjektive Wahrnehmungen und Vorstellungen in Zeichenformen überträgt, die es dem Kind gestatten, sein Denken und Fühlen prinzipiell unbegrenzt auszudrücken.

Die Sozialisationsforschung hat im Anschluß an *G.H. Mead* die Ontogenese allgemeiner Handlungsfähigkeiten als Stufen der Rollenübernahme (play game, universal discourse) begriffen. Unter dem kognitivistischen Gesichtspunkt *Piagets*, der ausgeht von einem stufenweisen Abbau des kindlichen Egozentrismus, ist dieses Konzept schon experimentell überprüft worden. Während jedoch die Sozialisationsforschung das instrumentale Handeln der Subjekte unter der zunehmenden rationalen Verfügung und Verständigungsfähigkeit und von der Angemessenheit der eingesetzten Mittel in Hinblick auf das angestrebte Ziel sieht, unterliegt die zeichnerische Aussage anderen, spezifischen Bedingungen. Sie **kann** als kommunikative Handlung dialogisch sein und zu einer wechselseitigen Orientierung an Themen, Symbolen, Mo-

4.2. Individuum und Umwelt

tiven, Gedanken, Wünschen und sozialen Regeln beitragen. Sie kann aber auch bewußt über die rationale Aussage hinausgehen, in gefühlshaften oder ästhetischen Zuständen enden, ohne den Dialog oder den erreichten kognitiven Standort zu suchen, kann Genuß und Selbstzweck sein. Das besondere schöpferische Element dieses ständigen Spiels teilweise vorbewußter, (gleichzeitig auch zum Teil bewußter) Vorgänge, liegt in der beliebig erweiterbaren Form symbolischer Erfindungen. Diese Fähigkeit zu symbolisieren ist somit als »Ich-Funktion« Speicher und Ausdruck für Vorbewußtes als auch Verarbeitungsinstrument im Dienst absichtsvoll intendierten oder spielerischen Handelns. Die Zeichnung hat die Chance, Phantasie und Realität nach Belieben zu vertauschen und einmal kommunikativ-zielgerichtet und ein andermal metakommunikative Botschaften zu interpretieren und selbst zu formulieren. So verstanden wird die **Einbildungskraft** gestärkt, weil der Zeichnende **produktiv** tätig ist und er wahrhaft die Welt im »Möglichkeitssinn« (Musil) auslegt.

Hierin zeigt sich ihre Weite und Begrenzung, indem sie einerseits den intellektuellen Operationen aufs engste verwandt ist und andererseits nicht an sie gebunden bleibt. Unter Beachtung dieser spezifischen Besonderheiten ist das Zeichnen als ein Handlungsakt präsentativer symbolischer Kommunikation zu betrachten.

4.2. Individuum und Umwelt

Der Handlungsakt manifestiert sich im Zeichenakt, der von endogenen und exogenen Einflüssen abhängig ist. Die Entwicklung kognitiver Fähigkeiten spielt ebenso eine Rolle wie veränderte Haltungen und Einstellungen durch Wahrnehmungseinflüsse. So ist das Zeichnen des Kindes einmal ein sich selbst strukturierender sachlogischer Entfaltungsprozeß[39], dessen Entwicklung einem fortschreitendem Aufbau unterliegt. Jede Neuerung wird nur auf der Grundlage der vorhergehenden Entwicklung möglich; so geht z.B. das »Strichbild« dem »Flächenbild« voraus, der im Winkel angesetzte Arm dem organisch auslaufenden, das »Vollgesicht« en face dem Profil, das projektive Raumstadium dem euklidischen etc.

Zum anderen hängt das Ausmaß der Entwicklung kindlicher Zeichenfertigkeit gleichzeitig ab von Lernprozessen und Erfahrungen der sozialen Umwelt, die beide in diesen Veränderungsprozeß mit eingreifen, so daß dadurch auch erhebliche zeitliche Verschiebungen eintreten können.

Es scheinen vor allem drei Verhaltensmomente Einfluß zu nehmen:

Erstens: Der wahrnehmende und handelnde Umgang des Kindes mit seiner sozialen Umwelt ist die entscheidende Form der Beeinflussung. Die Umwelt des Kindes wird bestimmt durch Personen, Institutionen, Ereignisse, Prozesse und Gegenstände, mit denen es lebt, sie wahrnimmt. Die Umwelt kann diesen wahrnehmenden und handelnden Umgang fördern oder beschränken. Die Umwelt bestimmt das Verhalten und beeinflußt das Handeln. Verhalten und Handeln beeinflussen ihrerseits auch die Umwelt.[40]

Zweitens: Ebenso können pädagogische und erzieherische Einflußnahmen die Aufnahme- und Interessenshaltung des Kindes bestimmen: es versucht gleichzeitig der Rollenerwartung des Erwachsenen entgegenzukommen und ein Imitationsverhalten zu entwickeln, das einen Kompromiß zwischen seiner individuellen Interessenshaltung und der Erwartungshaltung der Umwelt zuläßt. Man könnte auch negativ sagen, daß diese Entwicklung seine weitere individuelle Gestaltung nicht fördert, sondern sie im Sinne der erwarteten Anpassungsleistung sozialisiert und konventionalisiert; möglicherweise ist die Rollenerwartung der Erwachsenen ebenso bestimmend wie die Empathie des Kindes, konventionelle Zeichenformen zu antizipieren. Die Empathiefähigkeit eines Kindes kann je nach Intelligenz und Erfolgsbedürfnissen bewirken, daß die Bilder sehr unterschiedlich auf eine bestimmte Herausforderung ausfallen. Diese Einstellungsübernahme, das »taking the attitude of the other« *(Mead)*, bewirkt, daß der Erwerb einer guten Zeugnisnote andere zeichnerische Handlungsvollzüge aktiviert als z. B. die Beteiligung an einem Malwettbewerb oder an einem Bild, mit dem ein Mitschüler geärgert werden soll.

Drittens: Diese Beziehung ist nicht einseitig: »Kommunikation und Handeln und räumliche Strukturen sind /.../ derart miteinander verbunden, daß die immobile Umwelt sowie in ihr institutionalisierte Regeln den Nutzer lenken, wobei dieser aber mehr oder weniger auch Einwirkungsmöglichkeiten hat«. Denn neben der faktischen Welt gibt es ein »Psycho-Milieu«, das aus Gefühlen, Bildern und Ideen besteht. Es gibt bestimmte Wechselbeziehungen zwischen selektiv aus dem Milieu Wahrgenommenen (über den Sinnesapparat) und Werten, von bewußten Erinnerungen und im Unterbewußten gespeicherten Erfahrungen.[41] Das gestaltende Kind besitzt sein eigenes spezifisches Beharrungsvermögen, das sich sowohl an der eigenen sachimmanenten Entfaltungslogik als auch bei der Darstellung **eigener inhaltlicher Ziele und Absichten** orientiert. Es ist nicht nur Objekt der Erziehung, sondern immer aktives Subjekt seiner eigenen Entwicklung. Auf jedem Entwicklungsniveau verfügt es über bestimmte Einstellungen, Erfahrungen und Fähigkeiten, und sein Bemühen ist dahingehend ausgerichtet, daß es eine gestellte Aufgabe mit den ihm gemäßen Mitteln zu lösen sucht. Dabei geht es ihm um die Richtigkeit der Lösung, um die Vermittlung seiner um Bedeutung und Klarheit ringenden Sichtweise. Wechselseitige Prozesse aus der Umwelt, erzieherische Maßnahmen und eigene Aktivitäten bilden die wesentlichen Verhaltensmomente der Zeichnung, welche den Handlungsakt des Zeichnens formen.

4.3. Zeichnen als Handlungsakt

Das Zeichnen des Kindes kann alle Merkmale eines Handlungsvollzuges enthalten:

a) **Antizipation:** die Vorwegnahme des Ziels, den Entwurf eines Plans;
b) **Realisation:** die adäquate Mittelwahl, die Organisation;
c) **Reflexion:** die Kontrolle und Rückmeldung *(s. das Schema auf Seite 28, Abb. 4)*.

Der handelnde Umgang mit visuellen Elementen wird als bewußter Vorgang von intellektuellen Faktoren gesteuert. Gleichzeitig erlaubt er auf der Ebene des präsentativen Denkens das Einbringen subjektiver Wahrnehmungen, die Bearbeitung primärprozeßhafter Vorgänge, sowie die Vermittlung ästhetischer Botschaften.
Alfred Schütz unterscheidet in seinem Buch »Der sinnhafte Aufbau der sozialen Welt« zwischen Ausdrucks**bewegung** und Ausdrucks**handlung.** Die Ausdrucksbewegung

4.3. Zeichnen als Handlungsakt

erfolgt nicht in kommunikativer Absicht. Es ist ein Verhalten spontaner Aktivität, der das »Um-zu-Motiv«, das jedes echte Handeln kennzeichnet, fehlt. So zählt er auch beispielsweise das Mienenspiel und Gesten, die etwa eine Rede begleiten, nicht zu den Ausdruckshandlungen. Diesem bloßen Sich-Verhalten räumt er keinen Status echten Handelns ein.

Handeln trägt ein »Um-zu-Motiv« in sich und steht in einem Komplex von Sinnzusammenhängen. Ausdruckshandlungen sind nur dann echte Kundgabehandlungen, wenn sie den Zweck der Deutung erfüllen, sei es durch den Zeichensetzenden selbst oder einen anderen.

Ferner muß zwischen Anzeichen und Angezeigtem ein wechselseitiger Zusammenhang bestehen, der auf Voraussetzungen mit einer eigenen Struktur zurückzuführen sein muß.[42] Nach diesen Bestimmungen dürfen dann dem Zeichnen benachbarte Tätigkeiten wie Schreiben aber auch andere feinmotorische Tätigkeiten wie Nähen und Sticken nach konventionalisierten Vorstellungsmerkmalen als Ausdrucksbewegungen, nicht aber als Ausdruckshandlungen gelten.

Die Handlung des Zeichnens ist einerseits Zeichen »für«, also für das, was es bedeutet, und andererseits für das, was es ausdrückt; nämlich **die Bewußtseinserlebnisse dessen, der das Zeichen gesetzt hat.** Deshalb ist ein Zeichen innerhalb einer Zeichenhandlung immer ein Artefakt oder eine »konstituierte Handlungsgegenständlichkeit« *(Schütz).*

Wir wollen nachfolgend die zeichnerische Handlung durch **vier Aussagen** näher charakterisieren:

1. Wenn ein Kind zeichnet, dann orientiert es sich nicht primär an den gegebenen äußeren Reizeindrücken, sondern es entäußert gespeicherte Vorstellungsinhalte oder anders gesagt, es stellt ein im Bewußtsein vorgegebenes Strukturgebilde dar. Es bildet in seinem Tun die Erscheinungen seiner physischen und sozialen Umwelt nach und realisiert dies nach Maßgabe der Mittel, die ihm zur Verfügung stehen.
2. Das Bild ist nicht objektiv gegeben, sondern es entsteht durch Einbildung im Subjekt Kind als ein »inneres Modell«. Das Entäußern im Zeichenprozeß richtet sich einerseits auf die Dingerkenntnis der Strukturgebilde, andererseits ist es geprägt von dem emotionalen Empfinden der Gegenstände. Somit enthält die Zeichnung immer einen pathischen Zug, ein pathisches Erleben.
3. Das zeichnende Kind ist mimetisch orientiert, es verfügt mit seinen Äußerungen über einen konkreten Inhalt, der wiederum ein Ausschnitt aus der (ontogenetisch geprägten) »gegenständlichen Welt« ist. Da die Inhalte der Zeichnung stets zu tun haben mit Gegenstandsbedeutungen, stellen sie als Handlungsakt echte Elemente eines sozialen Geschehens dar.
   (Hier zeigen sich auch die Grenzen der Theorien des Ausdrucks wie z.B. von Günther Mühle, weil in ihr die Formelemente und Konfigurationen der Kinderzeichnung immer neuen Deskriptionen und Typisierungen unterworfen werden, ohne die soziale Dimension mit einzubeziehen.)
4. Warum zeichnen Kinder gern? Bei jedem Kind ist der Drang nach Reproduktion vorhanden. Für Piaget stehen die Fortschritte der Nachahmungsfunktion in direkter Beziehung mit dem Fortschritt bei der Entwicklung der Intelligenz. »Von Beginn des nachahmenden Verhaltens an gibt es fast so etwas wie einen Willen zum Erfolg«.[43] So ist es im Fall der zeichnerischen Nachahmung wie zweifellos in ande-

4.3. Zeichnen als Handlungsakt

ren Fällen auch: Das Zeichnen gründet sich auf das Lustgefühl, das jedes Wiederfinden des Bekannten begleitet.
»Imitierende Handlungen machen Spaß«,[44)] schreibt *Daucher*. Es bedarf keiner Motivation von außen, um Zeichen zu wiederholen und sie bei Bedarf zu verändern. Gleichzeitig möchte das Kind in seinem Bild einen hohen Grad von Übereinstimmung mit seiner Wirklichkeit erreichen. Im Zusammenhang mit diesen Tendenzen liegt nun der Anreiz, das eigene Geschaffene mit dem objektiv gegebenen Vorbild zu vergleichen.
Der Anlaß zur Zeichenhandlung hat vielfältige Motive. Es können »auftraggebende« Personen wie Lehrer, Eltern, Geschwister und Freunde ebenso sein wie das Bedürfnis, aus eigenem Antrieb ein Bild anzufertigen. Anregendes und auslösendes Motiv für eine Bildgestaltung kann die Ausschreibung eines Malwettbewerbs sein oder einfach der Wunsch, ein »schönes« Bild zu verschenken. Der Grund kann aber auch der Versuch sein, sich mit Hilfe des Bildes von seelischen Spannungen zu befreien, durch die Nachahmung oder durch Durchpausen sich in den Besitz eines begehrten Motivs zu bringen, durch den Zeichenprozeß ein Vorbild oder Idol noch einmal für sich zu erschaffen, durch heftige, gestische Bewegungen Entlastung zu finden oder im weitesten Sinne künstlerisch oder kunstgewerblich tätig zu sein. Gefühlshafte Grundstimmungen, wie Begeisterung, lustlose Pflichtübung, Zwang, Freiwilligkeit oder Wunscherfüllung bilden einen Hintergrund, der die Antizipationsphase, die Wahl der Motive wie auch den zeichnerischen oder malerischen Bewegungsvollzug selbst während des gesamten Prozesses mitbegleitet. Ist die Arbeit mit positiven Gefühlen besetzt, wird sie sehr wichtig genommen, besteht ein großer Bedürfnisdruck, wird sie z.B. als Spiel oder Nachahmung aufgefaßt, findet sich die Befriedigung nicht allein in der Erreichung des Ziels oder eines Nutzens, sondern bereits in der Tätigkeit selbst.[45)] Damit wird wiederum die endgültige Darstellungsform beeinflußt, wie ihre Darstellungsweise (bildhaft-ausschmückend, detailfreudig, karg, rasch hingeworfen, technisch-konstruiert) und ihr Ausdruck (heiter, melancholisch etc.) anzeigen.
Funktionen, Motive und seelische Grundstimmungen steuern also den Prozeß der Zeichenhandlung inhaltlich und gestalterisch, aber auch Techniken können Einfluß nehmen, das Gestalten und den Ausdrucksvorgang behindern oder fördern.
Der Prozeß der Zeichenbewegung selbst schließt zugleich eine »Kontrolle« ein. Sie findet nicht als Endkontrolle statt, sondern sie gliedert sich während des Handlungsgeschehens in Teilziele und Teilhandlungen auf. Es findet ein permanenter, handlungsbegleitender Kontrollprozeß vor dem Endvergleich statt. Während dieses Vorgangs läßt sich der Zeichner von den optischen Wirkungen, die er hervorbringt, beeinflussen, und er kann bei Bedarf situativ seinen ursprünglichen Arbeitsplan ändern.
Die Zeichenpraxis war ein wichtiges Untersuchungsfeld der Ganzheitstheoretiker. Für sie war die Sache entschieden: Bei der entstehenden Wechselwirkung der Zeichen zwischen optischer und emotionaler Wirkung betonten sie immer die »gefühlsartige Erlebnisganzheit«.[46)]
Doch ist der Prozeß ambivalent:
Das »Zeichen-Finden« ist für das Kind häufig ein schwieriger, sich immer nur in Teilschritten erschließender Vorgang und wenn die Auge-Hand-Koordination nicht für eine Teillösung erlernt ist, bleibt er ein sperrig-suchendes Tasten. Wenn man Kinder der mittleren und späten Kindheit beim Zeichnen beobachtet, sieht man, daß die Phasen zügigen Arbeitens von bereits eingeübten Formen (Schemata) immer wieder un-

4.3. Zeichnen als Handlungsakt

terbrochen – und von längeren Überlegungen oder Übungen abgelöst werden. Es zeigt sich im Zeichenprozeß im Gegensatz zu den Aussagen der Gestalttheoretiker eben keine »Zügigkeit des Tuns«, einer »hohe(n) Ganzheitlichkeit der Bewegung vor allem im Rhythmischen«. Mühle geht dabei sogar so weit, daß er den Teil des motorischen Vollzugs, der schematisch beherrscht wird, mit der ganzheitlichen Abfolge eines perfekten Diskuswurfes vergleicht.[47]

Ohne auf die von den Psychologen lang geführte Auseinandersetzung einzugehen, kann man sagen, daß sich zwischen Zeichner und Zeichnung während des Gestaltungsvorgangs permanente Wechselwirkungen entwickeln. Die Impulse, die sich vom Zeichner auf den Gegenstand bzw. die Zeichnung richten, kehren in Form eines bestimmten Effektes zu ihm zurück, und es ist nicht sicher, ob eine gefühlshafte oder eine optisch-reduzierte Form dabei entsteht.

Diesen Wirkungszusammenhang kann man als Funktionskreis bezeichnen. Verbunden mit dieser Wechselwirkung der Impulse sind die Phänomene der psychischen Spannung und Lösung, wobei das Moment des Spielerischen und Überraschenden gewahrt bleibt. Wie bereits erwähnt, ist das Kind mimetisch orientiert, es kann und will aber nicht die nahtlose Identität von Zeichen und Sache, sondern es braucht und nutzt diesen Handlungsraum, in dem eine Form »gefühlshaft« und »erscheinungsgemäß« ihren Ausdruck finden kann.

Aus der Beschreibung wird deutlich, daß die Gliederung in Zwischenzielen und Teilhandlungen erfolgt. Das Ziel ist nur als raumzeitlicher Vorgang mit seinen nacheinander folgenden Teil- und Zwischenschritten zu erreichen. Dies impliziert bereits eine Unter- bzw. Überordnung; d.h. die Zeichnung wird hierarchisch-sequentiell organisiert. Der Zeichenprozeß ist nicht vollständig planbar, es sei denn um den Preis totaler Rigidität und Anpassung. So aber ist er offen gegenüber ständig rückmeldenden und korrigierenden Kreisprozessen. Die Gesamtplanung folgt der funktionalen Qualität, sie ordnet nach bestimmten Erzeugungs-, Abruf- und Kombinationsregeln die strukturellen Bausteine der Zeichen und gewährleistet ihren Vollzug. Die Beschreibung des Handlungsaktes, der über die Phasen der Vorwegnahme des Ziels, den Entwurf eines Plans, von der Mittelwahl, der Organisation und Koordination bis zur Erreichung des Ziels verläuft, macht schon deutlich, daß es unterschiedliche Regulationsebenen des Zeichnens geben muß. Man kann sagen, je jünger das Kind ist, desto einheitlicher wird die Phasenstruktur der Handlung vollzogen. Das Vorschulkind, das zeichnet, tut dies mit großer Selbstverständlichkeit, es behandelt den Gegenstand, den es entwirft, mit der Sachlichkeit, wie es die Wirklichkeit verlangt. Das Kind geht in der Situation auf, wird eins mit der Intention. Diese ernsthafte Intentionsgebundenheit verleiht dem Handlungsakt den Charakter der »Realität«. Dennoch vergißt das Kind nicht, daß es zeichnet. Aber durch das zeitweise Aufgehen im Prozeß erlebt es Phasen, in denen das Zeichengeschehen und die eigene emotionale Gestimmtheit miteinander verschmelzen. (Ein Zustand, den zu erreichen die musische Erziehung als ihr Ziel und ihren eigentlichen Auftrag betrachtete). Dieses sensitiv-intentionale Aufgehen im Zeichenakt muß mit fortschreitendem Alter nicht aufgegeben werden, aber die Erfahrung zeigt, daß im Schulkindalter die Entscheidungen in Hinblick auf den Gestaltungsweg und das Ziel prozessual immer früher festgelegt werden. Damit wird das Bild in Aufbau, Form-, Farb-, Kompositions- und Raumdarstellung, in seinen Verfahren und Mitteln und der Vielfalt der Realisierungswege und des Ausdrucks planungsbedingter und anspruchsvoller. Es hat sich aber mit der Steigerung der geistigen Durchdringung auch der Abstand zum Prozeß der Handlung vergrößert und damit gleichzeitig auch der Abstand zu einer wesentlichen Vollzugsform des ästhetischen Prozesses. *(Vgl. Kapitel 6.1. »Die Schemaphase«)*

4.4. Zeichenhandlung und Kommunikation

Untrennbar verbunden mit dem Handlungsakt der Zeichnung ist das **kommunikative** Handeln. Jedes Zeichensystem (im weitesten Sinne und im engeren Sinne unserer Thematik) ist ein Schema der jeweiligen Erfahrung und zwar im doppelten Sinne: Es ist zum einen ein Ausdrucksschema dessen, der die Zeichen gesetzt hat, und es ist zum anderen ein Deutungsschema dessen, der die Zeichen für das Bezeichnete deutet. Diese Unterscheidung zwischen Bildhersteller und Rezipienten wurde in der Theorie der Kinderzeichnung nur selten beachtet und es wurde oben bereits dargestellt, daß die jeweilige Lehrmeinung fast immer über das Kinderbild gestellt wurde und damit der kommunikative Akt nur einseitig oder gar nicht stattfand.

Kommunikatives Handeln kennzeichnet im wesentlichen den indirekten gesellschaftlichen sozialen Austausch von Handlungen sowie die Verständigung über Ziele und Wissen zwischen Personen. Nach *Habermas* zielt es generell auf die Ausweitung öffentlicher uneingeschränkter und herrschaftsfreier Verständigung über die Angemessenheit und Wünschbarkeit von Grundsätzen und Normen. Auf der Ebene der Gruppenbeziehungen bedeutet kommunikatives Handeln, daß eine wechselseitige Orientierung an Themen, Gedanken, Symbolen, Motiven, Wünschen und sozialen Regeln stattfinden kann, um zu einer Gestaltung befriedigender offener zwischenmenschlicher Beziehungen zu gelangen. So ist kommunikatives Handeln grundsätzlich dialogisch, und es zielt auf wechselseitige Anerkennung bewußtseinsfähiger, prinzipiell gleichberechtigter Subjekte. Kommunikatives Handeln setzt voraus, daß die Bedingungen wechselseitigen Handelns nicht gestört sind.[48]

Demgegenüber zielt das instrumentale Handeln auf technische Verfügung und Verfügbarkeit. Es richtet sich nach den Gesetzmäßigkeiten der technischen Möglichkeiten und ihrer Praxis. Dabei kommt es auf die Angemessenheit von Mitteln, Strategien, Techniken usw. im Hinblick auf vorgenommene oder vorgegebene Ziele an. Instrumentales Handeln vermittelt Fähigkeiten zur Aneignung bestimmter Beziehungen, z.B. in gestalterischer, technischer oder logischer Hinsicht. Es bestimmt zu weiten Teilen die Intentionen des teleologischen Handlungsmodells, und es läßt sich auch im kommunikativen Handlungsmodell wiederfinden *(vgl. Kapitel 3.4.)*.

Diese Bestimmungen bedeuten, daß instrumentale Handlungsweisen im Rahmen des Anspruchs kommunikativen Handelns unbefriedigend bleiben müssen, weil das bloße Nachvollziehen und Überprüfen von vorher definierten Themen, Aufgaben und Zielen dem Anspruch des kommunikativen Handelns nicht genügen kann. Zeichnen im Kontext kommunikativen Handelns ist gebunden an die Berücksichtigung und Erörterung der endogenen und exogenen Voraussetzungen des Handlungsaktes sowie des gleichberechtigten Dialogs unter Wahrung der Interessen und Bedürfnisse beider Seiten. Zweifellos ist ein umfassendes Wissen nicht immer möglich, es ist

4.4. Zeichenhandlung und Kommunikation

aber im Sinne der (kommunikativen) Zielrichtung anzustreben, um die appellative Handlungsaufforderung des Bildes einlösen zu können *(vgl. Schema Abb. 4).*

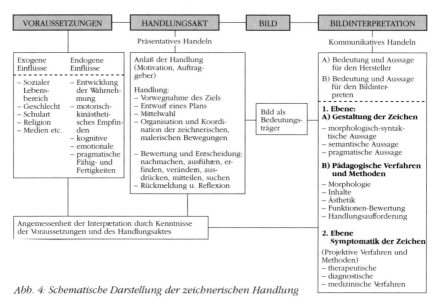

Abb. 4: Schematische Darstellung der zeichnerischen Handlung

Schwierigkeiten und Störungen liegen häufig in nicht bestehenden Gemeinsamkeiten in Hinblick auf Ziele, Inhalte und morphologische Regeln –, darüber hinaus blockieren normative, dramaturgische, teleologische oder auch zu enge kommunikative Normen das kommunikative Handeln.

Gerade bei den nicht-konventionalisierten Zeichen der kindlichen Bildsprache kann die angemessene Kommunikation zwischen Betrachter, ikonischen Zeichen und Aussage zu großen Problemen führen.

Das berühmteste Beispiel der Identifikationsschwierigkeiten zwischen einem Betrachter, der noch nicht durch seine Wahrnehmungserfahrungen die Gemeinsamkeit von Merkmalen zwischen Zeichen und Gegenstand erworben hat, und einem Kind, hat uns wohl *Antoine de Saint-Exupéry* in seinem Buch: »Der kleine Prinz« gegeben. Er schreibt:

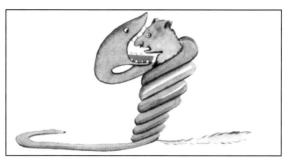

Abb. 5

4.4. Zeichenhandlung und Kommunikation

»Als ich sechs Jahre alt war, sah ich einmal in einem Buch über den Urwald, das »Erlebte Geschichten« hieß, ein prächtiges Bild. Es stellte eine Riesenschlange dar, wie sie ein Wildtier verschlang. Hier ist eine Kopie der Zeichnung *(Abb. 5)*. In dem Buche hieß es: »Die Boas verschlingen ihre Beute als Ganzes, ohne sie zu zerbeißen. Daraufhin können sie sich nicht mehr rühren und schlafen sechs Monate, um zu verdauen.« Ich habe damals viel über die Abenteuer des Dschungels nachgedacht, und ich vollendete mit einem Farbstift meine erste Zeichnung. Meine Zeichnung Nr. 1. So sah sie aus:

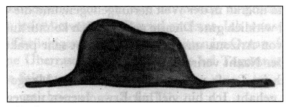

Abb. 6

Ich habe den großen Leuten mein Meisterwerk gezeigt und sie gefragt, ob ihnen meine Zeichnung nicht Angst mache. Sie haben mir geantwortet: »Warum sollen wir vor einem Hute Angst haben?«
Meine Zeichnung stellte aber keinen Hut dar. Sie stellte eine Riesenschlange dar, die einen Elefanten verdaut. Ich habe dann das Innere der Boa gezeichnet, um es den großen Leuten deutlich zu machen. Sie brauchen ja immer Erklärungen. Hier meine Zeichnung Nr. 2:

Abb. 7

Die großen Leute haben mir geraten, mit den Zeichnungen von offenen oder geschlossenen Riesenschlangen aufzuhören und mich mehr für Geographie, Geschichte, Rechnen und Grammatik zu interessieren. So kam es, daß ich eine großartige Laufbahn, die eines Malers nämlich, bereits im Alter von sechs Jahren aufgab. Der Mißerfolg meiner Zeichnungen Nr. 1 und Nr. 2 hatte mir den Mut genommen. Die großen Leute verstehen nie etwas von selbst, und für die Kinder ist es zu anstrengend, ihnen immer und immer wieder erklären zu müssen.« /.../
»Wenn ich jemanden traf, der mir ein bißchen heller vorkam, versuchte ich es mit meiner Zeichnung Nr. 1, die ich gut aufbewahrt habe. Ich wollte sehen, ob er wirklich etwas los hatte. Aber jedesmal bekam ich zur Antwort. »Das ist ein Hut.« Dann redete ich mit ihm weder über Boas noch über Urwälder, noch über die Sterne. Ich stellte mich auf seinen Standpunkt. Ich sprach mit ihm über Bridge, Golf, Politik und Krawatten. Und der große Mensch war äußerst befriedigt, einen so vernünftigen Mann getroffen zu haben.«[49]

Der Grad der »Ikonizität« von Zeichen und die angemessene kommunikative Handlung ist abhängig von der Kenntnis und den Wahrnehmungsmodellen des Zeichenproduzenten. Aus diesem Grund ist der Vorgang der Interpretation des Kinderbildes entscheidend, um zu einem befriedigenden wechselseitigen Dialog zu gelangen.

4.5. Zeichnung und Interpretation

Die Interpretation für den Betrachter eines Kinderbildes kann sich auf unterschiedlichen Ebenen vollziehen. In unserer grafischen Darstellung *(vgl. Abb. 4, S. 28)* wurden zwei Ebenen unterschieden. Die Erste fragt nach der »Gestaltung der Bildsprache« und unterteilt sich in zwei Kategorien. Dabei stellen die Ebenen A + B »Gestaltung der Zeichen« sowie »pädagogische Verfahren« das genuine Aufgabenfeld der Kunstpädagogik dar, während die zweite Ebene »Symptomatik der Zeichen« dem Bereich der Therapie- und Heilpädagogik zugeordnet wird.
Unser Interesse bei der Auslegung der ersten Ebene »Gestaltung« gilt der Erschließung morphologisch-syntaktischer Beziehungen *(vgl. Abb. 4, 1. Ebene, Punkt A)*.

Es geht hierbei um den Versuch zu beschreiben, was gleichzeitig, präsentativ dargestellt ist; welchen Gegenstandssinn die Zeichen bezeichnen. Dabei handelt es sich um Beziehungen des »wörtlichen« Bildsinns, um die »einfache« Symbolik der Zeichen. Hier können untersucht und bestimmt werden der Bildaufbau, die Komposition, Farbe, Struktur, Raum- und Körperdarstellung, Raumgliederung, Größenverhältnisse, Formen, Proportionen und Relationen, Verwendung von Sprachzeichen, Techniken, Verfahren und Mittel. Die pragmatische Aussage schließlich untersucht die Situation und den Anlaß der Ausführung, die Bedingungen, unter denen die Handlung stattgefunden hat, sowie Anwendung und Zweck des Bildes.
Die Relation von Gestaltung und Unterricht kann durch ähnliche Merkmale gekennzeichnet werden, wobei hier die Interdependenz aufeinander verwiesener Partner die Grundlage bildet *(vgl. Abb. 4, 1. Ebene, Punkt B)*
Pädagogische Verfahren und Methoden fragen nach Inhalten, der auslösenden Wirkung und schließen gleichzeitig die Aussageabsicht des Zeichners mit ein. Es geht dabei auch um die Fähigkeit, die Zeichen und Symbole der Kinder zu verstehen, welche sie zum Ausdruck ihrer Denkinhalte einsetzen.
Die Kundgabe des Kindes kann und soll unterschiedliche Empfindungen auslösen; sie ist Anzeichen kraft ihrer Abhängigkeit vom Produzenten, dessen Innerlichkeit sie ausdrückt. Es ist durchaus nicht so, daß in Kinderbildern »das unregulierte« und »unreflektierte Lebensgeschehen« zum Ausdruck kommt, dem die produktive Distanz und dramatisierende Techniken fehlen, wie dies die Ganzheitstheoretiker in ihren Schriften betonen. Denn die Kinderbilder sind als illokutionäre Akte Zeigehandlungen. Sie erschöpfen sich nicht allein schon im Appell an das Verstehen des Betrachters. Die Handlung stellt ein Bewußtseinserlebnis dessen dar, der sie gesetzt hat, die eine – wie immer geartete Botschaft vermitteln will. Sie ist Teil einer konstitutiven Handlungsgegenständlichkeit, die die eigene Rolle dieser Handlung bereits sehr früh in Hinblick auf die spätere Reaktion mit berücksichtigt. Wer als Lehrer einmal in einer 1. Klasse unterrichtet hat, kann das bestätigen; auch die Beobachtung von Kindern vor der Fernsehkamera zeigt dies: Schon sehr kleine Kinder können in ihrer Handlung bereits in eine gewisse Distanz zu sich selbst treten und die eigene Rolle von Anfang an in bezug auf das Urteil oder die Bewertung des Betrachters ausrichten.
So kann die Bearbeitung der Fragen nach dem gestalteten »Wie« und dem inhaltlichen »Was« Auskünfte über individuelle Interessenshaltungen geben.
Die Bilder der Kinder sind darüber hinaus auch immer Aussagen zur gesellschaftlichen Situation einer Zeit, zum »Zeitgeist«. Er zeigt sich in den Bildkonventionen. Dies

4.5. Zeichnung und Interpretation

wird deutlich bei einer vergleichenden Betrachtung mit historischen Dokumenten, aber auch, wenn man Kinderbilder unterschiedlicher Kulturräume miteinander vergleicht. Es offenbart sich, daß es einen charakteristischen Stil einer historischen Epoche ebenso gibt, wie den Ausdruck spezifischer Beziehungen zur sozialen und kulturellen Umwelt.

Für das Verstehen der Kinderbilder bedeutet dies, daß adäquate Interpretationen nur gewährleistet sind, wenn der kulturelle Schlüssel, der die Decodierung ermöglicht, dem Betrachter verfügbar ist und mit dem kulturellen Code übereinstimmt.[50] Für die pädagogische Arbeit mit dem Kinderbild erscheint noch eine weitere Bestimmung notwendig: die der Interaktion. Haben wir bislang aus der Ebene des Betrachters gefragt, so verkehrt sich nun das Verhältnis. Der Bildhersteller fragt den Betrachter: »Wie verstehst Du, was ausgesagt wird?« Da es sich beim Zeichenakt um eine Verstehenshandlung handelt, der ein Auslegungsprozeß zugrundeliegt,[51] ist eine interaktive Situation zwischen einem Handelnden und einem Verstehenden entstanden. D.h. diese Ebene bezieht sich auf den Standpunkt einer Handlungskonstellation, die den Modus der kommunikativen Intention beachtet.
Es ist die »appellative Funktion« der Bildsprache (die Sprechakttheorie nennt sie »perlokutionäre Ebene«), die schon der Psychologe *Karl Bühler* (1934) als Handlungscharakter der Sprache betonte. Sie ist ihm Werkzeug, »um Einer dem Anderen etwas mitzuteilen über die Dinge«.[52] Das Kind erwartet vom Fachpädagogen aber auch von den Eltern (zurecht), daß sie nicht nur in der Lage sind, den manifesten Gehalt des Zeichenaktes zu verstehen, sondern darüber hinaus der appellativen Aufforderung nachzukommen vermögen: »Verhalte Dich!« zu meinem Bild. Die Einordnung der Kinderzeichnung in einen handlungstheoretischen Rahmen könnte dazu beitragen, daß traditionelle Kategorien der »formschönen Gestaltung« zurückgedrängt werden zugunsten einer stärkeren personalen, lebenswelt- und aktivitätsorientierten Sicht. Dies hat erhebliche Konsequenzen für das Kinderbild. Zeichnerisches oder allgemeiner: bildnerisches Verhalten wäre demnach nicht nur eine gestalterische Aussage, sondern könnte ebenso als eine verständigungsorientierte Handlung, die als kommunikative Handlung nonverbaler Äußerungen einen Ausschnitt aus der Lebenswelt der Kinder darstellt, Funktionen der Handlungskoordinierung übernehmen und damit einen Beitrag zum tieferen Aufbau von Interaktionen leisten. Findet der Prozeß allerdings nicht unter der Maxime eines gleichberechtigten Handelns statt, wobei der Erwachsene die symbolische Dimension nicht als authentischen Ausdruck anerkennt, (z.B. bei Anhängern der Gestalttheorien), kommt es zu falschen oder zu fragwürdigen Interpretationen.
Es gibt ein »außerpädagogisches« literarisches Zeugnis, welches das bisher ausgeführte anschaulich zusammenfaßt: In seinem Roman »Das Versprechen« hat *Friedrich Dürrenmatt* der Kinderzeichnung eine entscheidende Rolle zugewiesen.[53] Alle drei Ebenen, die des Inhalts, des Ausdrucks, sowie die durch sie ausgelöste Handlung werden eindrucksvoll beschrieben.

Hätte *Gritli*, das ermordete Mädchen, nicht noch kurz vor ihrem gewaltsamen Tod in der Schule ein Bild gemalt, wäre man dem Mörder des Kindes wohl niemals auf die Spur gekommen. Diese Zeichnung war der einzige Anhaltspunkt für den Kommissar. Aber dazu war die Auseinandersetzung und Entschlüsselung mit dem Bildinhalt notwendig. Es war äußerst ungewöhnlich, daß ein Kommissar das Kinderbild überhaupt noch ernst nahm, denn der Fall war nach dem Selbstmord des vermeintlichen Mörders für die Behörde bereits ad acta gelegt.

4.5. Zeichnung und Interpretation

Auf die Spur gebracht wurde der Kriminalbeamte durch die Klassenkameradin der Ermordeten. Sie erzählte ihm, daß *Gritli* einen »Riesen« getroffen habe, der ihr »kleine Igel« geschenkt habe und daß *Gritli* diesen »Igelriesen« gezeichnet habe. Auf dem Bild war mit Farbstift ein Mann gezeichnet. Er war groß, größer als die Tannen, die ihn umstanden. Das Gesicht war schematisch-ausdruckslos. Er trug einen schwarzen Hut und schwarze Kleider, und aus der rechten Hand, einer Rundform mit fünf Strichen, fielen einige kleine Scheibchen mit vielen Härchen, wie Sterne, auf ein winziges Mädchen hinunter. Am oberen Bildrand stand ein großes schwarzes Auto, daneben ein merkwürdiges Tier mit seltsamen Hörnern.

Der Kommissar kam sich vor wie ein Laie vor einem Röntgenschirm. Er sprach mit der Lehrerin, die das Bild von *Gritli* kannte. Sie sah keinen inhaltlichen Zusammenhang zwischen Bild und Mord, sondern sagte lediglich, daß sie ein sehr poetisches und phantasievolles Kind gewesen sei.

Auch der Polizeipsychologe, ein Arzt, bestritt jegliche Zusammenhänge zwischen Bildinhalt und Realität. Er nahm die Zeichnung zum Anlaß, um Aussagen über die Persönlichkeitsstruktur und die allgemeine psychische Verfassung des Mädchens zu machen: »*Gritli* muß ein intelligentes, aufgewecktes und fröhliches Kind gewesen sein«.

Tatsächlich aber hatte *Gritli* in ihrem Bild die Realität genau wiedergegeben: Ihr Mörder war ein großer massiger Mann mit schwarzem Hut und schwarzen Kleidern. Ort des Geschehens war der Wald. Der Mörder fuhr eine große schwarze Limousine. Er stammte aus Graubünden, wie das später identifizierte Tier, ein Steinbock, bewies. Es war als Wappentier am Nummernschild des Wagens dem Kind aufgefallen und wurde gezeichnet. Und sogar die Verführungsmethode, mit der der Mörder sein Opfer für sich gewann, konnte dem Bild entnommen werden: die »Igel« waren Trüffel, stachlige Schokoladenkugeln, die der Mörder dem Kind schenkte.

Diese Fabel ist ein einprägsames Exempel für die außerordentlichen Schwierigkeiten angemessener Deutungsschemata. Sie weist darauf hin, daß erst im Zusammenspiel zwischen Ausdrucksbedeutung, Inhalt **und** der Handlung das Kinderbild richtig gedeutet werden konnte. Und sie verdeutlicht darüber hinaus, daß die Zuordnung zum bloß Spielerischen und Phantastischen dem Kinderbild nicht gerecht wird, sondern in die symbolische und repräsentative Darstellung in gleicher Weise umweltliche Beobachtungen und soziale Beziehungen einfließen.

Unterhalb dieser »kunstpädagogischen« Ebene existiert eine weitere Ebene, *(vgl. Abb. 4, 2. Ebene »Symptomatik«, S. 28)* die wir als »symptomatische« Bildsprache bezeichnen.[54] Dabei handelt es sich um die Beobachtung und Registrierung besonderer Bildzeichen, die den emotionalen Ausdruck innerhalb der Zeichenhandlung und des Bildes betreffen. Es ist den fachlich ausgebildeten Pädagogen, Psychologen und Ärzten möglich, dem Prozeß der Gestaltung wie dem Bild Aspekte zu entnehmen, die Auskunft über die Befindlichkeit des Kindes geben und somit Möglichkeiten eröffnen, die Zeichnung im Rahmen therapeutischer und diagnostischer Maßnahmen einzusetzen. So gehört heute beispielsweise der »Zeichne-einen-Menschen-Test« (ZEM) zu den Verfahren, die am häufigsten von den Psychologen bei der Behandlung von Kindern durchgeführt werden. Dabei lassen sich zwei Hauptrichtungen unterscheiden: »Die erste Richtung wird hauptsächlich von klinischen Psychologen eingeschlagen, die im ZEM ein projektives Verfahren sehen und die Zeichnung als Zeichen für unbewußte Bedürfnisse, innere Konflikte und als Persönlichkeitsmerkmale analysieren. Die Anhänger der zweiten Lehrmeinung sehen im ZEM einen Entwicklungstest für die geistige Reife«.[55]

4.5. Zeichnung und Interpretation

In der kunsttherapeutischen Literatur lassen sich viele Beispiele finden, wie Kinder in ihren Bildern die (häufig versteckte) Bildmetaphorik einsetzen. So findet die Farbverwendung als Interpretationsgrundlage ebenso Verwendung wie Merkmalsbedeutungen, Größenverhältnisse oder Auslassungen. Vergleicht man Indikatoren der diagnostischen und therapeutischen Verfahren mit dem Material unserer Querschnittsuntersuchungen, so ergeben sich bedeutsame Unterschiede.
Merkmale der Bildsprache, die aus der gestalt- oder kunsttherapeutischen Literatur geschildert werden, wie z.B. fehlende Hände, Dislokationen von Gesichtsmerkmalen, die Schattierung einzelner Körperteile, starke Asymmetrien der Gliedmaßen, der »Zerfall« der Zeichnung oder etwa die Darstellung von Genitalien, ließen sich in unserem Untersuchungsmaterial von fast 40000 Kinderbildern nur selten bestimmen. So fanden wir beispielsweise keine Bilder mit »schattierten« Körperteilen, lediglich zwei Bilder sexuellen Inhalts und nur ein Bild, in dem Menschen mit Genitalien gezeichnet waren.

Doch sind die Übergänge zwischen der kunstpädagogischen und der kunsttherapeutischen Arbeit fließend und häufig nicht eindeutig abgrenzbar. Wenn z.B. die Form – oder die Farbsprache offenkundige Retardierungen aufweist, vielleicht die Weigerung vorliegt, bestimmte Inhalte darzustellen oder Körperteile nicht zu zeichnen, dann ist in all diesen Fällen der Pädagoge zum Handeln gefordert.
Aber problemhaltige und lösungsbedürftige Aussagen zeigen sich ebenfalls, wenn Medien allein schon durch ihre formale Sprache (Größe und Plazierung) eine zentrale Stellung einnehmen *(vgl. Abb. 93, S. 131)* oder Angst und Hilflosigkeit aus den Bildern sprechen *(vgl. Abb. 125, S. 175)*.
In der Psychotherapie wird bildlicher Ausdruck hauptsächlich als Verständigungsmittel verwendet. Das Ziel liegt in der Aufdeckung verborgener Ursprünge des individuellen Verhaltens. Während also in der Kunsttherapie die bildliche Verständigung ihren Zweck erfüllt hat, wenn Patient (Zeichner) und Therapeut die Bedeutung verstehen und ein erfolgversprechender Sublimierungsprozeß einsetzen kann, besteht darüber hinaus in der Kunsterziehung die Aufgabe, neue bildnerische Prozesse in Gang zu setzen, welche den ästhetisch motivierten Zugang zur Welt eröffnen.
Die fehlende fachspezifische Ausbildung, aber auch die notwendige zeitintensive Betreuung, die in der Schule nicht aufgebracht werden kann, lassen es angeraten erscheinen, die projektive Arbeit mit der Kinderzeichnung nur in Zusammenarbeit mit speziell ausgebildeten Fachleuten durchzuführen.

5. Bildnerisches Verhalten von Vorschulkindern

Das bildnerische Verhalten unterliegt neben den individuellen endogenen Ausprägungen in besonderem Maße gesellschaftlichen Bedingungen.
Hier sind es vor allem Kindergarten und Schule, welche auf das Kinderbild größten Einfluß ausüben. Bei den nachfolgend als »Vorschul-« und als »Schulkindalter« bezeichneten Entwicklungsabschnitten für Kinder zwischen dem dritten und sechsten, bzw dem sechsten und vierzehnten Lebensjahr handelt es sich um »künstliche« Abgrenzungen, die gesellschaftlich determiniert sind. Es sind sehr einschneidende und umfassende Eingriffe, die das Denken und Handeln des Kindes in beiden Lebensabschnitten ganz entscheidend durch seine Erfahrungen in diesen Institutionen mitbestimmen. Lehrer und Erzieher treten als bedeutende soziale Bezugspersonen des Kindes zu den bisher und weiterhin meistens dominierenden Eltern hinzu. In der Schule können die Lehrer durch ihre Wissens-, Könnens- und Wertevermittlung ihren Einfluß auf das Kind sogar noch über den der Familie ausdehnen: »Ihr Erziehungs- und Verhaltensstil sowie die Erfahrungen in der Institution Schule beeinflussen daher auch in bedeutsamer Weise die weitere Persönlichkeitsentwicklung, sowohl im kognitiven Bereich als auch hinsichtlich der Ausbildung grundlegender Einstellungen und überdauernder Reaktionsmuster im sozialen, emotionalen und moralisch-sittlichen Verhalten. Das rechtfertigt nicht zuletzt auch die Abgrenzung und geschlosssene Darstellung dieses Entwicklungsabschnittes.«[56]

5.1. Die prä-schematische Phase

Am Anfang des kindlichen Gestaltens, etwa zwischen dem 18. und 30. Monat, entdeckt das Kleinkind, daß es mit einem Gegenstand oder anderen dafür geeigneten Substanzen dauerhaft Spuren hinterlassen kann. Zu Beginn spielt sich diese Tätigkeit in einem rein funktionalen Stadium ab. Das Kind ist aktiv aus reiner Freude an der Bewegung und an den Spuren, die diese hinterläßt.[57] In einer neuen Untersuchung von Almut Nguyen-Clausen, einer Längsschnittstudie über Kritzelaktivitäten Ein- bis Dreijähriger, in deren Verlauf etwa 5 000 Bilder ausgewertet wurden, ergab sich folgender Entwicklungsverlauf: Deutlich wurde, daß bestimmte Muster in einer festen Abfolge bei allen Kindern gleichzeitig auftraten, und zwar zeitlich gestaffelt in drei großen Gruppen:

❐ Muster von etwa 18 Monate alten Kindern setzten sich zusammen aus primitiven Zeichen des geschlagenen Punktes, des Krakels, der runden Linie. Es herrscht der grobmotorische Anteil vor, die Hand- und Fingergelenke werden bei der Ausführung noch steif gehalten *(vgl. Abb. 8, obere Reihe, S. 35)*.

5.1. Die prä-schematische Phase

❐ Bei etwa 24 Monate alten Kindern enthalten die Zeichen einen erhöhten Anteil feinmotorischer Elemente. Gesetzter Punkt, Spitze, spiralförmige Linie und kleine Figur sind die Ausgangsmuster für die spätere Zeichenfähigkeit *(vgl. Abb. 8, mittlere Reihe)*.

❐ Bei etwa 36 Monate alten Kindern haben sich bereits Muster mit ornamentalen Charakter herausgebildet; sie werden in einer weitgehend beherrschten Hand- und Fingerbewegung ausgeführt. Die Abbildung zeigt die geschlossene Figur, den abgesetzten Strich und die Zickzackwelle *(vgl. Abb. 8, untere Reihe)*.[58]

Ist das Kind in der Lage, die Linie so zu führen, daß sie sich schließt, hat es einen weiteren großen Entwicklungsschritt gemacht. Der geschlossene Kreis kann viele Bedeutungen erhalten (z.B. Körper, Schiff, Haus, Auto), abzweigende Striche stehen für Extremitäten, z.B. Arme, Beine, Finger, Rauch, Seil etc. Hat das Kind neben der geschlossenen Linie die Abzweigung entdeckt, wird es ihm möglich sein, den »Kopffüßler« zu zeichnen. Das Kind verwirklicht in dieser Darstellungsstruktur der geschlossenen Form die Ausdehnung, das Volumen und mit der linearen Abzweigung, dem Strich, die Richtung *(vgl. Abb. 14, l und m, S. 41)*. Diese Tendenz, die entstehenden Formen zu schließen, kreisähnliche Rundungen »zuzumachen«, interpretiert Mühle als ein emotional gesteuertes Motiv, das sowohl als ein Gefühl des Umschlossenseins als auch Ausdruck eines Abgegrenztseins nach außen hin sein kann.[59] Tiefenpsychologische Ansätze deuten diese Zeichen als »Mandalas«, die nach der Theorie *C.G. Jungs* Archetypen der Ganzheit und des Selbst sind.[60] Nach der Ent-

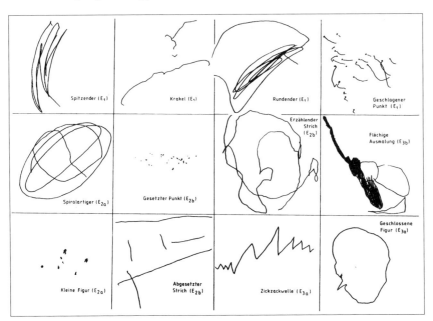

Abb. 8: Die Abbildung zeigt die Entwicklung der Kritzelaktivitäten ein- bis dreijähriger Kinder. zwölf verschiedene Typen beziehungsweise Kritzelfiguren wurden identifiziert und definiert. Die Kritzeltypen in der oberen Reihe zeigen Muster von Kindern um 18 Monate, in der mittleren Reihe um 24 Monate und in der unteren Reihe um 36 Monate.

wicklungspsychologie *Jean Piagets* hat das Kind damit die erste Periode der kognitiven Entwicklung des Menschen, die von der Geburt bis etwa zur Vollendung des zweiten Lebensjahres angesetzt werden kann, verlassen. Es befindet sich im Übergang zur nachfolgenden großen Entwicklungsperiode, zum voroperationalen Denken und speziell zur Entwicklung der Symbolfunktion. Wenn das Kind den »Kopffüßler« als »Mama« bezeichnet, hat es zum einen die Fähigkeit erreicht, eine Analogie zwischen Form und Gegenstand herzustellen, und es kann sich zum andern eine abwesende Person vorstellen. Die Zeichnung ist Symbol für etwas geworden. Durch Lernen erhält es zunehmend die Fähigkeit, nicht nur mit den Dingen selbst, sondern mit ihren verinnerlichten, willkürlich abrufbaren Repräsentationen umzugehen. Es besitzt die Fähigkeit, Bezeichnendes (Bild, Symbol, Zeichen) von Bezeichnetem (reale Objekte oder Relationen) gleichzeitig zu unterscheiden und aufeinander zu beziehen. Kann das Kind eine Handlung aus ihrem unmittelbaren Bedeutungskontext herauslösen, ist die Voraussetzung für symbolisches Denken gegeben. Es ist nunmehr dem Kind möglich, eine Schachtel symbolisch zum Bett zu erklären, es kann mittels verschiedener Zeichen ein Flugzeug oder ein Haus imitieren, weil es deren Bedeutung versteht. Mit diesen Fähigkeiten ist das Symbolstadium erreicht, das für manche Forscher erst den eigentlichen Beginn des kindlichen Zeichnens darstellt.[61]

Das Kind hat in der zeichnerischen Entwicklung die Kritzelphase verlassen, und es kombiniert sein erarbeitetes und erworbenes Zeichenrepertoire zu immer neuen Gebilden. In diesem Entwicklungsstand der prä-schematischen Phase ist ohne die Erklärung des Kindes das Gezeichnete für den Erwachsenen häufig nicht zu verstehen.[62]

5.2. Björn zeichnet

Am Beispiel eines Bildes von Björn, das er mit drei Jahren und sieben Monaten gezeichnet hat, soll die Zeichenhandlung verdeutlicht werden *(vgl. Abb. 9, S. 37)*.

Es handelt sich um eine Kinderzeichnung mit einer frühen bildhaften Symbolik. Das mit einem lockeren Liniengerüst bedeckte Blatt enthält Formen, die aufgrund ihres geringen Ikonizitätsgrades zunächst kaum zu deuten sind. Erst der während des Zeichenvorgangs abgegebene Kommentar des Kindes erhellt die Bedeutungen.

Björn begann mit dem »Kopffüßler« (a). »Das bist Du!« erklärte er mir, ohne daß ich ihn dazu aufgefordert hätte. Dann schloß er in einer großen Rundform (b) die Figur ein. Dazu erklärte er: »Du bist auf einem Schiff«. Die beiden Striche (c) am oberen und am unteren Ende der geschlossenen Rundform (dem »Schiff«) sind die Seile, mit denen das Schiff im Hafen befestigt werden kann. Der lange waagerechte Strich (d), der von der Figur aus über den geschlossenen Raum hinausgeht, bedeutet »Rauch«. Er setzte außen eine kleine halbrunde Form (e), »eine Fahne«, an und zeichnete zuletzt die kleine Figur (f) über dem »Köpffüßler« (a). Dazu sagte er: »Das ist Björn«. Als er den Stift absetzte und das zuletzt Gezeichnete noch einmal genauer betrachtete und feststellte, daß dieses Zeichen für ihn einen weit geringeren morphologischen Formausdruck besaß als die Figur »a«, lachte er und beurteilte das nicht so gelungene figurale Ergebnis folgendermaßen: »Das sieht aber komisch aus! Björn hat sich verkleidet«.

Die Zeichen werden von einigen Kindern während des Zeichenvorgangs sprachlich begleitet und fixiert, andere sprechen nachträglich darüber.

5.2. Björn zeichnet

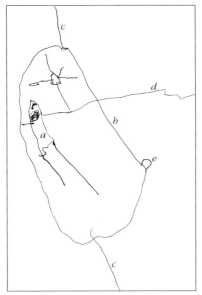

Abb. 9: Björn 3;7

Gemeinsam ist den Kindern dieser Phase, daß sie die Bedeutung der Figuren häufig modifizieren. Für die Zeichen und ihre Bezeichnung ist die momentane Stimmung ausschlaggebend und noch nicht eine im voraus festgelegte Aussageabsicht mit einer schematischen Grundform.

Die Entdeckung und Erfahrung des Kindes, daß man über diese Zeichen mit den Erwachsenen kommunizieren kann, ist ein großes Erlebnis, das begeistert aufgegriffen wird. Das Kind erfindet immer neue Figurationen, zeigt sie, wartet auf Reaktionen, benennt sie selbst und läßt sie benennen. Die Wiederholung und weitere Verbesserung kognitiver und feinmotorischer Fähigkeiten führt zu immer sichereren und differenzierten Zeichen. Nur geringfügige Änderungen der frühen Grundformen führen bereits zu neuen Bedeutungen.

Von Björn lernen wir, daß ein Kind dieses Alters noch über kein festes Zeichenschema für »Mensch«, aber auch noch nicht für Objekte und den Raum verfügt. Denn erst wenn für die Darstellung eines Objektes die gleiche Fixierung erfolgt, die in einer festgelegten Form wiederkehrt, kann man von Schemata reden und von einer neuen Phase der zeichnerischen Gestaltung. Der zeitliche Verlauf kann interindividuell sehr große Unterschiede aufweisen. So gibt es Kinder, die früh schematische Formen festgelegt haben und sie beibehalten, während andere ihre Zeichen bis in das sechste Lebensjahr hinein variieren. *Maja* hat ihr Menschenschema sehr lange offen gelassen. Sie zeichnete mit 5;3 Jahren am selben Tag die folgenden Varianten *(Abb. 10):*

Abb. 10: Maya 5;3 Drei Personen, am gleichen Tag gezeichnet.

5.3. Raumvorstellung beim Vorschulkind

Die linke Person besitzt einen mondsichelartigen Kopf mit einem Zentralauge, der auf einem »Hausschemakörper« ruht. Dazu erklärte sie, daß dieser Mann rauche und eine Peitsche in der Hand halte. Im unteren Teil des Körpers hat Maya ihren Namen »geschrieben«. Die mittlere, morphologisch auf einfachste Ausprägungen reduzierte Figur, die ebenfalls in der für dieses Alter untypischen Profilsicht gezeichnet wurde, wirft einen Ball. Der rechte »Mann« mit Hut und Bauchnabel ist fähig »zu fliegen«.

Vergleicht man diese Zeichnungen mit der Menschdarstellung von *Björn,* so zeigen sich die großen Fortschritte, die *Maja* gegenüber *Björn* gemacht hat. Bei ihr sind die Menschen sehr viel differenzierter gezeichnet und mit besonderen Attributen ausgestattet. Bei beiden Kindern wird deutlich, daß die Darstellung bestimmter inhaltlich interessierender Merkmale wie »Schiff«, »Fahne«, »Seile«, »Pfeife«, »Ball« oder »Bauchnabel« unter Verwendung archaisch-elementarer Bildzeichen geschieht. Einfachste Formausprägungen treten zentral ein für das gemeinte »Ganze«. In der Kinderzeichnung wird das »pars-pro-toto-Prinzip« durch die Erarbeitung gestalttypischer Konturen und neuer signifikanter Details weiter differenziert. So ist die Formenwelt *Majas* bereits gegliederter als die von *Björn.* Sie zeigt die Absicht, Inhalt und Form des Gegenstandes immer eindringlicher und angemessener zu erfassen.

Detail und Gesamtform können dabei beim Vorschul-, aber auch noch beim jüngeren Schulkind ungleichgewichtig auftreten. D.h., das Detail, das für das Kind Wesentliche (z.B. der »Rauch«, die »Peitsche« oder die Fliehstriche des »fliegenden Menschen«) ist während des Zeichenprozesses so wichtig (momentan so bedeutsam), daß es sich formal nicht der Kontur unterordnet. Diese Überbetonungen der Einzelheiten oder die Unterordnung der Kontur unter die Details (wie etwa bei der großen Rundform b), werden dann gern von den Erwachsenen als »expressionistischer Zug« oder als »Metapherndistanz« (Kläger) gedeutet.[63]

5.3. Raumvorstellung beim Vorschulkind

Neben der unterschiedlichen Formausprägung zeigt der Vergleich zwischen *Björn* und *Maja* auch eine unterschiedliche Raumauffassung. Maja hat ihre drei Personen auf der Zeichenfläche so angeordnet, daß bei allen drei Darstellungen die Beziehungen von »oben« und »unten« eindeutig geklärt sind. Bei *Björn* war dies noch nicht eindeutig. Bei ihm herrschen noch die frühesten Formen der Raumdarstellung, die der einfachen topologischen Relationen vor. Das Kind muß die Fähigkeit, räumliche Beziehungen auf einer zweidimensionalen Fläche herzustellen, in einem langen Prozeß erlernen. »Vor jeglicher projektiven /.../ Organisation des Raumes konstruiert und benutzt das Kind zuerst gewisse elementare Beziehungen – wie ›benachbart‹ und ›getrennt‹, ›Reihenfolge‹, ›Umgebung‹, ›Kontinuum‹ –, alles Begriffe, die denen entsprechen, die die Geometer ›topologisch‹ nennen und die sie unter dem Blickwinkel der theoretischen Rekonstruktion des Raumes ebenfalls als elementar betrachten.«[64] *Björns* »Schiff« ist als eine trennende Grenze zum Ein- oder Ausschluß anderer Zeichen zu verstehen und nicht als die zeichnerische Kontur des gegenständlichen Motivs.

5.3. Raumvorstellung beim Vorschulkind

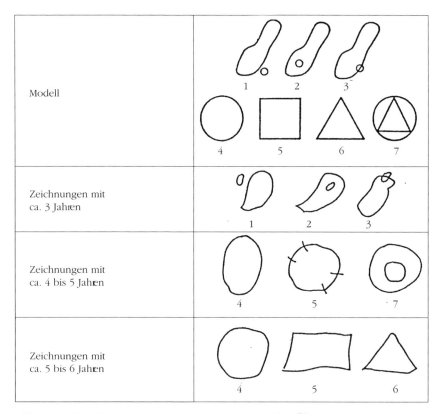

Abb. 11: *Nachzeichnen von Figuren im voroperativen Stadium*[65]

Piaget und *Inhelder* führten eine große Zahl von entwicklungspsychologischen Experimenten über die Raumvorstellung des Kindes während verschiedener Altersstufen durch. Aufschluß über die Entwicklung räumlicher Beziehungen gibt unter anderem ein Verfahren, bei dem Kindern die Aufgabe gestellt wird, Modelle nachzuzeichnen. Bei einem Teil dieser Modelle liegt der Akzent auf topologischen Relationen, andere bilden euklidische Formen wie Kreis, Quadrat, Dreieck, Rhombus usw.

Das Verfahren zeigte als Ergebnis, daß zur Zeit des voroperativen Denkens in der Vorstellung des Kindes der sogenannte topologische Raum vorherrscht. Obwohl das Kind euklidische Formen ähnlich wie der Erwachsene wahrnimmt, sind ihm diese Figuren nicht als Objekte mit bestimmten räumlichen Beziehungen (gerade, gebogen, rechter Winkel, spitzer Winkel) präsent.

Bis zu einem Alter von 2;6 Jahren ist den Kindern keinerlei zeichnerische Darstellung der Modelle möglich. Die Kinder kritzeln und lassen sich nicht durch die verschiedenen Modelle beeinflussen. Von der Mitte des 2. Lebensjahres bis etwa zum 5. Lebensjahr werden die topologischen Ordnungsstrukturen aufgebaut. Ab Mitte des vierten Lebensjahres werden die topologischen Relationen genau wiedergegeben, die euklidischen mißlingen dagegen in der Regel noch[66] *(vgl. Abb. 11).*

5.3. Raumvorstellung beim Vorschulkind

Die zweite Stufe, die durchschnittlich ab vier Jahren beginnt, ist charakterisiert durch eine fortschreitende Differenzierung der vorgegebenen Formen. Auf der Stufe Drei, etwa ab dem fünften, sechsten oder siebten Lebensjahr, gelingt es schließlich den Kindern, alle Modelle einschließlich der komplexen richtig zu kopieren *(vgl. Abb. 11)*.

Je jünger das Kind ist, desto mehr ist es auf die gerade auszuführende Tätigkeit konzentriert, desto weniger beachtet es die Beziehungen zum umgebenden Zeichenfeld. Das Blatt wird immer wieder gedreht und die Zeichen werden ohne äußerlich erkennbaren Zusammenhang auf die Zeichenfläche gesetzt. Die Zentrierung der Aufmerksamkeit auf ein Merkmal des Gegenstandes und das Außerachtlassen anderer ist ein grundlegendes Kennzeichen des voroperatorischen Denkens. Ganz deutlich wird diese Verhaltensweise in den Beziehungsstrukturen der Raumdarstellung.

In den Bildern der Vier- bis Siebenjährigen werden zunächst allgemeine Beziehungen des sichtbaren Vorhandenseins realisiert. Danach entsteht ein Nebeneinander der Aufzählung, und erst viel später gelingt dem Kind die gleichrangige Bearbeitung, die Teile und Ganzes des Bildes umfaßt.

Kinder dieses Alters verteilen die Bildzeichen scheinbar willkürlich. Häufig gibt es für den Betrachter dieser »Streubilder« keinen erkennbaren Zusammenhang *(vgl. Abb. 12)*. Tatsächlich ist das Konzentrationsvermögen der Kinder dieses Alters noch sehr kurz und das Interesse an Form und Inhalt wechselt rasch.

Die Untersuchung der durchschnittlichen Arbeitszeit fünf- und sechsjähriger Vorschulkinder bei drei Zeichenaufgaben ohne zeitlich begrenzten Rahmen ergab, daß die Kinder im Durchschnitt nur knapp zwanzig Minuten an der Lösung eines Bildes arbeiteten. Dabei nahm diese Arbeitszeit noch von der ersten bis zur dritten Aufgabe kontinuierlich weiter ab.[67] Ebenso charakteristisch ist, daß es nach einer Phase des intensiven Arbeitens zu plötzlichen Wechseln hinsichtlich des Interesses am gegenwärtigen Inhalt, als auch an der Tätigkeit des Zeichnens insgesamt kommen kann.

Abb. 12: Markus 4;8 „Streubild"

Solche Schwankungen können auch verbunden sein mit einem Darstellungsgefälle, so daß in Teilbereichen des Bildes auch »frühere« Zeichenformen zu finden sind.

Das Kind erfindet immer neue Zeichen aus seinem kindlichen Erfahrungsbereich. Kleine Modifikationen der Grundfiguren, »basic scribbles« nannte sie Rhoda Kellogg[68], verändern die Bedeutung, die sinnhaft unterlegt wird. Signifikante Formen wie »Haus«, »Baum«, »Mensch« werden entwickelt. Das Rechteck mit Giebel ist ein Haus, mit angesetzten Rundformen ist es ein Auto *(vgl. Abb. 13)* usw. *Maja* benutzte die Giebelform häufig als Zeichen für den menschlichen Körper *(vgl. Abb. 10, S. 37)*.

Einfache Verwirklichungen der Darstellungsstruktur bestehen auch aus einer »Rundherum-Symmetrie« einzelner Abzweigungen aus der geschlossenen Rundform. Die Kombination von Rundformen mit Ausläufern führt zu einem Strahlenkranz, der die Vorstellung von Sonne, Blumen, Händen und in einer geringfügig erweiterten und

5.3. Raumvorstellung beim Vorschulkind

Abb. 13

modifizierter Form auch (wie bei *Björn*) von Menschen hervorruft. Den noch vor dreißig Jahren häufig auftretenden Inhalt »Maikäfer«, der bei der älteren Generation in dieser Phase noch eine wichtige Rolle spielte, gibt es für die heutigen Kindergeneration nicht mehr.

Die *Abbildung 14* zeigt, welch verschiedenartige Aussageabsichten das Kind beispielsweise mit der Errungenschaft des Sonnenstrahlenmusters im Verlauf dieser Phase bestreiten kann.

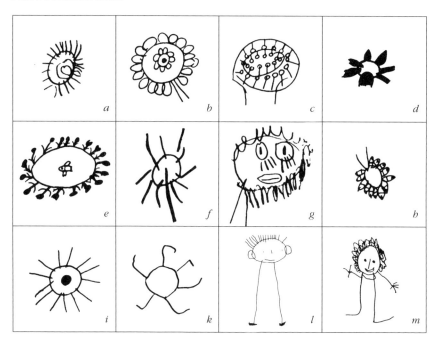

Abb. 14

Die einzelnen Darstellungen bedeuten:

a) gegenstandsfreies Muster
b) Blume
c) Baum mit Blättern
d) Haarfrisur eines Indianers
e) Teich mit Fisch, von Blumen umrandet
f) Baum mit Zweigen
g) Kopf mit Haaren
h) Hand mit Fingern
i) Sonne mit Feuerkern
   oder Lampe mit Birne in der Mitte
k) laufender Mensch[69]
l) „Kopffüßler", Junge 4;1
m) „Kopffüßler", Mädchen 4;0

5.4. Kinderkunst?

In der prä-schematischen Phase dominiert noch ein analogisierendes Weltbild. Es läßt sich bis in das 4. Lebensjahr zurückverfolgen. Allmählich schwindet dessen soziale wie geistige Egozentrik und macht etwa mit dem 6. bis 8. Lebensjahr einer realistischeren Weltauffassung Platz. Diese von magischer Phantasie begleitete Darstellungsweise kann dabei oft einen plötzlichen Stimmungs- und Bedeutungswandel erfahren. Das Denken in Bildern wird unterstützt durch kinästhetische, synästhetische und emotionale Erfahrungen. Besondere gefühlshafte Beziehungen führen zur gestalterischen Hervorhebung bestimmter Bildteile oder einzelner Bildzeichen (»Affektperspektive«).[70]

Dazu einige Beispiele: Eine Figur macht sich schmutzig, und sie wird mit Farbe übermalt; eine noch eben friedliche Figur verwandelt sich mit ein paar Strichen zu einem gefährlichen Wolf[71], oder ein Mensch kann plötzlich fliegen, wie das *Maja (vgl. Abb. 10 rechts, S. 37)* mittels Fliehstrichen an Armen, Körper und Beinen dargestellt hat. Ein anderes Mal zeichnete sie einen Hund, dessen Körperschema aus einer stark gewellten Rundform bestand. Auf die Frage, warum denn der Körper solche Wellenformen enthielte, sagte *Maja:* »Weil das Fell so weich ist«. Ein anderes Kind hatte eine Blume gezeichnet, die mit sehr vielen kleinen Punkten umgeben war. Auf Nachfrage erklärte das Kind, dies sei der Duft der Blume, die sie verströme. Weil ein Mann böse ist, wird er schwarz angemalt. Beobachten kann man z. B. auch, daß Kinder die Räder von Autos vervielfachen oder durch rasche, zahlreiche kreisende Striche zeichnen, um sie dann als »fahrend« oder als »schnell fahrend« zu bezeichnen. Ein Kind wurde beobachtet, wie es über seine Zeichnung mit einem energischen Strich von oben nach unten fuhr und dazu erklärte: »Nun ist der Vorhang zu!« Andere bekannte Beispiele »motorischer Symbolik« *(Volkelt)*[72] zeigen sich im spiralförmig gezogenen Rauch über dem Schornstein, durch das schwingende Hin- und Herfahren mit dem Stift – um den Pendelschlag einer Glocke, bzw. einer Uhr darzustellen oder durch die Fliehstriche, die den Weg des geworfenen Schneeballes bzw. des Fußballs auf dem Weg zum Tor nachvollziehen. Die Kinder besitzen großes Vertrauen in ihre Gestaltungsfähigkeiten und wenn sie zeichnen, ist dieser Vorgang durch nichts anderes geteilt. Die Umsetzung verschiedener Sinnesempfindungen in den Zeichenprozeß führt im Zusammenwirken mit der Fähigkeit des magischen Erlebens und dem Egozentrismus zu einer vitalen und bezaubernden Bilderwelt.

Die Bilder dieser Phase waren immer wieder Anlaß der Bewunderung bei Eltern und Erzieher, ja sie stellten sogar für viele Künstler eine Bereicherung ihres bildnerischen Denkens dar. In diesem Zusammenhang werden auch die Arbeiten von *Paul Klee* genannt.

Klee hatte zunächst die »Uranfänge der Kunst daheim in der Kinderstube« gesehen und gesagt, daß die Kunst der Kinder, Primitiven und Geisteskranken wesentlicher sei als dasjenige, welches »in sämtlichen Kunstmuseen« gesammelt werde. Es scheint, als habe er zur Realisation seiner Idee der Kindheit zwar nicht direkt auf seine Kinderbilder zurückgegriffen, dennoch kann es in einigen Fällen zu Anlehnungen gekommen sein.[73]
Um das Jahr 1930 bestritt er die Verbindung seiner Arbeit mit Kinderbildern: »Es handelt sich um entfernte Welten.« Eine genaue Auseinandersetzung mit Klees künstlerischem und kunsttheoretischem Werk kann auch keine Nähe zur Kinderkunst nachweisen.[74] Die Verwendung

5.4. Kinderkunst?

einiger Elemente in der Arbeit *Klees*, die sich ebenfalls in Kinderbildern wiederfinden lassen, wie etwa spontan-expressive Züge, schematisch-naive Stilelemente oder fehlende Naturnähe der Gestalten reichen zu einer Gleichsetzung nicht aus. Denn es gibt in *Klees* Bildern eine Vielzahl gestalterischer Entscheidungen, die weit über die geistigen Möglichkeiten von Kindern hinausreichen, wie z. B. formal-kompositorische, mimetisch-reduktive oder stilistische Verarbeitungsformen. Es handelt sich um nicht vergleichbare Bildwelten, weil kindliche Wahrnehmungstätigkeit und -fähigkeit, kindliche Deutung und Verarbeitungsform grundsätzlich anderen Bedingungen unterliegt als bei einem Künstler, der seine ästhetischen Aktivitäten »bewußt« steuert und produktiv »willkürlich« einsetzt. Auch *Chagall*, der in diesem Zusammenhang genannt wird, will von seinen Gefühlen und Erinnerungen erzählen, aber auch über die Menschheit bewegende Themen: den Träumen nach Frieden, nach Heimat und anderen Hoffnungen. Er malt Fragmente seines Lebens, die er im Licht der aktuellen Gegenwart in Unwirkliches und Legendenhaftes verwandelt.

Dennoch gab und gibt es immer noch Pädagogen und Eltern, welche die Qualität der Kinderbilder nur nach der Fähigkeit freier vorgestaltartiger Zeichen und feldabhängiger Bildsprache beurteilen, und es gab seit den zwanziger Jahren viele didaktische Versuche, die Bildsprache von Vorschul- und jüngeren Schulkindern bis in das Schulkindalter, ja bis zum Jugendlichen hin zu verlängern.

In jüngster Zeit hat *Max Kläger* diese Position noch einmal aufgegriffen und ausgeführt: Im Kunstunterricht werde mit zunehmendem Alter die Qualität der Arbeiten immer geringer. Während in den übrigen Schulfächern kumulative Fortschritte feststellbar seien, sei dies jedoch im Kunstunterricht nicht der Fall. Im Gegenteil: »Der qualitative und wohl auch quantitative Niedergang ist für den geschulten Beobachter unübersehbar.«[75]

Man mag es bedauern, aber es ist eine entwicklungspsychologische und anthropologisch begründete Tatsache, daß sich für spätere Lebensabschnitte spezifische Verhaltensweisen der frühen Kindheit nicht »künstlich« verlängern lassen. Vooperationale Denkstrukturen werden aufgegeben und münden ein in konkret-geistige Operationen, um dann wiederum von abstrakt-formalen Operationen abgelöst zu werden. Dieser prozessuale Übergang ist nicht durch didaktische Maßnahmen aufzuhalten. Dies belegen die Erfahrungen aus der Geschichte der Fachdidaktik ebenso, wie die Ergebnisse der hier auf repräsentativer Ebene durchgeführten empirischen Untersuchungen. Eher ist die gegenteilige Position richtig: Für das Kind enthält das Verlassen bestimmter Verhaltensweisen und die Aufnahme neuer Aktivitätsformen ästhetischen Verhaltens auch immer die Chance des Fortschritts auf einer anderen, neuen, bewußteren Ebene.

Es ist Aufgabe der Didaktik für eine offene Sicht des Kinderbildes einzutreten, d. h., dafür Sorge zu tragen, daß einseitige Verfestigungen aufgehoben werden und die Individualität des Ausdrucks zu seinem Recht kommt. Das Bild soll nicht Produkt eines Vorbildes oder das Ergebnis der Einflußnahme des Erziehers sein, sondern zuerst das Resultat des kindlichen (jugendlichen) Bewußtseins, Fühlens und Denkens. Der Mutlosigkeit vor der angeblichen Unfertigkeit eigener Gestaltungsfähigkeit (die sich fast immer am mimetischen Vorbild ausrichtet), kann durch die pädagogische Haltung wie durch künstlerisch-fachpraktische Übungen begegnet werden. Es sind vielfältige Erfahrungen anzubieten, bei denen etwa ornamentale, technisch-konstruktive oder naturalistische Bearbeitungsweisen den gleichen Stellenwert einnehmen wie freie, unmittelbar sinnlich-subjektive ästhetische Verhaltensweisen. Denn Gestalten heißt neben Abbilden, Mitteilen und Ausschmücken auch immer: Verwandeln, Auf-

5.4. Kinderkunst?

lösen, Suchen, Spüren, Aufnehmen, Erinnern und Bewußtmachen.
Ästhetische Erfahrung bewegt sich ohne Einschränkung auf Ebenen, die alle Empfindungsfähigkeit und Wahrnehmungserlebnisse einbezieht.

Gegenwärtig ist es vor allem *Gert Selle,* der in seinen didaktischen Schriften[76] versucht, die weitgehend vernachlässigten Sinnesempfindungen[77] wiederzugewinnen; auch solche, die das visuelle Denken in der frühen Kindheit begleiteten und die dann später immer weiter zurückgedrängt wurden.

Auch in *Ernst Blochs* philosophischer Anthropologie, zusammengefaßt im »Prinzip Hoffnung«, finden sich wichtige Ansätze, Alltagssituationen aufzugreifen und an sie gebundene Wünsche und Bedürfnisse ästhetisch zu bearbeiten. Was *Bloch* im »Prinzip Hoffnung« in den kleinen Tagträumen vom Kindes- bis zum Jugendalter beschreibt[78], sind jene Wünsche und Bedürfnisse, die sich nicht oder nur schwer erfüllen können. Das inhaltliche Aufgreifen und Bearbeiten der Tagträume, sie phantasievoll als Erfüllung von Wünschen im Sinne des Wortes »auszumalen« – und damit sichtbar und kommunizierbar zu machen[79] gehört zu den wichtigen Aufgaben der Kunstpädagogik.

6. Bildnerisches Verhalten in der Schulkindheit

6.1. Die Schemaphase

In der Zeitspanne zwischen dem 6. und 10./11. Lebensjahr finden nicht nur geistige, sondern auch verstärkt physische Veränderungen statt; sie verlaufen aber im Vergleich mit den Jahren davor langsamer und sind auch nicht so extensiv wie nach der Pubertät. Diese Zeitspanne ist begrenzt durch den Gestaltwandel. Am Anfang steht ein gesteigertes Längenwachstum und der Zahnwechsel als ein äußeres Zeichen für die Wandlung vom Vorschulkind zum Schulkind. Am Ende der Schulkindphase deutet die beginnende Pubertät den Schritt vom Kind zum Jugendlichen an. *Oswald Kroh* unterscheidet nach der 1. Stufe der »Frühen Kindheit« drei Phasen der 2. Stufe, der »eigentlichen Kindheit«:

1. Phase: Phantastisch-analogisierender Realismus 3./4. Lebensjahr bis zum 7. Lebensjahr,
2. Phase: Naiver Realismus bis zum 10. Lebensjahr,
3. Phase: Kritischer Realismus bis ungefähr in das 12. Lebensjahr.[80]

Die Phasen *Oswald Krohs* zeigen deutliche Übereinstimmung mit der Theorie *Jean Piagets* zur kognitiven Entwicklung des Kindes: die Periode des voroperationalen Denkens von 2 bis 7 Jahren, von der er noch einmal das anschauliche Denken von ca. 4 bis 7 Jahren abtrennt; ihr folgt die Periode der konkreten Operationen des 7- bis 12jährigen Kindes. Mit dem Erreichen der formalen Operationen hat ab dem 12. Lebensjahr die geistige Entwicklung einen gewissen Abschluß erlangt.[81] Beide Erkenntnisweisen, die der inhaltlichen Interessenshaltung bei *Oswald Kroh* wie die der kognitiven Entwicklung bei *Jean Piaget*, beschreiben zusammen mit den Erziehungs- und Umwelteinflüssen einen Teil der strukturellen Entwicklungsmerkmale des Kinderbildes.

Mit dem Eintritt in die Schule im 6. oder 7. Lebensjahr vollzieht sich für die Kinder eine einschneidende Veränderung. Die Schule stellt eine neue Umwelt für das Kind dar. Sie übernimmt Aufgaben, für die das Elternhaus nicht zuständig ist. Die private Erziehung in der Familie, in der die Eltern individuell auf das Kind eingehen konnten, weicht in der öffentlichen Institution anderen Interaktionsformen. Das Kind muß erfahren, daß es nur eines unter vielen ist und daß der Lehrer alle Schüler gleich behandeln muß. In der Schule erwirbt das Kind neue Kulturtechniken wie Lesen, Rechnen und Schreiben, für dessen Bewältigung ein bestimmtes Arbeitsverhalten gefordert wird. Um eine Aufgabe mit einem Thema in einer vorgeschriebener Zeit und Technik erfolgreich zu beenden, wird dem Kind eine erhebliche Kontrolle seines Verhaltens abverlangt. Der Kontakt mit Gleichaltrigen und deren Einfluß gewinnt an Be-

6.1. Die Schemaphase

deutung. Zu keinem Zeitpunkt sind auch die gestalterischen Unterschiede so groß wie im Anfangsunterricht, weil sich zu diesem Zeitpunkt noch die im Elternhaus und Kindergarten gegebenen oder fehlenden Anregungen deutlich bemerkbar machen.

Nun werden Leistungsgesichtspunkte wichtig, die Schüler beginnen, ihre Arbeiten miteinander zu vergleichen. Auch das Einüben feinmotorischer Schreibbewegungen bleibt nicht ohne Einfluß auf die bislang »unregulierte« Zeichenbewegung. Es setzt nun ein Prozeß der Nivellierung ein, wobei sich Kinder auch untereinander erziehen. So kann beispielsweise ein Kind, das noch einen »Kopffüßler« darstellt, von seinen Mitschülern darauf angesprochen und »korrigiert« werden.

Vom Lehrer hängt ab, ob und wie Kinder weiterhin ihre persönlichen Aussagen thematisieren und inwieweit die Bilder das Ergebnis einer Anpassung der Schüler untereinander oder an die Erwartungen des Lehrers werden. Vieles von dem, was Kinder der Vorschulzeit an Unmittelbarkeit, Konkretheit und Spontanität in sich tragen, wird in der nachfolgenden schulischen Situation ohnehin eingeschränkt. Falsche Sachanforderungen wie »einheitliches Klassenergebnis« oder »Hinführung zur naturalistischen Darstellung« behindern die individuelle Entfaltung des bildnerischen Ausdrucksvermögens.

Die Eigenständigkeit der Kinder zu erhalten heißt, sie in ihren guten Eigenschaften und Grundhaltungen zu stützen; es bedeutet nicht, sie sich selbst zu überlassen. Bei der Fachpraxis haben jene komplexen Prozesse Vorrang, die einerseits die subjektive gestalterische Praxis fördern und bei der andererseits bedeutsame inhaltliche Erfahrungen bearbeitet werden. Dabei sollten die fachpraktischen Anforderungen und die Inhalte so gewählt werden, daß sie mithelfen, über die jeweilig altersgebundene Lebensform und deren Begrenzungen hinauszuführen.[82]

In Bereich der zeichnerisch-bildnerischen Äußerungen ist bei den meisten Kindern bei ihrem Schuleintritt die vorschematische Phase bereits überwunden; die kontrollierten Bewegungsformen haben die freie und emotional-spontane Gebärde abgelöst. Das Kind beherrscht Grundformen und kann sie durch Hinzufügen oder Abwandeln modifizieren, es hat die Schemastufe erreicht.

Der Schemabegriff deckt sich mit der von *Piaget* in seiner Theorie der geistigen Entwicklung gegebenen Bedeutung. *Piaget,* der die intelligent-verstehenden Operationen erforscht hat, gilt als Repräsentant der Theoriengruppe, die primär das Individuum in einer aktiven Rolle sieht. Entwicklung ist für ihn in gewisser Weise eine Selbstkonstruktion. »Der Mensch braucht zwar eine Umwelt, ihre Anregungen und Widerstände, aber die Umwelt determiniert nicht seine Entwicklung, sie selbst wird durch den erkennenden Organismus als inneres Modell konstruiert.«[83] Er warnt vor Eingriffen in den Prozeß der Selbstkonstruktion. Die Umwelt kann zwar Angebote machen, ob aber und wie das Kind diese Angebote aufnimmt und verarbeitet, richtet sich nach dem jeweils gegebenen Entwicklungsstadium. Das Kind ist aktiv, es erkundet und strukturiert seine Umwelt, sucht und verarbeitet Informationen. Dabei ergeben sich Probleme, die in ihrer Struktur typisch für den jeweils erreichten Entwicklungsstand der Erkenntnisinstrumente sind. Die Lösung dieser Probleme führt zum nächsten Entwicklungsstadium.[84]

Stellt man dem Kind eine bestimmte Zeichenaufgabe, so wird es versuchen, sie mit Hilfe der von ihm beherrschten Schemata zu lösen. Die Wiederholung der Zeichenstrukturen eines bereits bekannten Systems stellt einen assimilatorischen Prozeß dar. Werden aber Forderungen gestellt, die unter Verwendung der bereits beherrschten Schemata nicht gelöst werden können (z. B. aufgrund neuer Inhalte, des »Profilzwangs«, einer neuen Gebärde oder als Reaktion auf ein Nichtverstandenwerden vom Betrachter), kann es zu Modifikationen des Schemas kommen, zu

6.1. Die Schemaphase

einem akkomodatorischen Prozeß. Das Kind versucht, das alte Gestaltschema so umzugestalten, daß die neuen Erfordernisse erfüllt werden.

Wenn das Kind nun mit diesem neuen Gestaltergebnis zufrieden ist, d.h. wenn neue Intentionen im modifizierten Schema zu neuen Organisationen führen konnten, hat es einen Gleichgewichtszustand erreicht (Äquilibration). Das Kind steht dann im Einklang mit seiner neuen Gestaltungsweise; es wird sagen, daß ihm das Bild »gelungen« ist.

Durch erneute Anforderungen kann nun dieses erreichte Gestaltungsschema wiederum an die Grenzen seiner Aussagefähigkeit stoßen und damit einen weiteren aktiven »spiralförmigen« Prozeß einleiten: Das bekannte Schema wird aufgrund nicht-assimilierbarer Anforderungen als unzureichend empfunden. Assimilation und Akkomodation suchen erneut nach einem Ausgleich (Adaption) und erzeugen somit neue Organisationsstrukturen der Gestalt.

Die Schemata stellen Strukturelemente dar. Sie wandeln sich unter dem Einfluß der Anpassungsprozesse, ebenso wie die kognitive Gesamtstruktur des Bildes und zwar in der Regel in Richtung auf größere mimetische Anpassung, Flexibilität, Differenzierung, Integration und veränderte Aussagen.

Die Beobachtung, daß Kinder Schemata aufbauen, sie wiederholen und allmählich verändern, wurde in der Geschichte der Kunstpädagogik als eine negative Entwicklung angesehen.

In den sechziger Jahren haben die Didaktiker immer wieder vor einer »Erstarrung« oder »Schablonisierung« der Kinderzeichnung gewarnt und noch heute gibt es nicht wenige Fachleute, welche die Schemabildung als »Fehlentwicklung« betrachten, weil sie angeblich die Kreativität binde. Neuhaus schrieb (1955): »Ein begabtes Kind zeichnet nicht zweimal in genau der gleichen Weise. Nur intellektuell Schwache neigen dazu, sich zu wiederholen. Hier kann man von stereotypen Reproduktionen sprechen.«[85] Auch im »Handbuch der Kunst- und Werkerziehung« (1961) wurde der Schemabegriff als irreführend abgelehnt. Er bedeute soviel wie »vereinfachtes Abbild«. Dem Schemabegriff wurde das »entwicklungsfähige«, »seelisch-sinnliche Spontanzeichen« gegenübergestellt, welches der kindlichen Darstellungswelt innewohne. Dagegen sei das Schema ein starrer, geschlossener Ordnungshinweis mit nur additiven Charakter.[86] Parallel zu dieser negativen Sicht setzte man Verbegrifflichung und Schematisierung. »Das Kind zeichnet, was es weiß und nicht, was es sieht«, war ein Satz, der die Theoriegeschichte der Kinderzeichnung begleitete. Doch erweist sich die Gleichsetzung von begrifflichem Wissen und schematischer Repräsentation als unzutreffend, weil die Zeichnung auch in der schematischen Phase weiterhin eine subjektiv und individuell geprägte Handlung bleibt, die prinzipiell offen ist und daher nicht etwa mit der operativen Intelligenz oder den (begriffs-)sprachlichen Repräsentationen gleichgesetzt werden kann.

Wie wir festgestellt haben, ist die »schematische Form« das Ergebnis einer durch Übung erlangten Grundform, die für die Weiterarbeit am individuellen Zeichensystem eine Basisfunktion ausübt. Diese schematische Festlegung repräsentiert auf morphologischer Ebene die jeweilig konzeptuelle Lösung, die dem Kind während des Zeichenprozesses Sicherheit und Routine verleiht.

Die oft geübte Form kann auf die mühevolle Arbeit der Gestaltfindung bei gleichzeitiger Umsetzung in zeichnerische oder malerische Gebärde weitgehend verzichten. Denn die Bewegungen sind gesichert, sie werden ökonomisch ausgeführt, die Aufmerksamkeit ist für diesen Teilabschnitt des Gestaltungsprozesses geringer beansprucht und kann sich somit auf Neues konzentrieren.

6.1. Die Schemaphase

Mit einer Gruppe vor Kunstpädagogikstudenten machten wir den Versuch, das Schema eines besonders oft verwendeten und geübten Zeichengegenstandes gewaltsam zu verändern: das der menschlichen Gestalt.

Wir gingen so vor, daß wir in einem dritten Schuljahr, die Kinder waren neun oder zehn Jahre alt, zunächst naturalistische Abbildungen der menschlichen Figur zeigten. Wir ergänzten dies mit Detailzeichnungen vom Körper, von Armen, Beinen, vom Kopf, von Hals, Händen und Füßen. Alle Zeichnungen wurden betrachtet, die Formausprägungen besprochen und schließlich von jedem Kind am eigenen Körper noch einmal nacherfühlt. Anschließend verband sich jeweils ein Kind die Augen und tastete dann langsam wechselweise den Nachbarschüler ab. Die verbal, visuell und taktil bewußt gemachten Erfahrungen der Körperformen wurden noch einmal besprochen und unmittelbar daran anschließend ließen wir die Schüler ihren »ertasteten« Nachbarn zeichnen.

Es stellte sich heraus, daß die neuen Erfahrungen von den Kindern tatsächlich in ihren Formbestand aufgenommen worden waren. Das Grundgerüst bildete zwar immer noch der alte additive Aufbau, aber die Schultern waren abgerundet, die Oberarme waren an den Schultern angesetzt, Arme und Beine erhielten voluminöse Ausdehnungen, Hals, Kopf und Schultern waren durch fließende Übergänge verbunden, kurz: Die alte schematische Verfestigung hatten wir teilweise aufgebrochen, wir hatten eine Veränderung des gefestigten Formbestandes erreicht. Und die Schüler?

Bei der anschließenden Besprechung stellte sich heraus, daß die meisten Schüler von ihrem Ergebnis nicht überzeugt waren. Sie empfanden diese neue Gestaltung nicht als »besser«. Im Gegenteil: Die meisten Kinder sagten ihr Bild sei häßlich, einige Schülerinnen waren ausgesprochen unglücklich über ihr Bild. Die Sache wurde dann im Fachunterricht nicht weiter verfolgt und als wir nach Wochen die nachfolgend dargestellten Menschen mit Darstellungen des »Experiments« verglichen, zeigte sich, daß alle Kinder wieder nach ihrem ursprünglichen Schema arbeiteten. Kein Kind hatte die in der Stunde gemachten Erfahrungen noch einmal aufgenommen.

Dieses Beispiel demonstriert anschaulich, wie »konservativ« Kinder an ihrem Schema festhalten und es zeigt auch, daß bestimmte schematische Grundformen einen bestimmten Zeitraum lang dem ästhetischen Empfinden und Wollen des Kindes entsprechen. Man kann zwar mit einiger didaktischer »Gewalt« das Schema modifizieren, aber es bringt den Kindern keinen Gewinn. Um mit *Piaget* zu sprechen: Dieser verfrühte Eingriff in den Prozeß der Selbstkonstruktion verhindert die Äquilibration. Die erzwungene Form und ihr Ausdruck entsprechen (noch) nicht dem »inneren Modell« des Kindes, es kann von ihm nicht angenommen werden. Den umgekehrten Weg, nämlich bestimmte Stufen der Gestaltentwicklung festzulegen und die didaktisch-methodische Arbeit darauf zu beschränken, die Gestaltschema über einen bestimmten Zeitraum bewußt zu erhalten, gingen die Phasen- oder Stufenlehren.[87]

Beide Formen, erzwungene Veränderung wie die künstliche Verlängerung, scheinen dem kindlichen Bedürfnis und seinem Gestaltungswillen nicht entgegenzukommen. Es bleibt den Erziehenden nicht erspart, die konkrete individuelle Situation aufzugreifen und sie in produktive Prozesse des Herstellens zu überführen, bei dessen Lösungsweg der Lernende zu einem relevanten Ergebnis geführt wird.

Didaktisch hilfreich für die Beschreibung des zeichnerischen Vermögens kann die Unterscheidung der Kategorien: »Gegenstandswissen«, »Abbildungswissen« und »Ausführungswissen« sein.[88] Hat das Kind seine Schemata festgelegt, so dominiert, das Schulbeispiel aus dem dritten Schuljahr hatte es anschaulich demonstriert, das »Abbildungswissen«. Die Erweiterung des »Gegenstandswissens« kann die gespeicherten grafischen Schemata aufweichen. Das neue Wissen läßt innerhalb der Rahmenbedingungen Modifikationen zu: Proportionen werden verändert, die Gelenkfunktionen werden beachtet, neue Details werden eingefügt etc. Nun wird es auch die Aufgabe des Fachlehrers sein, mit der notwendigen Erweiterung des »Gegenstandswissens« die spezifischen Bedingungen der dritten Kategorie, des »Ausführungswissens«, zu vermitteln. Das Kind lernt, daß zur Lösung einer Aufgabe auch ganz bestimmte Schritte gehören können, spezielle Techniken beachtet werden müssen. Es ist wesentlich, daß innerhalb der notwendigen festzulegenden Bedingungen dem Kind die Möglichkeit bleibt, »variabel«, d.h. individuell zu reagieren. Es soll innerhalb seines »Abbildungswissens« aktiv werden können, sein Wissen und Gefühl einbringen und nicht, wie es in dem »Experiment« im dritten Schuljahr praktiziert wurde, von den Lehrenden unangemessen eingefordert werden.

6.2. Abzeichnen und Zeichenhilfen

Zeichnen ist eine offene, freie Tätigkeit. Die Abweichungen vom erwarteten und vorgestellten Prozeß der Formfindung entscheiden über Ausdruck und Gestalt und über die Beziehungen zwischen dem Dargestellten und dem Bildraum.

Die Vorstellungen der Kinder sind nicht frei; sie unterliegen sehr stark konvetionalisierten Merkmalen der angebotenen Bilderwelten, mit denen sie aufwachsen: Bilderbücher, Gameboy, Fernsehbilder, Comics, Aufkleber, Zeitschriften, Kinderreklame usw. Neben den endogenen Veränderungen und äußeren Bildeinflüssen spielen auch der zunehmende schulische Einsatz von Lineal, Geodreieck, Zirkel sowie die Angebote von fragwürdigen Zeichenhilfen eine Rolle. Die Kinderindustrie bietet eine Fülle von Produkten an, die sich an das von den Kindern bevorzugte Gebiet der ästhetischen Praxis wendet. Es handelt sich um eine Unzahl von Klebebildern, Vorlagenbüchern, Comicfiguren, Serienheldinnen und -helden in immer wieder neuen Zusammenhängen, sei es in Büchern, Zeitschriften, auf Kleidung, Süßigkeiten, Schulartikeln usw. Diese »Vorbilder« werden abgemalt, durchgepaust, oder es werden tausendfach aufgelegte Zeichenschablonen verwendet. Kurz: Eine unerschöpfliche Fülle von Bildern stürmt täglich auf Kinder ein und übt ihren Einfluß auf deren Sehgewohnheiten, ihren Vorstellungsrahmen und damit auch auf ihre Bilderwelt aus.

Bei der Betrachtung der Schemata in der Kinderzeichnung sollte man differenzieren zwischen der entwicklungsgemäß bedingten Verfestigung des persönlichen Formbestandes für eine begrenzte Zeitdauer und einer Festlegung auf ein Zeichenrepertoire, das vorwiegend durch Vorlagen und Zeichenhilfen geprägt ist. Die schiere Übernahme fremder Vorlagen oder die vorwiegend mit Lineal konstruierte Zeichnung kann das Resultat mangelnder oder falscher Erziehung oder aber auch massiver medialer Beeinflussung sein.

Das Schema wurde vom Kind selber »erfunden« es unterliegt einer individuell veränderbaren Form. Die abgezeichneten, durchgepausten oder mit Schablone, Lineal und Zirkel durchkonstruierten Bilder können sich – sofern sie die eigene Gestaltungsweise weitgehend ersetzen, auf die Entwicklung der Zeichensprache hemmend

6.2. Abzeichnen und Zeichenhilfen

auswirken, weil sie die Zusammenarbeit zwischen Kopf und Hand, also den aktiven Prozeß der Zeichenhandlung (dies gilt mutatis mutandis genauso für das Malen und das dreidimensionale Gestalten), abbrechen. Individuelle Sinnzeichen, Formen, Farben und Gegenstände entsprechen nicht dem eigenständig Begriffenen und Gemeinten.

Der Vergleich zwischen der Zeichenvorlage (Abb. 15) und dem Kinderschema (Abb. 16) zeigt, daß es weder in der Kontur noch in der Binnendifferenzierung noch in der räumlichen Beschaffenheit zu Übereinstimmungen kommen kann. Der durchgepauste Hund (Abb. 15) der elfjährigen Zeichnerin stellt die schiere Übernahme eines millionenfach reproduzierten »niedlichen« Hundes dar. Mögliche Beziehungen zum Gegenstand »Hund« (wie Zuneigung, Furcht oder Wunsch) können von der Zeichnerin in das übernommene Abbild nicht mehr eingebracht werden. Auf der Ebene des Formfindungsprozesses sind die Beziehungen (subjektive Größe, Plazierung im Bildganzen, Ausdruck der Gestalt, Individualität des Kopfes, Weichheit des Fells etc.) der Zeichnerin zum Sujet abgebrochen; frühere Schemata brauchen nicht mehr als eigenes Abbildungswissen abgerufen werden. So gesehen, stellt das Abzeichnen immer eine Verarmung dar, weil es auf den Ausdruck individueller Bewußtseinserlebnisse verzichtet, verzichten muß. Zwischen kindlichen Zeichenverfestigungen die es selbst entwickelt hat und Bildzeichen, die Erwachsene für Kinder erfunden haben, die Kinder übernehmen, um für sich den Zeichenprozeß »gekonnter« und erleichterter zu gestalten, bestehen Gegensätze. Dasjenige, das dem Kind »helfen« soll, kann Gegenteiliges bewirken, wenn die Übernahme fremder Gestalten die eigenständige Form der Aneignung verhindert, somit eine persönliche Verarbeitung und Weiterentwicklung blockiert.

Abb. 15: Mädchen, 11 Jahre, Übernahme der Formen eines Hundes von einer Vorlage.

Abb. 16: Junge, 11 Jahre, Schematische Grundform eines Hundes.

Unabhängig von dieser unaufhebbaren Diskrepanz zwischen Zeichner und Form steht die Frage nach dem kreativen Anteil ebenso offen, wie die Frage nach den weiteren gestalterischen Auswirkungen, die durch Nachahmungen angeregt werden. Denn Abzeichnen muß einer Wirklichkeitserfahrung der Schüler nicht prinzipiell entgegenstehen. Gegenüber dem Abpausen ist der Versuch, mimetisch zu zeichnen, etwa Modelle oder Vorlagen abzuzeichnen, an ein bestimmtes Vermögen sowie an (langfristige) Lernprozesse gebunden.

Waren vor Jahrzehnten Modepüppchen und Indianer die Vorbilder, so werden heute aus der Vielzahl populärer Bilder, die sich an Kinder wenden, etwa Graffiti und aktuelle Medienhelden abgezeichnet. Besonders mit dem Einsetzen der Pubertät ist häufig zu beobachten, daß sie Teile der Figuren nachahmen und einüben, um sie dann

6.2. Abzeichnen und Zeichenhilfen

in das eigene Zeichenrepertiore aufzunehmen. Daher kann die Kunstdidaktik auch nicht an einem Anspruch von »Originalitätsvorstellungen« festhalten, der sich ausschließlich auf eine »eigenständige« Entwicklung bezieht.
Denn die Diskrepanz zwischen Anspruch und Können wächst und damit der Anreiz, die kindliche Zeichenweise zu überwinden. Das ist ein invarianter und entwicklungspsychologisch begründeter Prozeß. Hinzu kommt, das die Bildung des kreativen Ausdrucks sich vieler Wege bedienen kann, und auch die Kopie wird nicht »von selbst« erworben, sondern sie bedarf der Übung und der weiteren Anregung.
Hartwig, der das Abzeichnen aus seiner Sicht wieder in die Fachdiskussion eingebracht hat, spricht von der Ambivalenz des Abzeichnens: Einerseits erwächst beim Schüler das Interesse am Abzeichnen, wenn er am Gegenstand interessiert ist und andererseits stellt sich das Interesse und die Aufmerksamkeit für den Gegenstand erst dann ein, wenn er sich zeichnerisch mit dem Gegenstand beschäftigt. Weiterhin betont er, daß im Zeichnen durch eine mögliche Aktivierung eines libidinösen Moments eine **Überschreitung** der Mimesis möglich ist, die über eine bloße Bestandsaufnahme des Sichtbaren hinausreicht.[89]
Etwas »Neues« zu entdecken und zu realisieren ist aus anthropologischer Sicht etwas anderes als aus kunstsoziologischer. Daher kann es durchaus sein, daß ein Kind, das Eigenes und Übernommenes zusammenführt oder das aus der Fülle des Bildangebots für sich neue Bildwelten erschließt, einen kreativen Akt vollzieht, auch dann, wenn diese Bilder dem Erwachsenen tradiert, profan und redundant erscheinen. Die Auszählung von Bildern, wie häufig Kinder in einem bestimmten Alter abgezeichnet oder durchgepaust haben, ergab, daß sie erst im dreizehnten oder vierzehnten Lebensjahr verstärkt diese Mittel einsetzen:

Alter:	6	7	8	9	10	11	12	13	14 Jahre
Anteil:	0,4	0,2	0,7	1,8	1,4	2,1	3,1	4,5	10,7 %

Danach stellt sich das didaktische Problem des Abzeichnens erst am Ende unseres Untersuchungszeitraumes.[90] Betrachtet man die Untersuchungen, die sich auf alle »Hilfsmittel« beziehen, also auf Bilder, in denen sich neben dem Abzeichnen, dem

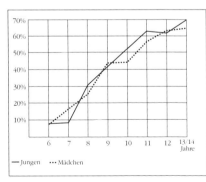

Abb. 17: *Verwendung von Hilfsmitteln insgesamt; geschlechtspezifische Differenzierung.*

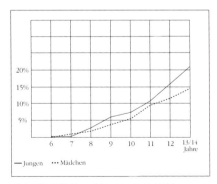

Abb. 18: *Mit Lineal konstruierte Bilder; geschlechtspezifische Differenzierung.*

6.3. Teile und Ganzes

Durchpausen, der Verwendung von Zeichenschablonen auch die Benutzung des Lineals und des Zirkels nachweisen ließ, so zeigt sich hier ebenfalls der kontinuierliche Anstieg mit zunehmendem Alter *(vgl. Abb. 17)*. Daraus ergibt sich, daß die jüngeren Kinder weitgehend mit ihrer Gestaltungspraxis in Einklang stehen, konventionelle Bildvorstellungen noch keinen großen Einfluß ausüben und ebensowenig die Erwartungen und Einstellungen des Bildinterpreten antizipiert werden. Die Älteren dagegen, die aus den unterschiedlichsten Gründen, auf die eine oder andere »Gestaltungshilfe« nicht verzichten können oder wollen.

Während die geschlechtsspezifische Untersuchung *(Abb. 17)* keine eindeutigen Tendenzen erkennen läßt, verhält es sich bei den Bildgestaltungen, die fast ausschließlich durch Lineal (und in seltenen Fällen mit dem Zirkel) konstruiert worden waren, eindeutig: Bei diesen gebundenen Bildlösungen steigt der Anteil der Jungen mit zunehmendem Alter weiter an *(Abb. 18)*. Ein Grund für dieses Ergebnis liegt in der häufigeren Darstellung technischer und konstruktiver Inhalte bei Jungen; denkbar wäre auch, daß Mädchen darüber hinaus ein weicheres, nicht metrisiertes Formrepertoire bevorzugen.

6.3. Teile und Ganzes

Der Begriff der »feldabhängigen Wahrnehmung« kann sich entweder auf eine bestimmte Form des Denkens beziehen, die für Fortschritte logischer Operationen steht, oder auf ein Denken, das für Kinder charakteristisch ist, dessen Ich noch unreif ist und sich im Übergang von primärprozeßhaften zum sekundärprozeßhaften Denken befindet.[91] Das Typische bei der Gestaltung ist ihr umfassender Charakter, der Wahrnehmungsfähigkeit und Empfindungsfähigkeit gleichermaßen einbindet. Gefühl und Verstand bilden dabei keine antagonistischen Kräfte, sondern gehen gleichzeitig und gleichrangig in das Bildgeschehen ein.[92]

Die Entwicklung einer analysierenden Auffassung im Sinne einer Rekonstruktion der Beziehungen von Teilen im Bild zum Bildganzen geht wesentlich mit der Fähigkeit einher, logische Regeln anwenden zu können. Die ältere Kunstpädagogik nahm unter dem Einfluß der Ganzheits- und Gestaltpsychologie an, daß das jüngere Kind überwiegend ganzheitlich orientiert sei und daß es kaum zu teilinhaltlichen Aussagen fähig wäre.

Demgegenüber zeigen viele Untersuchungen, daß gerade jüngere Kinder Einzelmerkmale sehr genau beobachten können. Weil ihnen jedoch nur die Verarbeitung einer relativ geringen Zahl von Reizen gelingt, lösen sie aus der Fülle des Angebots nur einzelne Elemente heraus und stellen sie als Teil stellvertretend für das Ganze dar (»Pars-pro-toto-Prinzip«).

Untersuchungen von Kindern einer ersten Schulklasse belegten, daß die Entwicklung einer analysierenden Gestaltauffassung mit der Fähigkeit zur Anwendung logischer Regeln einhergeht. In mehreren Experimenten wurde dieser Aspekt des Verhältnisses von Teilen und Ganzheit untersucht. Dabei ging es um die Beschreibung von abgebildeten Figuren, die aus verschiedenen für sich allein bedeutungsvollen Objekten bestanden, so z.B. ein Mann aus Früchten (Apfel als Kopf, Birne als Rumpf, Banane als Bein etc.). 4- und 5jährige beschrieben die Teile (Apfel, Birne, Banane),

6.3. Teile und Ganzes

5- und 6jährige das Ganze (einen Mann) und 6- bis 8jährige sahen sowohl die Teile (Apfel, Birne, Banane, als auch das Ganze (einen Mann aus Früchten).[93]

Eine Untersuchung von Kindern zwischen vier und acht Jahren ergab, daß sie sich statische Sachverhalte, z.B. ein volles oder leeres Glas, gut vorstellen können; große Probleme haben sie aber, sich Handlungsabläufe oder dynamische Sachverhalte vorzustellen. Sie beachten zumeist nur einen Aspekt und sie sind kaum in der Lage, mehrere Dinge miteinander zu koordinieren. Dies zeigt sich u.a. bei der Darstellung der Wasserlinie einer Flasche. Die Aufgabe der Kinder bestand darin, in die Zeichnung einer waagerecht, senkrecht und in verschiedene Winkel gekippten Flasche die Wasserlinie einzuzeichnen. Es stellte sich heraus, daß Kleinkinder keine eindeutige Linie ziehen. Sie bilden lediglich ein topologisches Enthaltensein innerhalb der Flasche ab. Auf der folgenden Entwicklungsstufe, bis zum Alter von etwa sieben Jahren, kann die Wasseroberfläche in Form einer Ebene dargestellt werden. Allerdings zeichnen die Kinder den Wasserspiegel stets parallel zur Basis des Gefäßes *(vgl. Abb. 19)*.

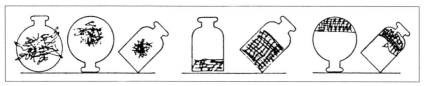

Abb. 19: Beispiele für Zeichnungen der natürlichen Horizotale

Die für die Konstruktion des Koordinantensystems notwendigen Begriffe (Parallele, Ebene, rechter Winkel) sind bereits erworben, aber die Beziehungen werden noch innerhalb der Gesamtfigur selbst festgelegt. Die Kinder sind noch nicht in der Lage, die Oberfläche des Wassers nach einem äußeren, unbeweglichen Bezugssystem auszurichten.[94]

Da im Gestaltungsprozeß die kognitive Regel von »falsch« und »richtig« durch emotionale und ästhetische Funktionen wieder relativierbar ist, können in der Kinderzeichnung eine Reihe verschiedener Gestaltphänomene beobachtet werden, deren Ausprägung durch die feldabhängige Wahrnehmung bestimmt sind. Zu solchen Erscheinungen gehören die gleichzeitigen Darstellungen des Inneren und Äußeren, die sogenannten Röntgenbilder. Ob sie sich noch im Schulkindalter nachweisen lassen, soll eine zufällige Auswahl von 8 697 Bildern aus dem Bildbestand »Wie wir Kinder heute leben« zeigen. Die unter diesem Gesichtspunkt ausgewerteten Bilder ergaben, tabellarisch aufgelistet, nachfolgende Werte:[95]

Alter	6	7	8	9	10	11	12	13	14
Elemente der Durchsichtigkeit	5,3	1,6	0,7	0,4	0,4	0,6	0,5	-	-

Je jünger die Kinder sind, desto eher zeichnen sie das ihnen Wichtige, gleich ob es umhüllt oder verdeckt ist oder nicht. Auf Grund der in der Tabelle ermittelten Daten läßt sich verallgemeinernd feststellen, daß Bildzeichen, die Elemente der »Durchsichtigkeit« enthalten, bereits im achten Lebensjahr nur noch selten in Erscheinung treten.

6.3. Teile und Ganzes

Nach *Piaget* handelt es sich bei »Röntgenbildern« um die topologische Anschauung dreidimensionaler Umhüllungen. Diese Zuordnung ist »topologisch«, weil die Beine unter dem Kleid und das Kind in dem Kinderwagen deshalb weitergezeichnet werden, weil sich das Kind **innerhalb** des Wagens und die Beine **in** dem Kleid befinden *(vgl. Abb. 20)*. Der Gestaltungsvorgang ist bestimmt von einer Ein- und Ausgrenzung der Figurenteile. Solche grafischen Darstellungen bleiben, wie unsere Statistik ausweist, den späteren orthogonalen und euklidischen Raumdarstellungen fremd *(vgl. Kap 6.12 »Raumdarstellung«)*.

Der Begriff der »Durchsichtigkeit« oder der des »Röntgenbildes« ist für die Kunstpädagogik allerdings mißverständlich, denn damit akzentuiert man eine primär kognitiv orientierte zeichnerische Umsetzung. Tatsächlich handelt es sich hierbei aber nicht um einen vom Kind beabsichtigten Querschnitt oder einen »Röntgenblick«, sondern um einen Verschmelzungsprozeß von Figuren und Figurenteilen zu einen neuen Ganzen *(vgl. Abb. 20)*[96] Die Wiedergabe von »verdeckten« Gegenständen ist

Abb. 20: Mädchen, 6;7   Abb. 21: aus: Wilhelm Busch, »Maler Klecksel«

für das Vorschul- und jüngere Schulkind dann unerläßlich, wenn es im Zusammenhang mit dem Bildinhalt von Bedeutung ist (z.B. der Inhalt des Geschenkesackes vom Nikolaus oder das Kind im Kinderwagen). Die Durchsichtigkeit ist ein Mittel der Kenntlichmachung, die Erscheinungstreue ordnet sich der Mitteilungsabsicht unter. *Wilhelm Busch* gehörte in der Geschichte der Kinderzeichnung mit zu den ersten, der die Kinder und ihre Bilder sehr genau beobachtete. Im »Maler-Klecksel« faßte er die gleichzeitige Darstellung des Innen und Außen in Bild- und Versform *(vgl. Abb. 21)*.

Wilhelm Busch entging auch nicht ein weiteres Phänomen, nämlich das der verschiedenen Stadien der Darstellung des Gesichts, von der anfänglichen schematischen Vollform bis zur Profildarstellung *(vgl. Abb. 23)*.[97]

Abb. 22: aus: Wilhelm Busch, „Maler Klecksel".

In einer experimentellen Untersuchung bei Sechs- und Siebenjährigen hat *Hans Meyers* die verschiedenen Übergangsstadien, die vom en face Vollgesicht in verschiedenen Übergangsformen zur Profildarstellung verlaufen, festgehalten. Er hatte die Kinder u.a. durch das Thema »Hexe« unter Betonung ihrer

langen Nase entweder zur Profildarstellung »gezwungen« oder aber erreicht, ihre routinierten en face-Gesichtsschemata neu zu überprüfen. Er stürzte jedenfalls die Kinder dieses Alters in erhebliche Konflikte.[98]
Das Verhältnis von Teilen und Ganzem läßt sich an diesem Ausschnitt der Kinderzeichnung besonders prägnant nachweisen. Im Widerstreit der Tendenzen zeigen sich die phasenweisen Übergänge vom bekannten Schema des Frontalgesichts über verschiedene Zwischenstadien wie beispielsweise die des »Zentralauges«, der »Auslassungen«, der »Verdoppelungen«, der »Verlagerungen«, des »gemischten Profils« und weitere Varianten, bis zum Endstadium der konturierten Nase, der an der richtigen Stelle angebrachten Augen und des Mundes *(vgl. Abb. 23)*. Nase und Mund geben der Profiltendenz zuerst nach, dagegen weisen die Augen eine stärkere Fixierung auf *(vgl. Abb. 100, S. 145 u. Abb. 108, S. 155)*.
Unabhängig von solch experimentellen Anordnungen, die durch die Betonung einer besonders prägnanten Gestalt hervorgerufen werden, ergibt sich die »optische Wendung«[99], wenn die Kinder das Bedürfnis haben, Personen aus inhaltlichen Gründen im Profil darzustellen.

Abb. 23: Einige charakteristische Übergangsformen von der en face-Ansicht zur Profilansicht

Unbewußte Verschmelzungsprozesse lassen sich auch im Prinzip der Gleichzeitigkeit wechselnder Zeitabfolgen in einem Bild, dem (erwähnten) Pars-pro-toto-Phänomen und bei wechselnden Raumebenen wiederfinden.
Ein besonders prägnantes Beispiel für unbewußte Verschmelzungsprozesse des kindlichen bildnerischen Denkens zeigt die Abbildung der achtjährigen *Daniela (vgl. Abb. 81, S. 121)* Das Kind hat ebenso wie die zweite Person auf dem Bild keine Hände. Dieses drückt einerseits die Hilflosigkeit der Situation gegenüber aus *(vgl. auch Abb. 2, »Scheidung«, S. 17)*. Andererseits zeigt sich ein weiteres symbolhaftes Phänomen: Bei beiden Personen die das Grab besuchen, verschmelzen die Arme zu Blumen. Sie bilden damit einen Ausdruck der Identifikation mit der Verstorbenen, mit dem Grab, mit der Vergänglichkeit; sie können aber auch als Zeichen des Trostes gesehen werden. Es sind dies unbewußte Manifestationen des Primärprozesses beim Gestaltungsprozeß, die der achtjährigen Zeichnerin nicht bewußt sind.[100]

6.4. Die Standlinie

Mit dem acht Jahre- und zwei Monate alten *Sebastian* machte ich einen kleinen Versuch. Am gleichen Tag stellte ich ihm zwei verschiedene Aufgaben: Zum einen ließ ich ihn die Wasserlinie der in verschiedene Winkel gekippten Flasche einzeichnen und zum anderen wurde ihm die Aufgabe gestellt: »Zeichne eine Landschaft mit einer Straße«.

6.4. Die Standlinie

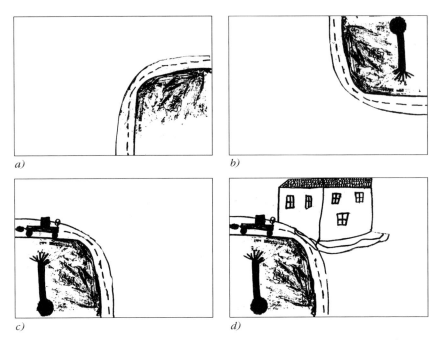

Abb. 24: Sebastian 8;2, Aufgabe: „Zeichne eine Straße". Das Bild ist aufgeteilt in 8 Phasen.

Er löste die Aufgaben unterschiedlich. Bei der ersten Aufgabe, dem Einzeichnen des Wasserspiegels, fiel es ihm nicht schwer, die Oberfläche jeweils waagerecht zu zeichnen; d.h. er war bereits in der Lage, die Oberfläche nach einem äußeren, logisch erfaßten Bezugssystem auszurichten. Bei der Landschaftszeichnung dagegen bezog er sich nicht auf die gerade bewiesene Fähigkeit zur »richtigen«, extrarelationalen Kodierung, sondern das nachfolgend aufgezeichnete Protokoll seiner Zeichnung weist nach, daß er hier ganz unbekümmert intrarelational gearbeitet hat.

Die Zeichnung fertigte er in folgenden Schritten an *(vgl. Abb. 24)*: Nachdem ihm die Aufgabe gestellt wurde, legte er das Blatt im Querformat vor sich hin. Er sagte:»Das habe ich ja schon oft gemalt, das kann ich. Ich kann ja eine Kreuzung zeichnen«. Während er dies sagte, **drehte** er das Blatt so, daß es jetzt hochformatig vor ihm lag. Sein Kommentar während des Zeichnens der Straße: »Ich male doch keine Kreuzung, nur eine Abbiegung« *vgl. Abb. a)*. Dann füllte er den Bereich zwischen Straßenbiegung und Bildrand grün aus. (Weil die Stifte nicht gut zeichneten, wechselte er sie aus). Als das »Sandmännchen« im Fernsehen kam, unterbrach er sofort den Zeichenprozeß und sah es sich an. Er kam zurück an den Tisch, betrachtete das bisher Gezeichnete kurz und **drehte** das Blatt um 90 Grad. Es entstand zuerst der »Lötstamm«, dann die Wurzeln und schließlich die »Kugelkrone« *(Abb. b)*.

Als der Baum fertig war, **drehte** er das Blatt um 180 Grad und setzte das Auto auf die Straße. Seine Aussage dazu: »Das ist ein Mercedes-Laster« *(Abb. c)*-. Dann entstand das erste Haus *(Abb. d)* und zum Betrachter gewendet sagte er: »So, das erste Haus ist fertig. – Ach nein – « und mit zwei schnellen Strichen wurde der kleine Weg nach rechts angelegt *(Abb. e)*. Es kamen Gartentür und Zaun hinzu, daran anschließend darüber ein zweiter Baum mit Schaukel.

Als er das Zweirad am Haus anfertigte fragte ich: »Fahrrad?«, »Nein« antwortete er, »ein Moped« *(Abb. f)*.

6.4. Die Standlinie

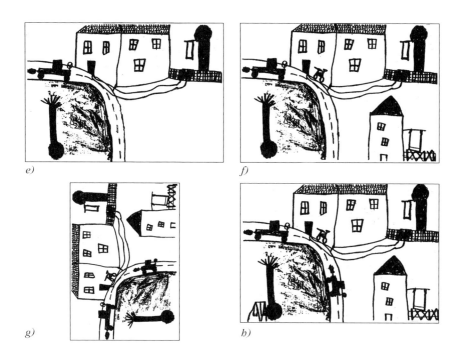

e)   f)

g)   h)

Als Ausgangspunkt für das zweite Haus wählte er die untere Bildkante. Es entstand in folgender Reihenfolge: Rechteck, Dachdreieck, Fenster. Das Dach wurde schwarz ausgefüllt, schließlich folgten der Jägerzaun und eine weitere Schaukel, die am Haus angebracht wurde *(Abb. f)*. Es folgte eine Pause, in der er das Bild intensiv betrachtete. »Weißt du, warum der Baum so herum steht?« – »Nein«. »Weil man ihn von hier aus sieht«. Während er dies sagte, **wendete** er die Zeichnung um 180 Grad und zeigte die Baumansicht von der Straße aus, zu der er im rechten Winkel stand.
Nun **drehte** er noch einmal das Blatt, diesmal um 90 Grad und auf dem abbiegenden Straßenstück entstand das zweite Auto, »ein Mercedes«. Nach erneuter kurzer Betrachtung und kritischer Prüfung erklärte er: »Der fährt hier runter, deshalb sieht das so aus« *(Abb. g)*. Ein letztes Mal **drehte** er die Zeichnung um 90 Grad und am linken unteren Bildrand entstand die dritte Schaukel. Damit war das Bild fertig *(Abb. h)*.

Dieses protokollierte Beispiel steht noch für frühe, konkrete, d.h. anschauliche Beziehungen des bildnerischen Lösungsverfahrens. Das Innehalten und intensive Betrachten während des Zeichenvorgangs bei *Sebastian* zeigt bereits an, daß er anfängt daran zu zweifeln, ob die von ihm verwendeten räumlichen Realisationsmittel in angemessener Form eingesetzt wurden. Aber deutlich zeigt sich ebenso, daß bei der Landschaftszeichnung im Gegensatz zur Linie der Wasseroberfläche, der Bezug auf die visuellen Aspekte des Ganzen noch außer acht gelassen wird. D.h., die feldabhängige Wahrnehmung zeigt sich nicht in der überprüfenden Aufgabe, die auch als solche erkannt wird, sondern in der freien Zeichnung. Den Widerstreit der Tendenzen von räumlichem Wissen, erzählender Absicht und ästhetischem Empfinden, dokumentiert das Kind durch seine polyvalente Haltung.

6.4. Die Standlinie

Auf Grund der Erfahrung, daß die Dinge vertikal auf dem Boden stehen, wird die Beziehung zu und von der Standlinie mit dem rechten Winkel zeichnerisch bewältigt. Die Horizontalen der Bodenlinien bilden die stabilsten und aus der alltäglichen Erfahrung geläufigsten Koordinaten im Bild. Zwei verschiedene Funktionen werden dabei erfüllt: Die Eindeutigkeit und Klarheit der Aussage bleibt erhalten und die sukzessive Bearbeitung kommt der erzählenden Absicht des Kindes entgegen. Das konkrete Denken verlangt noch nicht nach einem Gesamtplan, nach einem antizipierenden Verhalten, das zugleich ein räumliches Davor und Dahinter voraussetzen würde. Die kurzen Planungsphasen führen zu einem sequentiellen Arbeitsstil, wobei jeweils ein Element oder eine Gruppe von Elementen (Menschen, Autos, Bäume, Straßen, Hausteile, Zäune etc.) einen neuen Teilabschnitt, und damit auch möglicherweise einem anderen Blickwinkel zugeordnet werden kann. So führen Erfahrung, Vermeidung von Überschneidungen, Klarheit der Formen (»orthoskopische Gestalt«, *K. Bühler*), sukzessiver Aufbau und erzählende Absicht zu den Darstellungen der sogenannten Klappbilder *(vgl. Abb. 25)*.

Abb. 25

Um diese Feststellungen empirisch zu stützen und nachzufragen bis zu welchem Alter Kinder diese Repräsentationsformen anwenden, wurden 8604 zufällig ausgewählte Arbeiten des Mal- und Zeichenwettbewerbs »Wie wir Kinder heute leben« daraufhin untersucht, ob sie eine Mischung der Blickwinkel enthielten. Dabei wurden alle Bilder erfaßt, gleich ob sie häufig oder nur einmal »gedreht« oder »geklappt« wurden. Für die Bilder, die in diesem Sinne noch kein festes Verhältnis zu den vertikalen und horizontalen Achsen der Bildfläche aufgebaut hatten, ergaben sich folgende Werte:

Alter:	6	7	8	9	10	11	12	13	14 Jahre
Bilder mit keiner einheitlichen Ausrichtung, »Umklappungen«	5,7	5,8	4,8	2,8	2,9	2,9	1,9	1,2	0,4 %

Die Auswertung zeigt, daß sich uneinheitliche Richtungstendenzen noch bis zum beginnenden Jugendalter nachweisen lassen. Zum anderen verdeutlicht die Abnahme dieser Erscheinungen, daß im Laufe der Grundschulzeit die Beziehungen der Horizontalen und der Vertikalen fortschreitend stabilisiert werden. Der Prozeß verläuft allmählich und die meisten Kinder verwenden in dieser Zeit das projektive Koordinatensystem mit großer Sicherheit und Selbstverständlichkeit in ihren Bildern *(vgl. Kap. 6.12 »Raumdarstellung«)*.

6.4. Die Standlinie

Der Unterschied, den *Sebastian* zwischen der Lösung der Wasserlinie und der bildlichen Darstellung machte, weist darauf hin, daß Kinder zwischen Anforderungen an die operative Intelligenz und bildhaften Aussagen, in die Funktions- und Umgangserlebnisse einfließen, zu unterscheiden vermögen. Dies bedeutet, daß in einer »natürlichen«, freien Zeichensituation bestimmte formale Prinzipien, bildhafte Motive sowie körperliches und seelisch-geistiges Erleben miteinander verknüpft werden, während das dargebotene zeichnerische Experiment dagegen als eine logisch zu lösende Situation eingestuft wird.[101] Natürlich kann man aufgrund inhaltlicher Anforderungen (»Zeichne ein Karussell«, »einen Reigen«, »einen Platz«, »eine Insel«, »eine weltumspannende Kinderkette« etc.) das Standmotiv und die eindeutige Vertikalordnung erschüttern und somit Tendenzen des »Drehens« und »Umklappens« herausfordern.[102] *Sebastian* bemühte sich, alle Gegenstände so darzustellen, daß sie leicht zu identifizieren sind, indem er sie in ihrer optischen Prägnanz zeichnete. Es dominieren bei den Zeichen, bei Baum, Schaukel, Moped, Straße, Haus und Zaun, die Grundformen der Dinge. Um der klaren Aussage willen wurden Überschneidungen und Überdeckungen vermieden, wesentlich war für Sebastian, daß der Betrachter ihn versteht und daß er seine Absichten identifizieren kann. So hatte er beispielsweise das untere Haus, entgegen räumlicher Darstellungsprinzipien kleiner als das obere dargestellt, weil der übriggebliebene Platz nur diese Größe zuließ. Es gab also keine Verkürzungen und Verkleinerungen. Gegenstände, die »weit« entfernt liegen, werden nicht kleiner gezeichnet als andere, eher zeigen sich in den Inhalten, in den Bedeutungsdimensionen und in der Reihenfolge der Bearbeitung die Wertigkeiten des Dargestellten. (Zweifellos interessierten *Sebastian* Autos und Schaukeln). Die Straßenbiegung und Nebenstraßen wurden unter dem nach der Wirklichkeit vorgestellten Winkel gezeichnet. Die Kinderbilder werden demnach nicht kompositorisch vorstrukturiert, sondern sie entstehen situativ und entwickeln sich resultativ aus der sukzessiven Zusammenstellung. Dabei gelingt es Kindern im allgemeinen die Bildfläche so zu gestalten, daß sich die Bildzeichen in einem gewissen »Gleichgewichtszustand« befinden.

Aus der Wahrnehmungsforschung ist bekannt, daß Störungen im emotionalen Bereich zu Beeinträchtigungen der Wahrnehmung und damit auch zu abweichenden formalen Strukturmerkmalen führen, (vgl. *Limberg*, vgl. *Koppitz*). Für unser Material konnte festgestellt werden, daß außergewöhnliche formale Besonderheiten kaum auftraten. Begonnene Auszählungen nach dominierenden Kompositionsmerkmalen (z.B., ob das Bild rechts- oder linkslastig angeordnet war, zentrierte, gestreute, diagonale, vertikale oder horizontale Verteilungen enthielt) oder nach auffälligen formalen Strukturmerkmalen wurden abgebrochen, weil sich für diese bewußt oder unbewußt herbeigeführten bildnerischen Tatbestände so gut wie keine Beispiele finden ließen. Es gab weder »Ungleichgewichte«, noch »dynamische Gleichgewichte«, noch auffällige Leerflächen (bis auf wenige abgebrochene Bilder).

Wenn das Kind später beginnt, eine festgelegte Bildordnung gleichsam »propädeutisch« aufzustellen, setzt dies ebenso wie die vorausplanende räumliche Orientierung des Davor und des Dahinter eine neue Auffassung von der Bildgestaltung voraus. Bei diesem Prozeß des Übergangs von der konkreten zur formalen Gestaltungsweise gleichen sich die zeichnerischen Verhaltensweisen aus: Die klare gestalthafte Gegenstandsseite wird aufgegeben und die Beziehungserlebnisse fließen nicht mehr so unmittelbar in das Bild ein; statt dessen wird versucht, das Bild formal durchzugestalten, gegenstandsadäquate Formen und Raumsituationen in neuer Weise einzusetzen.

6.5. Egozentrismus

Die Stufe der geistigen Entwicklung der Vier- bis Siebenjährigen nennt *Piaget* »repräsentative egozentrische Aktivitäten« oder auch »Stufe des vorbegrifflichen Denkens«. Die grundlegenden Kriterien sind der kindliche »Egozentrismus« und »Realismus«. »Egozentrismus« bedeutet nicht, wie vielfach angenommen, ein Fehlen des Willens zur Kommunikation, sondern darunter ist primär eine spezifische Interessenshaltung des kindlichen Denkens zu verstehen. Egozentrismus ist die Unfähigkeit des Kindes, sich in den Standpunkt eines anderen zu versetzen und zu verstehen, daß dessen Sicht eines Gegenstandes möglicherweise von der eigenen abweicht.

Das bekannteste Verfahren, das die Entwicklung dieser Fähigkeit untersucht, stammt von *Piaget* und seinen Mitarbeitern.

Sie benutzten ein Modell aus Pappmaché, das drei verschiedenartige Berge mit verschiedenen Markierungszeichen darstellte *(vgl. Abb. 26)*. Außerdem gehörte zu dem Material eine Puppe, die nacheinander an verschiedene Stellen des Modells gebracht wurde, und die Kinder sollten jeweils herausfinden, welche Perspektive der drei Berge dem Standort der Puppe entspricht. Dazu wurden den Kindern zehn verschiedene Bilder gezeigt, die die drei Berge von verschiedenen Blickwinkeln aus darstellten.

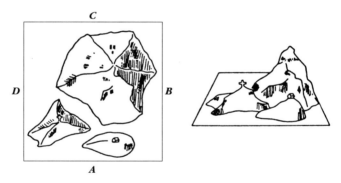

Abb. 26: Modell der drei Berge.

Die Jüngsten (bis 4;0 J.) können diese Aufgabe noch nicht verstehen. Kinder im Alter von 4 bis 7 Jahren unterscheiden den eigenen Blickwinkel nicht oder nur mangelhaft von dem Blickwinkel anderer Beobachter. Entweder wählen sie nur das Bild, das ihrem eigenen Blickwinkel entspricht, oder sie wählen ein Bild, auf den alle Elemente der jeweiligen Perspektive sichtbar sind (praktisch jedes beliebige Bild).

Die weiter Fortgeschrittenen in diesem Stadium ahnen bereits die Relativität der beteiligten projektiven Beziehungen, aber sie unterliegen noch weiterhin einer systematischen Täuschung.

Erst nach dem 7. Lebensjahr entwickelt sich die echte Relativität der projektiven Beziehungen. Das Kind entdeckt, daß die Anordnungsverhältnisse zwischen den betrachteten Elementen (vorn, hinten, rechts, links) sich je nach dem Standort des Betrachters ändern. Zunächst bleibt diese Relativität noch unvollständig. Das Kind bestimmt nur eine Relation genau und nimmt an, daß die übrigen Relationen dadurch

6.5. Egozentrismus

automatisch mitbestimmt werden. Nach dem 9. Lebensjahr gelingt es schließlich, alle beteiligten projektiven Beziehungen vollständig zu koordinieren.[103]
Für Kinder zwischen vier und sieben Jahren gehört der Name »Zugspitze« z.B. einem abschüssigen, hohen Berg, der Begriff Sonne ist eine gelbe leuchtende Kugel mit Strahlen etc. Für die Kinder dieses Alters ist das »Wesen der Dinge« nicht das im Begriff ausgesagte, sondern das Ding selbst. Ein Beispiel kindlichen Egozentrismus wird mit der Zeichnung des kleinen Prinzen gegeben: seine Überprüfung der Erwachsenen, ob sie sein Bild lesen können, und sein anschließendes Urteil über die Erwachsenen nehmen keine Rücksicht auf allgemeine Konventionen, sondern das Urteil richtet sich naiv und ausschließlich nach der Bedeutung für die eigene Person. Ein dreijähriges Kind hält sich die Augen zu und meint, man könne es nicht sehen. Noch ein Achtjähriges ist überzeugt, daß Bienen eigens dafür da sind, den Menschen Honig zu liefern, daß man mit dem Mund denkt, daß die Blumen für die Kinder blühen oder daß es dunkel wird, damit die Menschen schlafen können. Der adäquate Umgang mit den Objekten erfordert kognitive Leistungen, zu denen das Kind anfänglich noch nicht fähig ist. Häufig geht es mit den Dingen so wie mit den Menschen um. Gegenstände werden bestraft, getadelt und belobt. (Erwachsene verhalten sich im übrigen genauso, wenn sie auf das Auto, das nicht anspringt, schimpfen.) Der kindliche Egozentrismus im Bild zeigt sich inhaltlich in der bevorzugten Darstellung der eigenen Person. Sie bildeten das Hauptthema der Sechs- und Siebenjährigen. Die Abb. 27 zeigt, welch überragende Bedeutung die Darstellung der eigenen Person in diesem Alter hat. Deutlich hat das Interesse bereits bei den Achtjährigen nachgelassen und man kann sagen, daß das Selbstbildnis ab dem 10. Lebensjahr als freigewähltes Thema für die Kinder nur noch geringe Bedeutung hat. Bei den Dreizehn- und Vierzehnjährigen ließen sich statistisch so gut wie gar keine Bilder mehr ausmachen.[104] Formal können sich egozentrische Züge in den Bedeutungsproportionen zeigen. Das Kind zeichnet sich selbst größer, plaziert sich an zentraler Stelle im Bild, schmückt die eigene Person mit Attributen besonders aus.

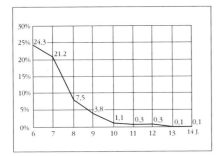

Abb. 27: Altersabhängige Anteile zu dem Thema „Selbstbildnisse"

Es ist eine Welt, deren Ausdruck in einem integrativen Vergegenwärtigungsdenken in Verbindung mit dem pars-pro-toto-Prinzip alles Konkrete und Besondere erfaßt; das Ich des Kindes ist eingebunden in sein ganzheitliches, vertrauensvolles Verhältnis zur Umwelt. *Oerter* berichtet von zwei Versuchen über die stärkere Abhängigkeit der kindlichen Wahrnehmung von emotionalen Faktoren gegenüber der Erwachsenenwahrnehmung.
Man ließ acht Kinder zwischen fünf und sieben Jahren einmal wöchentlich vor Weihnachten ein Bild vom Weihnachtsmann zeichnen. Die Zeichnungen fielen immer größer aus, je näher das Fest rückte, und die Details wurden immer sorgfältiger ausgestaltet. Nach dem Fest wurde der Weihnachtsmann unbedeutend; er schrumpfte auf eine unbedeutende Größe und auf die Details wurde nicht mehr geachtet *(Abb. 28)*.[105]

6.6. Realismus

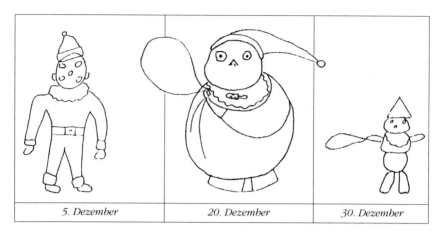

| 5. Dezember | 20. Dezember | 30. Dezember |

Abb. 28: Zeichnungen eines sechsjährigen Mädchens vom Santa Claus vor und nach Weihnachten

Somit zeigen sich affektiv bedeutsame Ereignisse nicht nur im übertragenen Sinne, sondern direkt in der Zeichenhandlung. Läßt man Kinder z. B. ihre Familie zeichnen, so wird oft nicht diejenige Person am größten gezeichnet, die es tatsächlich ist, sondern jene Person, die für das Kind momentan am bedeutsamsten ist oder den stärksten Autoritätscharakter hat *(vgl. Abb. 125, S. 175)*.
Neben der egozentrischen Denk- und Erlebnisweise, die das Vorherrschen des subjektiven Weltbildes zeigt, ist der »Realismus« ein weiteres wichtiges Kennzeichen für diese kindliche Erlebnis- und Darstellungsweise.

6.6. Realismus

Der Begriff des »Realismus« besagt, daß »alle Objekte, welche psychisches Erleben bedingen, die gleiche Seinsart haben, nämlich von materieller Beschaffenheit sind«[106]. So erklärt das Kind einen fallenden Gegenstand nicht mit der Erdanziehung, sondern weil er fallen will und weil ihn eine innewohnende Kraft bewegt. Die realistische Deutung der Vorstellungswelt zeigt sich im Kinderbild zum einen beim Herstellungsprozeß und zum anderen auch bei der Deutung der Bilder. Kinder der ersten Grundschuljahre arbeiten sehr ernsthaft, sie nehmen unmittelbar am Gestaltungsvollzug teil. Zwischen der inhaltlichen Absicht und der Tätigkeit besteht kaum Distanz. So können Kinder während des Zeichenprozesses in die jeweiligen Rollen der Personen oder der Situationen, die sie darstellen, »hineinschlüpfen«. Nicht selten reden sie während des Zeichnens und begleiten verbal die entstehenden Situationen. So können die Zeichen der Bilder durchaus einen dinglichen, materiellen Charakter annehmen bzw. Eigenschaften besitzen.
Solche synästhetischen Tendenzen zeigen sich z. B. in der Abbildung 120, S. 169. Die Bedrohung durch Autos wird durch die gemalten schwarzen Arme, die nach dem wei-

6.6. Realismus

nenden Kind greifen, gezeigt. Die besonders starke Gefühlsbeteiligung verbindet sich zu einer gestalterischen Hervorhebung dieses Bildteils. Ein weiteres Beispiel dieser komplementären Haltung zwischen zeichnerischer Tätigkeit und aktueller Befindlichkeit gab *Sebastian* im Alter von siebeneinhalb Jahren. Als er einmal schmerzhaft von einer Katze gekratzt worden war, zeichnete er sie und stellte in seinem Bild dar, wie sie in eine Mülltonne geworfen wurde. Während des Zeichenvorgangs sagte er: »Seid still ihr dummen Viecher!«.
Die Weiterentwicklung und Überwindung egozentrischer und realistischer Erlebnisformen ist weitgehend in der Gebundenheit an Lernprozesse zu sehen. (So zeigen sich bei Angehörigen von Naturvölkern in einem sehr viel höherem Maße egozentrische und realistische Erlebnis- und Verhaltensweisen als in unserer Kultur). Der naive Realismus bleibt auf der anschaulichen Stufe des Denkens an unmittelbare Erfahrungen gebunden; Wenn-dann-Beziehungen herrschen vor, das abstrakt-logische Denken der realen Welt muß sich das Kind erst schrittweise erschließen.
Das prälogische Denken orientiert sich noch lange an äußerlichen Veränderungen und Bewegungen. Was Eigenbewegung vortäuscht und dem Kind sichtbar zugänglich ist, wie die Sonne, der Wind, die Wolken, der Mond, bleibt bis in das Schulalter hinein mit Eigenleben ausgestattet.[107] An dem Sonnensymbol, einem Bildzeichen, das neben dem Menschen, dem Haus und dem Baum zu den am häufigsten verwendeten Bildzeichen in der Kinderzeichnung gehört, läßt sich dieser Übergang verdeutlichen.
Das Zeichen der Sonne kann einfach ein Abbild der realen Sonne sein, kann als dekoratives Element oder als routinemäßiges Schema eingesetzt werden. Ebenso kann sie symbolische Bedeutungen repräsentieren, welche Gefühle und seelische Beziehungen anzeigen.[108] Kinder stellen die Sonne am häufigsten in folgenden drei Vari-

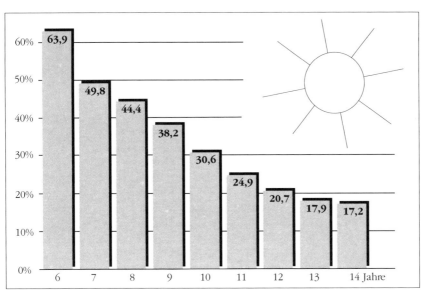

Abb. 29: Anzahl der Bilder zu dem Thema: „Wie wir Kinder heute leben", die eine Darstellung der Sonne enthielten. Untersucht wurden 8.697 Bilder.

6.6. Realismus

anten dar: als Scheibe mit einem Strahlenkranz, als Scheibe ohne Strahlenkranz oder mit einem Gesicht.

Die Tatsachen sehen so aus: Eine Querschnittsuntersuchung von Bildern zu dem freien Thema: »Wie wir Kinder heute leben«[109], ergab, daß etwa ein Drittel aller Kinder (32,2 %) in ihrem Bild eine Sonne dargestellt haben. Dieses Ergebnis stellt einen sehr hohen Anteil dar, wenn man bedenkt, daß das Thema keinerlei spezifische Anstöße enthielt, welche mit der Sonne in Verbindung zu bringen waren.

Altersentsprechend ergab sich nachfolgend dargestellte Verteilung *(Abb. 29)*:

Deutlich wird, daß das Sonnensymbol mit zunehmendem Alter an Bedeutung verliert. In dem Zeitraum zwischen dem sechsten und dem vierzehnten Lebensjahr

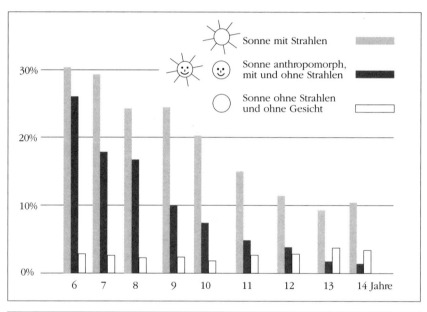

Alter	Sonne mit Strahlen	Sonne anthropomorph, mit und ohne Strahlen	Sonne ohne Strahlen und ohne Gesicht
6	30,7	27,1	2,7
7	29,2	18,2	2,4
8	24,3	17,7	2,0
9	24,4	10,6	2,3
10	20,3	7,2	1,8
11	15,6	4,5	2,5
12	12,2	3,2	2,6
13	9,6	1,7	3,6
14	10,7	1,4	3,2

Abb. 30: Altersspezifische Sonnendarstellungen (Fehlende Prozentangaben beziehen sich auf selten auftretende Varianten).

nimmt die Verwendung des Sonnensymbols von 63,9 % bei den sechsjährigen bis auf 17,2 % bei den vierzehnjährigen Kindern ab.
Im Histogramm *(Abb. 30)* sind die drei Varianten dargestellt. Es zeigt an, daß die Sonnendarstellung mit Strahlen in allen Altersstufen die von Kindern am häufigsten verwendete Form darstellt. Es folgt die anthropomorph gezeichnete Sonne, schließlich quantitativ weit dahinter die nüchterne Scheibe.

Stellen wir eine Längsschnittstudie (von *Sebastian*) der Querschnittsuntersuchung entgegen, so zeigt sich folgender Verlauf: Ab dem vierten Lebensjahr waren die geschlossenen Rundformen als Sonnen zu identifizieren. Zwischen dem vierten und im sechsten Lebensjahr erschien zum ersten Mal eine am Bildrand angeschnittene Sonne mit Strahlen. Bis zum neunten Lebensjahr wechselten ständig die Varianten: angeschnittene Sonne mit Strahlen, Sonne ohne Gesicht mit Strahlen und anthropomorphe Sonne mit Gesicht. Im zehnten Lebensjahr wurde zum ersten Mal eine Sonnenscheibe, die von Wolken überlagert wird, gezeichnet. Diese Darstellungsweise, mit und ohne Strahlenkranz, verwendete er bis zum Alter von zwölfeinhalb Jahren, wobei im zwölften Lebensjahr die Sonnenscheibe keine Strahlen mehr erhielt. Bei den nachfolgend hergestellten Bildern fehlte nun das Sonnensymbol völlig. Dieser Vergleich zeigt zwischen der Einzelbeobachtung und der breiten Querschnittsuntersuchung eine bemerkenswerte Übereinstimmung *(vgl. Abb. 31)*.

Zusammenfassend: Die zunehmende Wirklichkeitsbezogenheit führt zu einer Abnahme des Sonnensymbols insgesamt. An die Stelle des Sonnensymbols treten nun andere Motive. Das Kind verfügt im zehnten und elften Lebensjahr über neue Bildstrategien und Denkmöglichkeiten, die das »naive« Sonnensymbol und besonders die anthropomorphe Darstellung obsolet erscheinen lassen. »Das Symbol«, schreibt *Piaget*, »bestätigt exakt die Notwendigkeit, mangels Ich-Bewußtseins den Inhalt auf Objekte zu projizieren, während der Fortschritt zu den Operationen hin notwendigerweise an die Entwicklung der Reflexion gebunden ist, die zu dieser Bewußtwerdung führt, wodurch das Subjektive von der äußeren Wirklichkeit getrennt wird.«[110]

3. bis 6. Lebensjahr	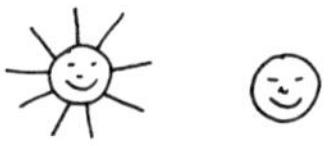
neu im 6. und 7. Lebensjahr	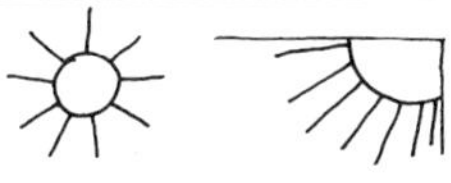
neu im 8. und 9. Lebensjahr	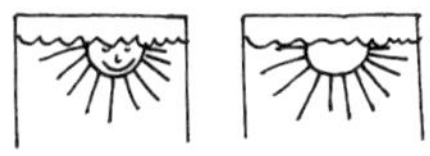
neu im 10. und 11. Lebensjahr, kein Gesicht	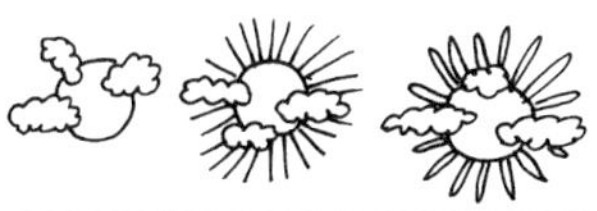
im 12. Lebensjahr keine Strahlen	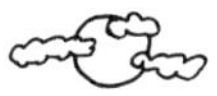
im 13. Lebensjahr Darstellung ohne Sonne	

Abb. 31: Entwicklung der Sonnendarstellung bei Sebastian

6.7. Konkretes Denken

Während *Piaget* primär »das System Mensch« betrachtet, gehen interaktionistische Theorien der Entwicklung von einem Gesamtsystem Mensch-Umwelt aus. Beide Systeme, Mensch und Umwelt interagieren miteinander. »Nicht der Mensch ist aktiv und in Veränderung begriffen, sondern auch seine Umwelt, und beide Aktivitäten sind verschränkt. Mensch und Umwelt bilden ein Gesamtsystem, die Veränderung eines Elementes führt zu Veränderungen auch anderer Elemente und des Gesamtsystems«.[111] Wie wir oben festgestellt haben, beeinflußt der Erziehungsstil der Institution Schule in bedeutsamer Weise die weitere Persönlichkeitsentwicklung des Kindes hinsichtlich der Ausbildung grundlegender Einstellungen und überdauernder Reaktionsmuster. Dies gilt für das soziale, kognitive, emotionale und moralisch sittliche Verhalten.

Die wesentlichen Verbesserungen der Wahrnehmungsleistungen, besonders im visuellen Bereich, führen zusammen mit der realitätsbezogenen, sachlich-nüchternen Welteinstellung, die die Schule und auch die Medien vermitteln, zur Abnahme der charakteristischen Darstellungsweisen, die vormals durch den kindlichen Egozentrismus und die feldabhängige Wahrnehmung gekennzeichnet waren. Nun ist das hervorstechendste Merkmal der Grundeinstellung des Kindes ein fortschreitendes Interesse an der Erfassung und Durchdringung seiner Umwelt. Kinder dieser Phase sind, das zeigen die Inhalte der Bilder in aller Deutlichkeit, außergewöhnlich scharfe und nüchterne Beobachter. Dieser fortschreitende Realismus zeigt sich recht klar am Verlauf der Häufigkeitskurve im Frequenz-Polygon *(Abb. 98, S. 143)*. In ihm dokumentiert sich in über 34 000 untersuchten Kinderbildern der Anteil aller kritischen Bildinhalte, die die Kinder dargestellt hatten als sie aufgefordert wurden, zu dem Thema »Wie wir Kinder heute leben ein Bild zu zeichnen oder zu malen. Ab dem sechsten Lebensjahr nimmt der Anteil kritischer Bildinhalte stetig zu, wobei zwischen dem neunten und elften sowie dem zwölften Lebensjahr ein sprunghafter Anstieg zu erkennen ist *(vgl. Kapitel 7)*.

Die bildnerische Darstellungsweise der Phase konkreter Operationen ist gekennzeichnet durch einen gegenständlichen Stil mit klar voneinander abgegrenzten Zeichen, die in einer sachgemäß logischen Ordnung zueinander stehen. Die Bezeichnung »Operation« besagt, daß Handlungen keine isolierten Akte mehr sind, sondern Bestandteil eines Systems oder einer Gruppierung. Innerhalb dieses Systems unterliegt die Handlung bestimmten Regeln. »Konkret« heißen die Operationen, weil die geistigen Handlungen sich noch auf reale (konkrete) Gegenstände beziehen und noch nicht auf Hypothesen. In den Bildern werden die Zeichen in neuer Weise aufeinander abgestimmt, verschiedene Beziehungen wie Größe, Lage und Richtung werden berücksichtigt, Dinge und Ereignisse werden zusammengefaßt und gruppiert.

Neue morphologische Errungenschaften erweitern die Bildaussage. So können nun beispielsweise Personen durch Arm- und Beinbewegungen und durch die Profildarstellung neue Bezüge zueinander schaffen. Die Bilder dieser Altersgruppe, die den größten Teil der Abbildungen in diesem Buch ausmachen, beweisen verstärktes Bewußtsein etwa durch:

❏ vorherrschendes Interesse des Kindes an der Erfassung und Durchdringung seiner Umwelt, durch Aufnahme neuer Inhalte,

❏ zunehmend kritische Einstellung, die dazu führt, daß die einzelnen Objekte sorgfältiger beachtet werden,

❏ wachsende Ausdauer bei der Auseinandersetzung mit einzelnen Objekten und damit einhergehend eine stärker fixierende Aufmerksamkeitszuwendung,

❏ größere Planmäßigkeit, Systematik und Sorgfalt beim Auffassungsvorgang.[112]

Jedoch besitzen sie immer noch eine geringere selektierende Wahrnehmung aufgrund von Voreinstellungen, Gefühlen, Wünschen und Bedürfnissen und eine geringere Abstraktion im Sinne kategorialer Wahrnehmung als sie Jugendliche und Erwachsene haben.

Gerade dieser zuletzt genannte Aspekt beleuchtet, warum die sieben bis zwölfjährigen Kinder jetzt einen gewissen Höhepunkt bei der Bildgestaltung erreichen. Denn in der Praxis zeigt sich noch der geringe Abstraktionsgrad und das Festhalten an der konkreten Vorstellung. Immer noch malen die Kinder in der 5. und 6. Klasse das ihnen Wichtige zuerst, ohne vorher die Fragen der Überschneidungen, der Behandlung des Untergrundes oder des Hintergrundes mitzubedenken. Sie realisieren ihr Bild momentan, geleitet von gegenwärtigen Interessen (das »Wichtigste« kommt zuerst). D.h. die Reihenfolge der Arbeitsschritte richtet sich nach der subjektiven Bedeutung und nicht nach den Gesichtspunkten »propädeutischer« Gestaltungspraxis. So stehen z.B. Blau ausgemalte Wolken als Kennzeichen für den Himmel. Die konkrete »Weil-Deshalb-Beziehung« lautet: weil der Himmel durch die Farbe Blau gekennzeichnet ist, deshalb kann ich auch die Wolken Blau ausmalen. Erst in der späten Kindheit oder im Jugendalter verwenden Kinder Erscheinungsfarben ebenso wie die schwierigere Umkehroperation, indem sie Felder am Himmel frei lassen, in die sie dann nachträglich die entsprechenden Farbwerte für Wolken einsetzen. *(Vgl. Tab. 5, »Qualitatives Farbverhalten der Kinder zwischen dem 6. und 14. Lebensjahr«, S. 74).*

Auch Rudimente egozentrischer Denkweisen lassen sich in der 5. Klasse, also noch bei den elf- oder zwölfjährigen Kindern antreffen. Häufig habe ich erlebt, daß Schüler bei der Abgabe ihrer fertiggestellten Bilder auf meine Frage: »Hast du auch deinen Namen auf die Rückseite deiner Arbeit geschrieben?« antworteten: »Warum?, **ich** weiß doch, welches **mein** Bild ist!«

6.8. Wahl der Ausdrucksmittel

Aus der Geschichte des Zeichenunterrichts wissen wir, daß das Zeichnen keine »natürliche« Aktivität des Kindes darstellt, denn Kinder haben nicht immer und selbstverständlich gezeichnet, wie es die ältere Kinderzeichnungsforschung behauptet hat. Damit ein Kind zeichnet, d.h. eine Nachbildung oder überhaupt eine Bildung der Form erstrebt, bedarf es zweier Voraussetzungen: Ausdrucksmittel, Zeichenmaterial muß gegeben sein und das Kind muß eine Anregung empfangen. Die Anregung kann von schreibenden oder zeichnenden Erwachsenen, aber auch von Bildmaterial, von Bilderbüchern, Abbildungen in Büchern und Zeitschriften kommen.

6.8. Wahl der Ausdrucksmittel

Seit wann spielen nachahmbare Bilder im Lebenskreis der Kinder eine Rolle? Mit der Erfindung des Buchdrucks im 15. Jahrhundert und mit der geradezu explosionsartigen Verbreitung und Verbesserung der druckgraphischen Technik seit dem 16. Jahrhundert trat die Welt der Bilder vor die Augen eines großen Kreises von Menschen. Es ist anzunehmen, daß mit dem Einbruch des Bildes in den Alltag der Menschen ein starker Anstoß auf die Bildphantasie und die bildnerische Eigentätigkeit ausgegangen ist.

Die zweite Bedingung, das Zeichenmaterial, steht Kindern historisch gesehen, noch seit einem sehr viel kürzeren Zeitraum zur Verfügung. Papier wurde seit dem 16. Jahrhundert in Europa selbst hergestellt, aber es war sehr teuer und konnte ebenso wenig wie das zuvor verwendete noch kostbarere Pergament für den Gebrauch durch Kinder verschwendet werden. Was sicher zuerst die Zeichentätigkeit von Kindern anregte, war das Kritzeln und Zeichnen auf Mauern, auf Böden oder im Sand mit den Fingern, mit Kreide, Ziegel- und Kalksteinen, also das Zeichnen mit stets verfügbaren Materialien. Seit dem Mittelalter waren in der Schule kleine Tafeln aus Schiefer und Wachs in Gebrauch. Die Tafel dürfte dabei in der Frühzeit der bevorzugte Untergrund von Kinderzeichnungen gewesen sein. Aber auch die für das Papier notwendigen Zeichenmaterialien wie Bleistift, Buntstift, Farben oder Feder waren teuer und wertvoll und nicht für Kinder vorgesehen. Papier konnte für Zeichenzwecke wohl erst im Laufe des 19. Jahrhunderts für einen größeren Teil der Kinder zur materiellen Zeichengrundlage werden.[113]

Fachpraktische Fertigkeiten der Kinder hängen entscheidend von den Möglichkeiten der Übung ab. Es gibt einen engen Zusammenhang zwischen der Verbreitung von Zeichenmaterial einerseits und der Entwicklung der bildnerischen Fähig- und Fertigkeiten andererseits. Ein phänomenologischer Vergleich heutiger Kinderbilder mit Abbildungen aus großen Tafelwerken der Jahrhundertwende (etwa von *Kerschensteiner, Levinstein*) oder mit Abbildungen aus früheren Fachzeitschriften macht deutlich, wie stark sich die Beziehungen des Kindes zur Praxis des Malens und Zeichnens gewandelt haben. In diesen älteren Bildbeispielen dominiert die Bleistiftzeichnung, evtl. koloriert mit Buntstiften, die unter genauer Beachtung der Aufgabenstellung sorgsam auf das Blatt gebracht wurde. Freie Verfügbarkeit über Ausdrucksmittel und Material gibt es für die Kinder erst seit den fünfziger Jahren.[114]

Ein Vergleich heutiger Kinderbilder mit denen der Jahrhundertwende verdeutlicht verbesserte Bedingungen und gestalterisch-gewachsene Ausdrucksfähigkeit. Ebenso große Unterschiede zeigen sich bei einem Vergleich von Bildern bundesdeutscher Kinder mit Bildern aus der »3. Welt«, von Kindern, die kaum Gelegenheit hatten, sich im Zeichnen und Malen zu betätigen. Ihre Bildlösungen scheinen um viele Jahre hinter den Bildlösungen bundesdeutscher Kinder zurückzuliegen. Es handelt sich auch hierbei um Defizite, die den Zusammenhang zwischen Gestaltungsmöglichkeiten und Fähigkeiten beleuchten.[115]

Fand man noch in den sechziger Jahren sehr viele Bilder, die mit Wasserfarben gemalt waren, so ist ihre Verwendung stark zurückgegangen, und es scheint, als habe der Filzstift und die Kombination des Filzstiftes mit den verschiedensten anderen Zeichen- und Malmitteln den Siegeszug angetreten.

Das Kategorienschema der *Tabelle 1 (s. S. 69)* zur quantitativen Erfassung des Mal- und Zeichenmaterials vermittelt ein Bild der von Kindern gewählten Techniken. Im

6.8. Wahl der Ausdrucksmittel

1	Bleistift und Filzstifte	1715	19,6
2	Bleistift und Buntstifte	1417	16,9
3	Bleistift und Filzstift und Buntstift	1323	15,1
4	Filzstifte	953	10,9
5	Wasserfarben / Deckfarben (Aquarell)	583	6,7
6	Wachsmalkreiden	383	4,4
7	Bleistift und Wasserfarben	362	4,1
8	Kombinationen mit 3 Materialien	360	4,1
9	Bleistift (unbunt)	274	3,1
10	Filzstifte und Buntstifte	231	2,6
11	Buntstifte	159	1,8
12	Bleistift und schwarzer Filzstift und Buntstift	140	1,6
13	Bleistift und Wachsmalkreiden	116	1,3
14	Filzstifte und Wasser-/Deckfarben	98	1,1
15	Filzstifte und Wachsmalkreiden	93	1,1
16	Kombination mit mehr als 3 Materialien	78	0,9
17	Andere Techniken: Spritztechnik, Linolschnitt, Tinte und Tintenkiller, Papierbatik, Scherenschnitt, Papier gerissen, Ölmalerei, Schab-/Kratztechniken	63	0,7
18	Gezeichnet / Gemalt und Fotos/Bilder aufgeklebt	58	0,7
19	Schwarze Tusche / Tinte / Kugelschreiber Schwarzer Filzstift etc.	58	0,7
20	Bleistift und Tusche und Filzstift	30	0,3
21	Bleistift und Schwarze Tusche	24	0,3
22	Schwarze Tsche und Filzstifte	21	0,2
23	Buntstifte und Wachsmalkreiden	18	0,2
24	Schwarze Tusche und Buntstifte	16	0,2
25	Schwarze Tusche und Wachsmalkreiden	15	0,2
26	Nur Fotos/Bilder aufgeklebt (Collage)	12	0,1
27	Buntstifte und Wasser-/Deckfarben	8	0,1
28	Schwarze Tusche und Wasser-/Deckfarben	5	0,1

Tabelle 1: Kategorienschema zur quantitativen Erfassung.
Wahl des Zeichen- und Malmaterials; Auswahl: 8 741 Kinderbilder.

6.8. Wahl der Ausdrucksmittel

Ausschreibungstext hieß es ohne Einschränkungen: »Zeig mit Deinem Bild, wie Kinder heute leben. Mit Pinsel, Bleistift oder Tinte, ganz egal«. Der Überblick über die getroffene Wahl und ihre Kombinationen läßt deutlich die Überlegenheit von zwei Darstellungsmitteln zum Ausdruck kommen: Der Bleistift und der Filzstift wurden in weit über 50% aller Bilder verwendet. Beide Techniken sind zeichnerisch sofort und universal einsetzbar, können mit jedem anderen Zeichenmaterial zusammen verwendet werden und stellen an den Zeichner keinerlei technische Anforderungen, wie z. B. die Wassermalfarben. Die Filzstifte ermöglichen eine saubere, gleichmäßige und klare Konturzeichnung, während der Bleistift sehr stark vom Druck und individuellen Duktus des Zeichners abhängig ist. Ferner kommt die starke Farbigkeit der Filzstifte sowie die Möglichkeit der schnellen, flächigen Ausgestaltung den Eigenschaften und Bedürfnissen der kindlichen Gestaltung entgegen. Allerdings handelt es sich immer um undifferenzierte Farbtöne, die für eine Sensibilisierung der Farbwahrnehmung wenig geeignet sind.[116]

Im einzelnen zeigt das Kategorienschema, daß nahezu jedes 5. Bild (19,6%) mit der Kombination Bleistift und Filzstifte hergestellt worden war (*s. Tabelle 1*). Erst an fünfter Stelle folgt die traditionelle schulische Technik der Wasser- bzw. Aquarellfarben mit 6,7 Prozent. Sie wird in der gegenwärtigen Literatur fälschlicherweise noch als »die am häufigsten angewandte Technik im Kunstunterricht« bezeichnet.[117]

Rechnet man den Rangplatz 7, die übliche Kombination »Bleistift und Wasserfarben« hinzu, so ergibt sich dennoch, daß nur jedes 10. Bild (10,8%) mit Wassermalfarben gestaltet worden war. Nach dem Gebrauch des Bleistifts und der Filzstifte werden die Buntstifte am häufigsten von Kindern verwendet. Die Buntstifte besitzen ähnliche Eigenschaften wie die Filzstifte, haben jedoch nicht die Leuchtkraft und bei ihrer Verwendung spielt wie beim Bleistift der Duktus der Hand eine wichtige Rolle. Der Buntstiftgebrauch zeigt ebenso wie der Bleistiftgebrauch einen individuellen Bewe-

Alter	Bleistift u. Filzstift	Bleistift u. Buntstift	Bleistift, Filzstift, Buntstift	Filzstifte	Wasserfarben	Wachsmalstifte	3 versch. Materialien	Bleistift	Filzstift und Buntstift	Bleistift, Buntstift, schw. Filzstifte, bzw. schwarze Tusche
6	8,0	3,2	3,0	31,9	2,3	13,1	4,2	–	1,9	–
7	11,7	3,5	8,5	29,4	5,0	9,3	3,0	–	2,8	0,2
8	21,7	7,7	10,0	16,8	6,0	5,0	3,8	0,7	3,1	0,9
9	25,3	8,0	12,1	12,7	6,0	2,7	4,9	1,2	2,9	1,1
10	23,8	9,3	17,7	8,8	4,8	2,1	3,9	2,2	2,8	2,0
11	19,3	10,6	19,3	6,0	6,5	2,0	4,3	3,1	2,2	2,0
12	17,4	11,5	20,3	5,5	5,7	0,9	3,9	6,2	2,8	2,5
13	12,3	12,5	17,7	5,6	5,5	0,7	4,8	9,9	2,2	2,5
14	13,0	12,8	14,9	2,8	2,8	–	5,1	15,3	3,7	2,3

Tabelle 2: Crosstabulation zu Alter und Ausdrucksmittel (Lies z.B.: 31,9% aller 6jährigen hatten für die Gestaltung ihres Bildes ausschließlich Filzstifte verwendet; dagegen nur 2,8% aller 14jährigen.)

gungshabitus. Druck und Verlauf der Striche bei der Kontur und Binnenzeichnung verlangen nach ständiger Neuorientierung; Prägnanz, Oberflächenstruktur und Plastizität können gesteuert werden.

Die Tabelle 2 zeigt die altersspezifische Wahl der Techniken bei den zehn am häufigsten verwendeten Mal- und Zeichenmaterialien. Betrachten wir zunächst die reine Verwendung von Filzstiften und Bleistift, so zeigt sich ein geradezu vollkommen entgegengesetztes Verhalten: Während 31,9% aller 6jährigen Filzstifte benutzten, sinkt der Anteil bis zum 14. Lebensjahr kontinuierlich bis auf 2,8% ab. Eine reine Bleistiftzeichnung lag dagegen von den 6- und 7jährigen Kindern gar nicht vor. Ihr Gebrauch steigt mit zunehmendem Alter bis 1 auf 15,3% bei den 14jährigen an.

Ein ähnlich klares altersbezogenes Verhalten in bezug auf die Wahl der Technik läßt sich bei den Kombinationen Bleistift und Buntstift-, sowie Bleistift, Buntstift und schwarzer Filzstift feststellen. Hier treffen die gleichen Gründe zu wie sie für die Wahl des Bleistiftgebrauchs genannt wurden. Auch die Verwendung der Wachsmalkreiden ist eindeutig. Es ist eine Technik der ersten Schuljahre und erfüllt Ansprüche die dem Bedürfnis nach starker Farbigkeit und unmittelbarer, technisch problemloser Übertragung entgegenkommen.

Ein weiteres deutliches altersspezifisches Verhalten zeigt sich bei der Wahl der Collagetechnik. Der Anteil von verwendetem Collagematerial, wie Fotos, Textilien, Fundstücken steigt vom 7. bis zum 14. Lebensjahr immer weiter an.

Da bei diesem Malwettbewerb ein großer Teil der Arbeiten ohne schulischen Einfluß entstand, gibt die Wahl der Materialien auch Auskunft über ihren Beliebtheitsgrad. Es fällt auf, daß der Anteil der Wasserfarben insgesamt betrachtet, nur gering vertreten ist. Ihre farblichen und malerischen Ausdrucksmöglichkeiten sind jedoch unverzichtbar; so werden sie in der Schule häufig eingesetzt. Dennoch ist das Malen mit Wasserfarben bei Schülern unbeliebt. Dies könnten Folgen davon sein, daß man diese Technik häufig für die Bearbeitung »bildnerischer Probleme« instrumentalisiert und dabei Interessen der Schüler übergeht.

Zusammenfassend gesehen, ist für die heutigen Kinder charakteristisch, *(s. Tabelle 1, S. 69)*, daß sie verschiedene Mal- und Zeichenmaterialien miteinander kombinieren. D. h., die gegenwärtige Kindergeneration ist materiell reich ausgestattet. Kritisch bleibt anzumerken: trotz der möglichen Vielfalt beschränken sich die bildnerischen Techniken auf nur wenige Variationen (s. z. B. die Dominanz des Filzstiftgebrauchs). Der zeichenhafte Stil dominiert; malerische und experimentelle Verfahren bilden große Ausnahmen. Das reichhaltige materielle Angebot wird nicht ausgeschöpft. Diese Einseitigkeit ist weitgehend auf den Einfluß von Eltern, Lehrern und Erziehern zurückzuführen.

Die ästhetische Erziehung sollte aber die Chancen einer Erweiterung des Verhaltensrepertoires durch künstlerische Techniken wie das Malen und Zeichnen mit neuen Materialien, mit Leimfarben, Kratztechniken und experimentellen Verfahren wahrnehmen. Es geht dabei nicht um den Kunstbezug kindlichen bildnerischen Verhaltens, sondern um eine Erweiterung bildnerischer Ausdrucksmittel, die das experimentelle Verhalten als eine wichtige ästhetische Verhaltensweise anerkennt und fördert.

6.9. Qualitative Farbauslegung

Die Verwendung der Farbe richtet sich nach sinnlich faßbaren Erscheinungsformen der Umwelt. Ästhetisches Empfinden, gefühlshafte Stimmungen sowie sachorientiertes Wissen bestimmen ihren Einsatz. Je jünger das Kind ist, um so spontaner und subjektiver ist sein Umgang mit Farbe. Der unmittelbaren und emotional gesteuerten Farbwahl weicht im Laufe der Schulkindheit allmählich der Einsatz von Farben, welche das betreffende Bildobjekt genauer kennzeichnen.

Die Farbe übt auf Kinder einen starken sinnlichen Reiz aus und bei der Alterative unbunt oder bunt, entscheiden sich Kinder fast immer für die farbige Gestaltung. Von 8 604 untersuchten Kinderbildern der Sechs- bis Vierzehnjährigen zu dem Thema: »Wie wir Kinder heute leben« hatten 94,7 Prozent aller Kinder ihr Bild farbig ausgelegt. Ausdrücklich hatte der Ausschreibungstext auf freie gestalterische und technische Möglichkeiten hingewiesen: »Mit Pinsel, Bleistift oder Tinte, ganz egal«, hieß es auf dem Plakat. Jedem Kind war somit die Technik und damit auch die farbige oder unbunte Gestaltung freigestellt. Dennoch entschieden sich nur 4,3 Prozent für eine unbunte Gestaltung und 1 Prozent wählte Fotos oder andere Collageelemente.

Im einzelnen ergab sich:

Alter	Unbunte Gestaltung	Collagetechniken u.a.
6	0,8 %	– %
7	– %	– %
8	0,8 %	0,3 %
9	1,7 %	0,6 %
10	3,0 %	0,7 %
11	5,5 %	1,2 %
12	7,4 %	1,4 %
13	11,6 %	2,0 %
14	20,5 %	4,7 %

Tabelle 3: Anteil der Bilder ohne farbige Gestaltung

Je älter die Kinder werden, um so deutlicher ist ein Anstieg der unbunten Gestaltungen festzustellen. Besonders stark zeigt sich eine Veränderung vom 13. zum 14. Lebensjahr; offensichtlich verändert sich zu diesem Zeitpunkt die Einstellung des Kindes zu seinem bisherigen Farbverhalten. Anders ausgedrückt: Von 100 Bildern war nur ein Bild der Achtjährigen unbunt, dagegen 5 bis 6 Bilder der Elfjährigen und schließlich über 20 Bilder der Vierzehnjährigen. Für das Schulkindalter läßt sich der Umgang mit Farbe aus der praktischen Erfahrung auf drei Verhaltensweisen zurückführen. Man findet erstens in den Anfangsschuljahren immer noch eine ausgeprägte Vorliebe für kräftige, leuchtende Farben, die in stark farbigen Bildern, in »Farbe-an-sich-Kontrasten« ausgelegt werden. Es verwendet die Farben, welche gerade »zufällig« verfügbar sind oder die es im Augenblick des Malens am stärksten ansprechen. Aber es ist unzulässig, wenn einige Autoren dieses Verhalten deshalb als »willkürlich« oder »zufällig« bezeichnen, weil das jüngere Schulkind ein blaues Gesicht, eine rote Katze oder eine gelbe Baumkrone malt. Denn die Handlung des Kindes ist weitgehend emotional bedingt und in dieser Weise bedeutsam!

6.9. Qualitative Farbauslegung

Zweitens zeigt sich, das charakteristische Farbverhalten im Schulkindalter in dem Bemühen, den dargestellten Gegenstand durch die Farbe »begrifflich« weiter zu kennzeichnen. Die farbliche Gestaltung ist dann zufriedenstellend gelöst, wenn die »Objektfarbe« die Bildgegenstände kennzeichnet. Schließlich ist drittens anzunehmen, daß die Gegenstandsfarbe abgelöst wird durch die Verwendung von Erscheinungsfarben. Auch kann die Gestaltung mit der Farbe einen eigenen Reiz ausüben, der zu einem wirksamen Impuls der Handlung werden kann.
Möglich wäre es dann, daß sich eine Eigendynamik entwickelt, die sogar die primäre, gegenständlich-zeichnerische Form überlagert. Mit diesem zuletzt angesprochenen Tun würde das Kind spezifische Möglichkeiten dieser Technik adäquat einsetzen; es würde nicht mehr nur die gegenständliche Gestalt kennzeichnen, sondern dem Bild

Für die empirischen Untersuchungen wurden neun qualitativ ausgerichtete Kategorien erstellt *(Punkte A-I, Tab. 4)*:

O	**Techniken,** bei der Farbe nicht selbst praktisch verwendet worden war, wie z.B. beim Einsatz von Fotos bei der Collage
A	**Subjektive Farbwahl,** Farbe wird verwendet als Klecks, Fleck, Spur, als Träger von Bewegung und Rhythmus. Farbe wird verwendet als Mittel des Ordnens und als Mittel der Unterscheidung in »färbender« Funktion, als Verdeutlichung gemeinter Formen. Es besteht die Tendenz zur ungeordneten Buntheit, ohne Rücksicht auf die Gegenstands-, Merkmals- oder Objektfarbe.
B	Teile des Bildes wurden in »**subjektiver Farbwahl**«, wie in Ausprägung A beschrieben, Teile wurden mit der **Gegenstands- oder Merkmalsfarbe** dargestellt. Der Einsatz der Farbe erfolgt flächig additiv, kontrastreich, es besteht die Tendenz zur Buntheit.
C	Farbe wird konsequent als **Gegenstands- oder Merkmalsfarbe** eingesetzt. Einsatz der Farbe flächig, additiv, kontrastreich.
D	**Gegenstands- oder Merkmalsfarbe** wird angewendet, aber es gibt darüber hinaus die Tendenz zum bewußt gestalteten Einsatz der Farbe, die über Ausprägung C hinausgeht; so kann die Tendenz zur Buntheit zurücktreten und **Erscheinungsfarben und Ausdruckswerte** der Farbe treten an ihre Stelle; »Stimmungen« werden beachtet, z.B. »Graue Stadt versus bunte Welt«, Sonnenuntergangsstimmung, etc.
E	Innerhalb einer Farbrichtung gibt es **Abstufungen der Helligkeit und/oder der Farbreinheit.** Sonst Verwendung der Farbe wie oben beschrieben.
F	Durchgehend **malerische Auslegung der Fläche,** farbräumliche und materiale Farbverwendung, gefühlshafter Ausdruck.
G	**Unbunt,** einfarbige, kontrastreiche flächige Gestaltung.
H	**Unbunt,** einfarbige Gestaltung, Einsatz von Grauwerten (Schraffuren, Versuche [»fehlerhafter«] räumlich/toniger Übergänge).
I	**Unbunt,** räumlich/plastische Gestaltung.

Tabelle 4

6.9. Qualitative Farbauslegung

einen eigenen malerischen Ausdruck *(Paul Klee* spricht von Qualitäten), verleihen. Der Gebrauch der Farbe ist in besonderer Weise abhängig vom Farbmaterial. Da wir feststellten, daß die gegenwärtige Generation der Kinder überwiegend mit grafischen Mitteln, wie z. B. mit Filzstiften, Buntstiften und Bleistiften arbeitet und nur etwa jedes 10. Bild mit malerischen Techniken gestaltet wurde, erfolgt – das zeigt die Durchsicht – die Farbverwendung fast ausschließlich als Flächenfüllung oder als Konturzeichnung. Die malerische Umsetzung gefühlshafter Stimmungen in farbigflächenhafter Weise bleibt leider auf wenige Ausnahmen beschränkt.

Diese Abstufungen beschreiben das Verhaltensspektrum von der »subjektiven Farbwahl (A), bis zur anspruchsvollsten Farbverwendung, der »malerischen Auslegung (F). Im einzelnen ergab die Auswertung bei 8 604 untersuchten Bildern nachfolgend angegebene Prozentwerte:

Alter	A Subjekt. Farbwahl	B Subjekt. Farbwahl u. Gegen- standsfarbe	C Gegen- stands- farbe	D Gegen- stands- farbe u. Ausdruck	E Abstuf. in Farb- richtung	F Farb- räume	G Unbunt flächig	H Unbunt flächig u. Grauw.	I Unbunt pla- stisch
6	9,5	52,1	37,3	–	0,4	–	0,8	–	–
7	8,1	47,2	44,3	0,2	0,2	–	–	–	–
8	4,8	38,8	52,4	1,9	1,0	0,1	0,6	0,2	–
9	3,8	28,0	61,3	3,3	1,2	0,1	1,2	0,4	0,1
10	3,6	24,5	59,5	6,2	2,2	0,3	2,2	0,6	0,2
11	2,9	22,1	53,7	10,5	3,8	0,3	4,1	1,3	0,1
12	3,8	16,1	50,1	14,9	5,8	0,6	5,2	1,9	0,3
13	3,7	13,4	37,0	22,8	8,4	1,1	7,0	3,7	0,9
14	5,1	9,3	23,7	26,5	8,4	1,9	10,2	8,4	1,9
				Farbe mit Ausdruckswerten			Unbunt		
Durchschnitt	4,2	16,3	52,6	8,2	3,0	0,3	2,9	1,2	0,2

Tab. 5: Qualitatives Farbverhalten

Wenn wir nun diese Zahlen auf das anschaulichere Frequenz-Polygon übertragen, so ergibt sich folgendes Bild *(vgl. Abb. 32, S. 75)*: Die ermittelten Daten weisen sofort aus, daß die weitaus größten Anteile bei den Ausprägungen »B« und »C« zu finden sind. Bei der Ausprägung »B« haben Kinder die »subjektive Farbwahl« zusammen mit der »Gegenstandsfarbe« kombinatorisch verwendet, während sie bei der Auslegung der Ausprägung »C« ihre Bilder unter strikter Beachtung der »Gegenstandsfarbe« (»Objektfarbe«) malten.

Gegen diese beiden Varianten der Farbauslegung treten alle anderen weit zurück. Der obere Kurvenverlauf zeigt die Dominanz der Gegenstandsfarbe an. Der Modalwert liegt bei der symmetrischen Verteilung in der Mitte (im neunten und zehnten Lebensjahr) der Kindheit. Es ist damit der häufigste Farbgebrauch der Kinder. 37,3 Prozent aller sechsjährigen Kinder beachten bereits die Gegenstandsfarbe und zwischen dem achten und dem zwölften Lebensjahr beherrscht die Gegenstandsfarbe über die Hälfte aller farbigen Bildgestaltungen. Übertroffen wird die Gegenstandsfarbe nur zweimal: einmal am Anfang und einmal am Ende der Schulkindphase. Bei den Sechs- und Siebenjährigen dominiert noch die »subjektive Farbwahl« in Verbindung mit der Gegenstandsfarbe, im vierzehnten Lebensjahr wird die Gegenstandsfarbe bereits von den Erscheinungsfarben und der »ausdruckshaften Farbauslegung« übertroffen, wobei in der Grafik *(Abb. 32)* die Ausprägungen D bis F »Farbe mit Ausdruckswert« sowie die Ausprägungen G bis I der »unbunten Gestaltungen« zusammengezogen dargestellt wurden.

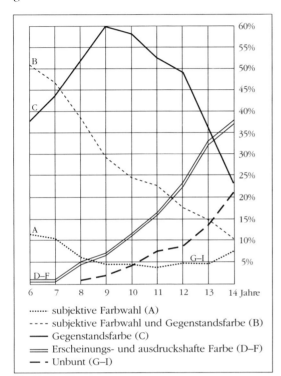

Abb. 32: *Qualitatives Farbverhalten der Kinder zwischen dem 6. und 14. Lebensjahr*

Dieses Ergebnis bedeutet, daß Kinder zwischen dem achten und zwölften Lebensjahr die manifesten Farbbeziehungen sehr stark fixieren, die zwischen ihnen und den Objekten bestehen: Grün wird verbunden mit der Vegetation, Gelb mit dem Licht, Blau mit dem Himmel und dem Wasser. D. h., die Wahl der Farben wird von der Intention bestimmt, das Objekt »eindeutig« zu kennzeichnen. Ferner werden die Farben in ihrer Farbrichtung nicht weiter modifiziert, sondern die typischen Objektfarben werden flächenfüllend in der einmal festgelegten Farb-richtung aufgetragen. Die beiden Kurvenverläufe der Kategorie »subjektive Farbwahl« (Ausprägung A) und der Kategorie »subjektive Farbwahl« zusammen mit der neuerworbenen »Gegenstandsfarbe« (Ausprägung B), sind in ihrer Aussage eindeutig. Die nach rechts fallende Frequenz (»B«) gibt als Schwerpunkt der Verteilung die Gruppe der jüngsten Kinder an.
Ein ähnliches Ergebnis zeigt auch der Verlauf der Kurve »Subjektive Farbwahl« (A), allerdings relativ gleichmäßig auf die Altersstufen verteilt und auf einem sehr viel niedrigeren Prozentniveau. Sie bleibt in der Schulkindheit von geringer Bedeutung und wird von den sechsjährigen Kindern noch in etwa jedem zehnten Bild verwendet. Im Verlauf der Schulkindheit läßt sich die Farbauslegung des freien, subjektiven oder zufälligen Gebrauchs zwar weiter feststellen, aber er bewegt sich auf einem Prozentniveau von unter fünf Prozent und spielt in der mittleren Kindheit sowie bei den älteren Kindern nur eine untergeordnete Rolle.

Lediglich im sechsten und siebten Lebensjahr lagen die beiden Ausprägungen »Subjektive Farbwahl« sowie »Subjektive Farbwahl« und »Gegenstandsfarbe« über den Prozentwerten der späteren Farbverwendungen: »Gegenstandsfarbe« und »Ausdruckshafte Farbe«. Der freie Gebrauch der Farbe geht einher mit einer noch geringen Ausbildung der verbalen Farbbestimmung. Eine Untersuchung aus dem Jahr

6.9. Qualitative Farbauslegung

1977 von 225 fünf- bis sechsjährigen Vorschulkindern zeigte, daß im Gegensatz zur optischen Unterscheidungsfähigkeit die verbale Differenzierung noch sehr schwer fällt. Nur neun Prozent der Vorschulkinder waren in der Lage, zutreffende differenzierte Bezeichnungen für zehn verschiedene Farben zu finden.[118]
Aber mit dem fortschreitenden Fachwissen ist kein gestalterischer Fortschritt verbunden. Im Gegenteil: »Es scheint«, schreibt Daucher, nachdem er an ca. 2 000 Kindern aller Altersstufen Erfahrungen zum Farbverhalten gewonnen hat, daß sich »eine Verbalisierung des Farbbewußtseins« ausbildet, in dem der spontane Farbeindruck der jüngeren Kinder im späteren Alter von etwa zwölf bis vierzehn Jahren »hinter seiner Etikettierung an Bedeutung verliert«. Es ist sehr schwer, »den unreflektierten, spontanen Zugriff zu farbigem Ausdruck wiederzufinden.«[119]
Als bedeutsam erweist sich für die Jüngsten die Kombination »Subjektive Farbwahl und Gegenstandsfarbe« (B). Ihr abnehmender grafischer Kurvenverlauf spiegelt im Zusammenhang mit der »ausdruckshaften Farbverwendung (Ausprägung D-F), der »Gegenstandsfarbe (Ausprägung C) und den »Unbunten Gestaltungen« (Ausprägung G-I) deutlich das kognitive Entwicklungsgeschehen wider, weil mit zunehmendem Alter sowohl die subjektive Farbwahl als auch die Gegenstandsfarbe abnehmen und die anspruchsvolleren Gestaltungsweisen der Ausprägungen D bis F mit ansteigendem Alter dagegen zunehmen.

Diese Ergebnisse stehen im Widerspruch zu älteren Aussagen über das Farbverhalten im Grundschulalter. *Kurt Schwerdtfeger* sagt in seinem Buch »Bildende Kunst und Schule« (1957), daß in der Farbgestaltung im Grundschulalter sich »immer wieder« Einflüsse früher Mal- und Materialerlebnisse nachweisen lassen und daß sich in diesem Alter das phantasievolle Gestalten »in dem freizügigen Wechsel der Farbe« zeige, »die nicht an die Gegenstände der Natur gebunden ist.«[120]
Im dreizehnten Lebensjahr wird die Objektfarbe von dem allgemeinen Bedürfnis nach spezifischeren Ausdrucksmöglichkeiten des Farbgebrauchs übertroffen. Erkenntnisse der Kinder über die Abhängigkeit der Farbe von Licht und Raum, das Wissen um die Relativität der Erscheinungsfarbe sowie das Bemühen um die farbliche Umsetzung gefühlshafter Stimmungen, führen zu dem kontinuierlichen Anstieg ausdruckshafter Farben (D-F). Es ist zu vermuten, daß sich dieser Trend auch im Jugendalter weiter fortsetzt. Farben werden gemischt, Farbrichtungen verändert, reine Farben werden aufgehellt, verdunkelt, gebrochen; tonige Nuancen, Farbschattierungen und differenzierte Farbzusammenhänge spiegeln die neuen Anforderungen wider, welche Kinder und Jugendliche jetzt für ihre Bildaussagen benötigen.

Die Auswertung ergab, daß neuerworbene farbliche Darstellungsmittel das Bild nicht sofort insgesamt umgestalten, sondern daß die Mischung der älteren und der neuen Gestaltung charakteristisch ist. Die Gleichzeitigkeit von Alt und Neu läßt sich über den gesamten Untersuchungszeitraum beobachten. Zunächst dominiert eindeutig die Kombination von »Gegenstandsfarbe« und »Gegenstandsfarbe mit subjektiver Farbwahl«, zeitlich später, etwa ab dem 12. Lebensjahr, treten dann verstärkt die »Unbunte Gestaltung« sowie die Varianten der »Ausdruckshaften Farbverwendung« auf.

Zusammenfassend zeigt dieses Ergebnis, daß die ästhetische Organisation der Farbe bei den Jüngsten noch spielerisch erfolgt und ihr subjektives Erleben sich weitgehend an der Farbwirkung und noch weniger an der Farbwirklichkeit orientiert. Im weiteren Verlauf der Grundschulzeit dominiert die geplante Ausarbeitung sowie

die konkrete Bestimmung; am Ende der Kindheit stehen erste ausdruckshafte und symbolische Ordnungsbeziehungen der Farbe.
Aber die Auswertungen machen auch deutlich, daß die anspruchsvollsten Kategorien (Ausprägungen E und F), von sehr wenigen und zudem nur von den ältesten Kindern angewendet wurden. Expressive, impressive und freie malerische farbige Wirkungen der Töne ließen sich kaum ausmachen. (Dies ist sicher auch eine Folge der dominanten Filzstifte). Vergleichen wir die Querschnittsuntersuchungen über das Farbverhalten mit Längsschnittsstudien, so zeigen sich generelle Übereinstimmungen. In Einzelfällen dagegen kann die Gegenüberstellung den Befund erbringen, daß es Leistungen der Kinder gibt, die sich deutlich vom durchschnittlichen Entwicklungstrend abheben.
Max Kläger kann anhand der Bildbeispiele seiner Kinder zeigen, daß sie in der frühen Kindheit neben der Verwendung von Primärfarben bereits auch schon häufig mit ausgemischten Farben malten, die durch verschiedene andere Farben, durch Schwarz oder Weiß gebrochen waren. Tonige Übergänge ließen sich ebenso finden wie die malerische Gleichbehandlung von Figur und Grund. Die für das durchschnittliche Kinderbild so konstitutive Verhaltensweise der eindeutigen Trennung von »gemeinten« Figuren und Hintergrund, hatten die beiden Geschwister teilweise mit malerischen Mitteln aufgehoben. Es zeigt sich, daß Eltern (oder Lehrer), die selbst ein hohes Anspruchsniveau voraussetzen, durch vielfältige Gestaltungsmaterialien experimentelles Verhalten herausfordern und Kindern größere Selbständigkeit zubilligen, die bildnerischen Fähigkeiten positiv verstärken.[121]
Wir können diese Beobachtungen verallgemeinern:
Besonders begabte Kinder heben sich in ihrem Farbverhalten deutlich von der Allgemeinheit ab. Die Kinderbilder von *Nathalie T.,* welche heute nach einem Akademiestudium als freischaffende Künstlerin arbeitet, fielen sofort durch ihre durchgängige, differenzierte und nuancenreiche Farbigkeit auf. Jedes der 213 Bilder, das zwischen dem dritten und vierzehnten Lebensjahr entstanden ist, zeigt einen großen Reichtum an Farbklängen. Bereits mit fünf Jahren mischte *Nathalie* Farben und ließ sie bewußt ineinander verlaufen. Deutlich wird auch die Freude, die dieses Kind bei der farblichen Ausgestaltung empfand. Nachdem sie ihre Motive mit der reichen Farbpalette ausgestaltet hatte, malte sie sogar bei vielen Blättern weiter und gestaltete den äußeren Rand mit freien oder mit ornamentalen Farbklängen.[122]

6.9.1. *Quantitative Farbauslegung*

Im folgenden Abschnitt wird danach gefragt, wie viele Farben Kinder aus dem Spektrum farblicher Möglichkeiten verwendet haben. Diese quantitativen Aspekte enthalten qualitative Merkmale, denn die Verwendung mehrerer Farben verweist neben der Feststellung der »Farbfreudigkeit« auch auf die sorgfältige, präzise Ausarbeitung, evtl. auch auf ein intensiveres Arbeiten an Details. Dieses sind Verhaltensweisen bei der Zeichenhandlung, die für den Ausdruck des Bildes von großer Bedeutung sein können.
Die quantitative Untersuchung erbrachte folgende Ergebnisse: Die Kinder haben bei ihrer farbigen Ausgestaltung zum allergrößten Teil mehr als fünf verschiedene Farben verwendet. In Zahlen ausgedrückt stellte sich das Ergebnis bei 8 575 untersuchten Bildern so dar:

6.9.1. Quantitative Farbauslegung

4,3 % aller Kinder hatten (wie oben bereits dargestellt) ihr Bild unbunt, d. h. mit einer Farbe angefertigt;
1,6 % hatten zwei verschiedene Farben verwendet;
14,3 % aller Kinder gestalteten mit drei bis fünf Farben, aber
79,7 % hatten **mehr** als fünf verschiedene Farben verwendet.

Übertragen wir die Ergebnisse auf die Altersstruktur, so ergibt sich folgendes Bild *(vgl. Abb. 33)*

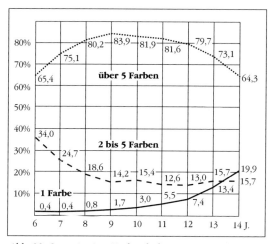

Abb. 33: *Quantitatives Farbverhalten*

Der Höhepunkt der »Farbfreudigkeit« – das zeigt der obere Kurvenverlauf – liegt im neunten, zehnten und elften Lebensjahr; der Gipfel der sich auf zwei bis fünf verschiedene Farben beschränkt, liegt bei den Sechsjährigen. Der reduzierte Farbgebrauch findet bei allen Kindern nur begrenzt Anklang (mittlerer Kurvenverlauf).
Während die Abnahme der »Farbfreudigkeit« mit dem beginnenden Jugendalter durch die Zunahme unbunter Gestaltungen eine Erklärung findet, erscheint die Tatsache überraschend, daß nicht wie zu vermuten wäre, die jüngsten Kinder die höchste Anzahl verschiedener bunter Farben verwenden, sondern erst Kinder der mittleren Kindheit.

Diese Feststellung wird gestützt durch zwei weitere Forschungsergebnisse zum quantitativen Farbverhalten. Eine Untersuchung aus dem Jahr 1967 hatte 1 200 vier- bis fünfzehnjährige Kinder aus verschiedenen Einrichtungen und Schulen in Cambridge erfaßt. Jedes Kind erhielt neun verschiedene Farbkreiden. Das vorgegebene Thema für alle Teilnehmer hieß: »Draw a cat and kittens«. Die Auswertung erbrachte zwei interessante Ergebnisse: Einmal zeigte sich, daß in allen Altersstufen bis zum elften Lebensjahr die Mädchen signifikant mehr Farben verwendeten als die Jungen, (ein Ergebnis, daß sich ebenfalls durch unsere Untersuchungen bestätigen läßt). Zweitens stellte sich heraus, daß die mögliche maximale Verwendung von neun verschiedenen Farben nicht von den jüngeren Kindern, sondern erst von den Elfjährigen für ihre Bildgestaltung eingesetzt wurden. Die Auswertung zeigte einen langsamen Anstieg vom fünften bis zum Höhepunkt im elften Lebensjahr und danach wieder einen deutlichen und raschen Abfall.[123] In einer weiteren Untersuchung über das bildnerische Verhalten von Vorschulkindern wurde festgestellt, daß vier- bis sechsjährige Kinder, die die Möglichkeit hatten, viele verschiedene Farben zu verwenden, dennoch von dieser Möglichkeit nur in einem geringen Maße Gebrauch machten. Nahezu ein Drittel der Vorschulkinder verwendete nur eine Farbe und etwa die gleiche Anzahl setzte lediglich die reduzierte Anzahl von zwei bis drei Farben ein.[124]

Alle Ergebnisse deuten darauf hin, daß die Verwendung der Farbe einem Lernprozeß unterliegt, den sich Kinder im Laufe ihrer Grundschulzeit aneignen. Sie erlangen zunehmend die Fähigkeit, die Bilder differenziert farbig zu gestalten, wobei es scheint, daß die »Farbfreudigkeit« im zehnten oder elften Lebensjahr ihren Höhepunkt findet, um in der nachfolgenden Zeit wiederum drastisch abzunehmen. Deutlich wird, daß Vorschulkinder und Schulkinder im ersten oder zweiten Schuljahr sowie mit dem beginnenden Jugendalter dagegen aus unterschiedlichen Gründen zu einer reduzierteren Farbigkeit tendieren.

Zusammenfassend verweisen (gemeinsam mit der Verwendung der Gegenstandsfarbe) diese Ergebnisse darauf, daß es einen geschlossenen gestalterischen Höhepunkt in der Kinderzeichnung gibt, der etwa den Zeitraum der mittleren Kindheit umfaßt. In dieser Phase, die wir oben auch als eine Denkhaltung »konkreter Operationen« gekennzeichnet haben, besitzen die Kinder eine größtmögliche gestalterische Sicherheit. Es ist die Zeit der erprobten Gestaltschemata, die gemeinsam mit dem Farbverhalten, in großer Übereinstimmung zwischen Wahrnehmungshaltung, Gestaltungswillen und Ausführungshandlung, zu einem in sich geschlossenen bildnerischen Handlungsablauf beitragen.

6.9.2. Geschlechtsspezifische Farbauslegung

Interessante Aspekte enthält die Untersuchung des Farbverhaltens, getrennt nach Jungen und Mädchen. In der *Abbildung 34 (s. S. 80)* werden drei Kategorien miteinander verglichen: die Verwendung der »Gegenstandsfarbe«, die Mischung aus »Subjektiver Farbwahl und Gegenstandsfarbe« sowie die »Ausdruckshafte Farbwahl«. Betrachten wir zunächst die Auslegung in der beschriebenen Form der »Gegenstandsfarbe«. Im Frequenz Polygon, *(Abb. 34, S. 80)*, ist deutlich zu sehen, daß die sechsjährigen Kinder weit auseinander liegen. Fast die Hälfte aller Mädchen verwendet in diesem Alter bereits die »Gegenstandsfarbe«, wogegen dies erst ca. ein Viertel der Jungen tun. Der weitere Verlauf der Skalen zeigt, daß die Mädchen bis zum zwölften Lebensjahr weiterhin vor den Jungen liegen und sie veranschaulichen darüber hinaus, daß sowohl bei den Mädchen als auch bei den Jungen sich der Gipfelpunkt im neunten und zehnten Lebensjahr befindet. Von diesem Zeitpunkt an ist, wiederum bei beiden Geschlechtern, ein paralleler, deutlicher Abfall zu verzeichnen. Aber vom zwölften zum dreizehnten Lebensjahr wechselt das Verhältnis: Ab diesem Zeitpunkt verwenden die Jungen die »Gegenstandsfarbe« häufiger als die Mädchen. Man kann auch sagen, sie bleiben auf dieser Stufe der Farbauslegung stehen, während die Mädchen, dies veranschaulicht der untere Kurvenverlauf der »Ausdruckshaften Farbwahl«, sich bereits in stärkerem Maße einem anspruchsvolleren Verwendungszusammenhang zugewendet haben.

Die Betrachtung der Kategorie: »Subjektive Farbwahl und Gegenstandsfarbe« bestätigt die Ergebnisse der Farbauslegung »Gegenstandsfarbe«. Der Verlauf der grafischen Kurve weist aus, daß Mädchen über den gesamten Untersuchungszeitraum von der Verwendungsform »Subjektive Farbwahl und Gegenstandsfarbe« einen geringeren Gebrauch machten als die Jungen. Legen wir der Farbverwendung zugrunde, daß die Ausprägungen eine Differenzierung nach der Art der Denkinhalte als »vooperational (Subjektive Farbwahl und Gegenstandsfarbe), »operational« (Gegenstandsfarbe) und »formal« (ausdruckshafte Farbauslegung) widerspiegeln, dann ergibt der geschlechtsspezifische Vergleich, daß Mädchen bei der Farbauslegung den Jungen überlegen sind.

6.9.2 Geschlechtsspezifische Farbauslegung

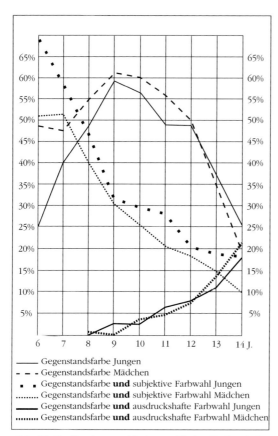

— Gegenstandsfarbe Jungen
- - - Gegenstandsfarbe Mädchen
▪ ▪ Gegenstandsfarbe **und** subjektive Farbwahl Jungen
.... Gegenstandsfarbe **und** subjektive Farbwahl Mädchen
▬▬▬ Gegenstandsfarbe **und** ausdruckshafte Farbwahl Jungen
.... Gegenstandsfarbe **und** ausdruckshafte Farbwahl Mädchen

Abb. 34: Qualitatives geschlechtsspezifisches Farbverhalten

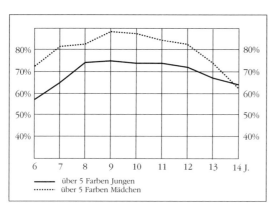

——— über 5 Farben Jungen
.... über 5 Farben Mädchen

Abb. 35: Quantitatives Farbverhalten, differenziert nach Jungen und Mädchen

Betrachten wir zum Abschluß noch einmal das quantitative Verhalten, so zeigt sich, daß auch die Tendenz zum Gebrauch vieler verschiedener Farben bei den Jungen schwächer ausgeprägt ist als bei den Mädchen. Zwischen dem sechsten und dreizehnten Lebensjahr läßt sich eindeutig der reicher differenzierte farbliche Ausdruck in den Bildern der Mädchen nachweisen *(vgl. Abb. 35)*. Erst mit dem beginnenden Jugendalter gleichen sich die Verhaltensweisen einander an.

Diese Feststellungen stimmen mit Untersuchungen von Vorschul- und Schulkindern überein, die besagen, daß Mädchen generell mehr Farben verwenden und zu tendenziell differenzierteren Bildgestaltungen neigen als Jungen.[125]

Faßt man die Ergebnisse aus dem Kapitel: »Wahl der Ausdrucksmittel« und die hier vorliegenden Feststellungen zur Farbauslegung zusammen, so zeigen sich sowohl vom Angebot, als auch vom Verwendungszusammenhang her deutliche Defizite, die den malerischen Bereich betreffen. Der freie, malerische und experimentelle Umgang mit der Farbe stellt leider eine Ausnahmeerscheinung dar und ist in den Kinderbildern der gegenwärtigen Generation selten anzutreffen. Aber unter fachdidaktischen Gesichtspunkten sollte man gerade in der Grundschulzeit, in der das Kind aufgrund seines konkreten Bezuges zum erlebnis-gebundenen gestalterischen Verhalten neigt, zu experimentellem Arbeiten anregen. Anzustreben wäre dabei ein Wechsel von Bindung und Freiheit durch Aufgaben, die das freie malerische Gestalten betonen und die Umsetzung subjektiver Empfindungen zulassen. Nur durch den **Wechsel** ästhetischer Verhaltensweisen, der einmal das Gefühlshafte und ein anderes Mal das Intentionale betont, kann das präsentative Denken gefördert und erweitert werden.

6.10. Text und Bild

Bild und Schrift besitzen zwar verwandte Aspekte des Darstellens und Beschreibens, aber diese sind nicht identisch. Schrift und Bild sind gleichermaßen Symbole bzw. Zeichen. Ihr kleinster gemeinsamer Nenner besteht in der Tatsache, daß Schrift und Bild für etwas stehen, über das man mit Hilfe von Schrift oder Bild kommuniziert.[126]

Die schriftlichen Zeichen haben gegenüber den Bildzeichen einen allgemeinen Charakter, besitzen konventionell-festgelegte Bedeutungen, werden zu logischen Einheiten verbunden und lassen Definitionen und Übersetzungen zu. Auch visuelle Formen sind der komplexen Artikulation fähig wie Wörter. Aber die präsentative Form, die einige Ähnlichkeit mit dem Bezeichneten aufweisen kann, stellt **konkrete Dinge** dar – Linien, Proportionen, Farben; sie sind nicht in der Lage, das Allgemeine durch festgelegte Konventionen zu vermitteln, sondern sprechen zunächst unmittelbar zu den Sinnen.[127] Mit der Untersuchung der Textverwendung im Kinderbild werden Grundfragen der Beschreibung von Text- und Bildkommunikation angesprochen. Die traditionelle gestalorientierte Fachauffassung hatte dem Sprachtext im Gegensatz zum Bildtext wenig Bedeutung zugemessen, ja sie hatte in Kinderbilduntersuchungen die Anwendung von Texten im visuellen System ignoriert.

Jedoch belegt die Tatsache, daß von 8604 untersuchten Kinderbildern mehr als jedes zweite Bild (54,4 Prozent) Schriftzeichen enthielt, daß man diese Verhaltensweise nicht außer acht lassen kann. Kinder verwenden heute beide Repräsentationsformen mit großer Selbstverständlichkeit. Die Veränderung des kommunikativen Handlungsspielraumes kann folglich nicht nur aus der Perspektive bildlicher, sondern muß ebenso aus der Perspektive verbaler, insbesondere schriftlicher Kommunikation gesehen werden.

Das Bilderbuch, der Comic, aber auch das Plakat und der Film verwenden die Integration von Schrift und Bild und regen Kinder bereits im Vorschulalter an, diese in ihr eigenes Bild aufzunehmen.

In der Schule wird der schriftliche Ausdruck weit mehr gefördert als der bildliche und so ist anzunehmen, daß mit ansteigendem Alter auch die Verwendung von Texten im Bild zunimmt. Fragen wir, *(vgl. Abb. 36, S. 82)* in welchem Alter Kinder die Schrift in ihrem Bild verwenden, so zeigt sich sehr deutlich, daß die Jüngsten weitgehend auf Texte verzichten, während bei den Älteren, ab dem 10. Lebensjahr, weit über die Hälfte und ab dem 11. Lebensjahr ungefähr zwei Drittel einen Text in ihr Bild aufgenommen haben.

6.10. Text und Bild

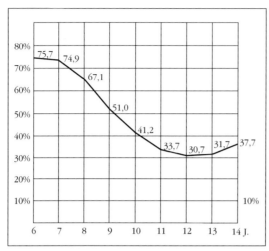

Abb. 36: *Bilder ohne Texte und ohne schriftliche Erläuterungen*

Für die geringere Textverwendung der Sechs- bis Achtjährigen spielt neben der noch unvollkommeneren Beherrschung der Schrift auch die geistige Verfassung des »kindlichen Weltbildes« eine bedeutsame Rolle. Eine konkrete, anschauliche Denkhaltung und kindlicher Egozentrismus bewirken, daß es die Verständernishaltung des Gegenübers noch nicht in demselben Maße in seine Bildaussage einbezieht wie das ältere Schulkind. Hinzu tritt beim jüngeren Kind noch die starke suggestive Wirkungsweise des Visiblen, eine Wirkungsweise, die dem Bild eine viel größere Macht und einen Wahrheitswert zumißt, als im fortgeschritteneren Schulkindalter. Die Entwicklungspsychologie unterscheidet bei der Entwicklung des begrifflichen Denkens zwischen der handlungsmäßigen oder aktionalen, der bildhaft oder ikonischen und der symbolisch meist sprachlichen Repräsentation. Im Laufe der frühkindlichen Entwicklung überlagert die ikonische Repräsentation die handlungsmäßige und im weiteren Verlauf dominiert die sprachlich-symbolische Repräsentation.

Hat das Kind dieses letzte Stadium erreicht, kann es die Welt symbolisch, d.h. weitgehend »handlungs- und bildfrei« repräsentieren. Die Dominanz bildhaft-anschaulicher Denkweisen bestimmt auch noch in der Grundschule das Lernen. So zeigt sich beispielsweise die Dominanz der bildhaften Repräsentation beim Finden von Oberbegriffen oder von Klassifikationsregeln. Vorschulkinder antworten vorzugsweise auf die Aufforderung, ein langes Wort zu nennen, mit Beispielen wie: »Zug«, »Straße« oder »Seil«.[128] Das Kind denkt ikonisch und hält häufig die Handlung seiner bildhaften Repräsentation für die Realität; das Vorherrschen konkreter, anschaulicher Bilder anstelle von abstrakten Begriffen ist ein wesentliches Merkmal im Denken von Kindern.

Die Daten des Text-Bild-Verhaltens bestätigen diese Aussagen der Entwicklungspsychologie. Es lassen sich hier noch einmal der bereits schon mehrfach erwähnte starke Bildbezug *(Hans Meyers* spricht in diesem Zusammenhang vom »bildermächtigen Alter«) und die spätere symbolisch-schriftliche Erweiterung der kommunikativen Handlungen feststellen. In dem Maße, in dem die »Macht« des Bildes abnimmt, steigt die Textverwendung an.

Im ganzen geht es den Kindern bei der Einbeziehung von Bild und Text um den gemeinsamen kommunikativen Zweck, den illokutionären Akt, kurz: um die Erweiterung des präsentativen Handlungsspielraumes. Das Erweiterungsbedürfnis ist abhängig von den situativen Bedingungen und der erreichten Kompetenz, deren Form nur in jedem einzelnen Fall geklärt werden kann. Parallel zu den Ergebnissen der Verwendung von Zeichenhilfen zeigen auch die Ergebnisse zur Textverwendung im Bild den zunehmenden Handlungsbedarf mit ansteigendem Alter, und damit einhergehend, ein abnehmendes Vertrauen in die eigene und alleinige Kraft der Bildzeichen. Auch hieran zeigt sich, daß das bildnerische Denken ontogenetisch und phylogenetisch dem logisch-verbalen Denken vorausgeht oder wie *Sigmund Freud* sagte: Das visuelle Denken nähert sich dem unbewußten Vorgang mehr als das verbale Denken, es ist älter als dieses.

6.11. Darstellung des Menschen

Die menschliche Gestalt stellt für das Kind einen sehr vertrauten und häufig gezeichneten Gegenstand dar. Von der Gesamtgestalt her gesehen, steht der Rumpf als gestaltmäßig prägnanter aber unspezifischer Körperteil zwischen den Gliedmaßen und dem Kopf. Zumeist wird er dargestellt als unbeweglicher Träger. Seiner figuralen Statik stehen Kopf, Hals und Gliedmaßen als die »beweglicheren« Teile gegenüber. Gerade die Wendemöglichkeiten des Kopfes und die vielfach möglichen Stellungen von Armen, Beinen, Füßen, Händen sowie von Knie- und Ellbogengelenken, bilden die variablen Punkte, bei denen am ehesten Formdifferenzierungen auszuführen und zu erkennen sind.

Im Gegensatz zu den gestischen Bewegungsformen treten die mimischen Ausdruckszeichen relativ spät in Erscheinung und sie beziehen sich dann zumeist auf Variationen des Mundschemas. In den ersten Jahren der Grundschulzeit bleibt die Mimik selbst bei handlungsentscheidenden Problemen unabhängig vom Inhalt. So zeigen die Bilder der Sechs- bis Achtjährigen bei bedrückenden Verkehrsproblemen oder Krankenhausszenen weiterhin das »lachende« oder »heitere« Mundschema der Menschen.

Es ist zentrale Untersuchungsabsicht festzustellen, ob und inwieweit das Kind in der Lage ist, von den einfachen, additiven Formelementen aus Gliedstrichen, Rund- und Rechteckfiguren zu einer linearkonturierten Gestalt zu gelangen. Dabei kommt es nicht so sehr auf die Merkmalsvielfalt an, sondern auf den Veränderungsprozeß, der an der Einzelfigur vorgenommen wird. Untersucht[129)] werden die Fragen:

❏ Wie verändern sich die Formintentionen in der mittleren Kindheit und im beginnenden Jugendalter?
❏ Können für diese Altersabschnitte Phasen einer kontinuierlichen Entwicklung, die vom »Strichbildner« bis zum »naturnahen Menschenbild« verläuft, ausgemacht werden?
❏ Endet in diesem Zeitabschnitt das genetisch frühere Schemabild?

Aus dem Untersuchungsbestand der 34 623 Bilder des Mal- und Zeichenwettbewerbs »Wie wir Kinder heute leben«, wurden zufällig 8 604 Bilder ausgewählt. Zunächst wurde überprüft, wie viele Bilder überhaupt eine Darstellung des Menschen enthielten, gleichgültig ob auf dem Bild eine oder mehrere Personen abgebildet waren. Es stellte sich heraus, daß auf 6 201 Bildern, dies entspricht einem bedeutenden Prozentanteil von 72,1 Prozent, Menschen dargestellt worden waren. Er ist zu erklären mit der bereits erwähnten Tatsache, daß die menschliche Gestalt zu den beliebtesten Zeichengegenständen der Kinder gehört. In unserem Fall verstärkt sich noch die Motivation, Personen darzustellen, da der Aufgabentext: »Wie wir Kinder...« implizit zum Zeichnen von Menschen herausforderte.

6.11. Darstellung des Menschen

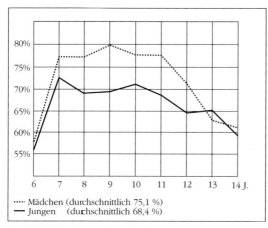

Abb. 37: Darstellung des Menschen

Das Frequenz-Polygon *(Abb. 37)* spiegelt die altersspezifische Verteilung der Menschendarstellungen wider, getrennt nach Jungen und Mädchen. Der Kurvenverlauf zeigt eine symmetrische Verteilung an, deren Modalwerte zwischen dem siebten und elften Lebensjahr liegen. Aus dem Polygonzug wird ferner ersichtlich, daß Mädchen (arithmetisches Mittel 75,1 Prozent) deutlich häufiger Personen in ihre Bildaussage einbezogen haben als Jungen (arithmetisches Mittel 68,4 Prozent). Damit bestätigen sich geschlechtsspezifische Aussagen, die Mädchen als personenorientiert, gefühlshaft und naturnah-, die Jungen dagegen als nüchtern, sachlich und gegenständlich orientiert ausweisen *(vgl. Kapitel 7.8)*. Neben dieser inhaltlich bedeutsamen Differenz zeigen die beiden Kurvenverläufe einen nahezu parallelen Verlauf: Zwischen dem siebten und dem elften Lebensjahr, also dem zeitlichen Rahmen, der die Grundschulzeit umfaßt, wurden am häufigsten Personen dargestellt. Zwischen den Geschlechtern gab es dabei nur eine kleinere Verschiebung, denn bei den Mädchen lag der Höhepunkt zwischen dem siebten und elften und bei den Jungen zwischen dem siebten und zehnten Lebensjahr.

Bedeutsam erscheint weiterhin der drastische Rückgang von Menschdarstellungen bei Jungen und Mädchen ab dem zehnten bzw. dem elften Lebensjahr. Inhaltliche Gründe können nicht die Ursache sein, da die Aufgabenstellung für alle Altersstufen gleichermaßen gültig war. Es bleibt die Vermutung, daß mit dem Ende der mittleren Kindheit und des Übergangs zur Phase formaler Operationen sowie mit den starken körperlichen Veränderungen, die bisherigen »kindlichen« Gestaltschemata zunehmend kritisch gesehen werden und Kinder dem schwierigen Gestaltfindungsprozeß der Menschdarstellung gern ausweichen.

Nun gibt es in jedem Bild ein Bedeutungs- und ein Darstellungsgefälle, dem auch der Ausführungsmodus (Sorgfalt, Größe usw.) von Einzelzeichen unterliegt. Dieses Problem bei der empirischen Bestimmung der Menschdarstellung stellte sich dort bei den Bildern, auf denen zwar Personen abgebildet waren, welche aber aufgrund verschiedener Ursachen, sie mögen mit dem Ausführungsmodus oder mit dem Inhalt zusammenhängen, so kleinformatig oder so flüchtig gezeichnet worden waren, daß eine eingehende Bestimmung nicht möglich oder sinnvoll erschien. In diesen Fällen wurde auf eine morphologische Einordnung verzichtet. Dieses betraf 14 Prozent (1 205 Bilder) der Bilder mit Personendarstellungen.

Betrachten wir diesen Aspekt der »Unbestimmbarkeit« von Figuren aufgrund der geringen Größe, der geringen Sorgfalt oder auf Grund der mangelnden Bedeutung wiederum unter altersspezifischen und geschlechtsspezifischen Aspekten, so zeigt sich auch hier ein signifikantes Verhalten. Der Anteil der »Unbestimmbarkeit« lag bei den

6.11.1. Entwicklung der menschlichen Gestalt; Querschnittuntersuchung

Jungen mit 17,6 Prozent höher als der Anteil bei den Mädchen mit 11 Prozent. D. h., die Mädchen haben ihre Personen insgesamt sehr viel eindeutiger geformt und ausgestaltet, während die Jungen ihre Figuren häufig so weit formal reduzierten, daß in diesen Bildern nur noch schwer erkennbare Formen oder einfache grafische Kürzel für den Inhalt »Mensch« standen. Die nachfolgende Tabelle *(Tab. 6)* gibt daher auch einen Einblick einerseits in den Grad der Sorgfalt bei der Ausführung und andererseits zeigt sie Tendenzen perseverativer Formenverhaltensweisen an.

Alter Jahre	Bild ohne Menschen	Bestimmung nicht möglich	davon Jungen	davon Mädchen
6	43,0 %	12,9 %	18,3 %	7,6 %
7	25,1 %	9,7 %	12,0 %	7,6 %
8	26,6 %	11,8 %	15,0 %	9,1 %
9	24,9 %	15,4 %	19,1 %	12,3 %
10	25,4 %	13,9 %	17,2 %	10,9 %
11	26,1 %	14,8 %	19,2 %	11,4 %
12	30,9 %	15,6 %	20,2 %	12,2 %
13	35,4 %	14,6 %	16,4 %	13,2 %
14	39,5 %	13,0 %	18,7 %	7,4 %
Durchschnitt	27,9 %	14,0 %	17,6 %	11,0 %

Tab. 6: Menschendarstellung ohne morphologische Einordnung

6.11.1. Entwicklung der menschlichen Gestalt, Querschnittuntersuchung

Vergleichen wir nun die wichtigsten Einzelergebnisse im Rahmen der festgelegten Grundtypen unseres idealtypischen Modells *(Abb. 38, S. 86)*:
Die früheste Form der Menschdarstellung zeigte sich in der reduzierten Form des »Kopffüßlers«, bei dem noch der Kopf für das Ganze von Kopf und Rumpf steht. Das Ergebnis der Auswertung *(s. Abb. 39, Ausprägung 1, S. 87)* läßt die Feststellung zu, daß sein Verwendungszusammenhang für die heutige Generation der Kinder selbst im ersten Schuljahr fast ausgeschlossen bleibt. Die Kontrolle über die Zeichen und der Differenzierungsgrad sind soweit fortgeschritten, daß die vorschematische organische Unbestimmtheit von den Kindern abgelegt wurde und die menschliche Figur aus konstanten, bereits überdauernden Merkmalen besteht. Es bleibt bei dieser und den nachfolgenden Aussagen allerdings immer zu beachten, daß sie nur für unser Untersuchungsgut, das nahezu vollständig aus Regelschulen stammt und die damit verbundene Lebensumwelt zutreffend sind. Sie können nicht für Lernbehinderte oder Kinder aus Entwicklungsländern gelten, die ohne bildnerische Sozialisation aufwachsen mußten.
Mit der Ausprägung 2 beginnt die Vollform der Schemabildung, die in Kopf-Rumpf-Beine-Kontur gegliedert ist. Dabei wurden die Ausprägungen 2 bis 5, im Unterschied zu allen nachfolgenden, nach »linearen« Elementen untersucht. Für *Kurt Schwerdtfeger*, dessen Buch »Bildende Kunst und Schule« in den sechziger Jahren zu den Standardwerken gehörte, bildete die Unterscheidung zwischen »Strich«- und »Flächenbildner« noch ein entscheidendes Merkmal, Phasen der zeichnerischen Gestaltung während der Grundschulzeit zu trennen.[130] Betrachten wir die Ergebnisse der Aus-

6.11.1. Entwicklung der menschlichen Gestalt; Querschnittuntersuchung

 1	Kopffüßler
 2 3 4 5	Gliedmaßen als Striche (Ärme und/oderBeine)
 6 7 8 9	Übergroßer Kopf (über ein Drittel der Gesamtgestalt)
 10 11 12 13	Größtmögliche Richtungsunterscheidung, rechter Winkel, symmetrisch bzw. parallel ausgerichtet.
 14 15 16 17	Gliedmaßen unterschiedlich gewinkelt, symmetrisch bzw. parallel ausgerichtet.
 18 19 20 21 22 23	Gliedmaßen unterschiedlich gewinkelt, aber ungleich, nicht symmetrisch ausgerichtet.
 24 25 26 27	Richtungsveränderungen innerhalb der Glieder
 28 29  30	28: Übergänge vom Schemaaufbau zum linearen Bewegungszusammenhang 29: Linearer Bewegungszusammenhang mit Verkürzungen, Tiefe etc. 30: Naturalistisch abgebildete Gestalt, richtige Proportionen, Schatten etc.

Abb. 38: Hypothetische Reihenfolge der Menschdarstellung für Kinder zwischen dem sechsten und vierzehnten Lebensjahr.

prägungen 2 bis 5, also Fälle, in denen der Einzelstrich dem Kind für die voluminöse Ausdehnung ausreicht, so spielen, das beweisen die Durchschnittswerte von 0,6, 0,2, 0,7 und 0,4 Prozent, diese Ausprägungen für das Grundschulkind nur eine geringe Rolle. D.h., sieht man die Tabelle unter Alterswerten, zeigt die Ausprägung 2 bei den Sechs- und Siebenjährigen noch einen gewissen Einfluß. Auch die »Vollständigkeit« ist bei diesem Typus (»Strichbildner«) im sechsten und siebten Lebensjahr noch nicht selbstverständlich. Bei den »unvollständig« gezeichneten Gestalten kann der Grund dafür im Darstellung- oder Bedeutungsgefälle liegen, es kann sich aber auch hier noch ein charakteristisches Darstellungsmerkmal des voroperativen Denkens zeigen: das »Pars-pro-toto-Prinzip«, bei dem »ein Teil« für »das Ganze« als ausreichend erscheint. Interessant erscheint bei dem Typus des »Strichbildners«, daß diese reduzierte Gestalt

6.11.1. Entwicklung der menschlichen Gestalt; Querschnittuntersuchung

	Alter						
1 Kopffüßler	Jahre	Ausprägung:	1	2	3	4	5
2 Mensch mit Rumpf, Gliedmaßen als Striche, unvollständig (z.B. Arme, Beine, Hände, Füße, Gesicht o.ä. fehlen), en face	6			1,5%	5,7%	1,5%	2,7%	1,1%
	7		0,2%	3,2%	0,8%	4,3%	0,8%
	8		–	0,8%	0,3%	1,5%	0,9%
3 wie 2, aber Profil	9		–	0,4%	0,1%	0,4%	0,5%
4 Mensch mit Rumpf, Gliedmaßen als Striche, vollständig, en face	10		–	0,4%	–	0,5%	0,2%
	11		0,1%	0,1%	0,1%	0,1%	0,2%
	12		–	–	–	–	0,1%
5 wie 4, aber Profil	13		–	–	–	–	0,2%
	14		–	–	–	–	–
Abb. 39	Durchschnitt		0,1%	0,6%	0,2%	0,7%	0,4%

von Mädchen signifikant geringer gezeichnet wurde als von Jungen. Im Ergebnis zeigte sich dieses in der Form, daß die Ausprägungen 2 bis 5 mehr als viermal so häufig bei Jungen auftraten, als bei Mädchen. Bei der Überprüfung, ob sich diese geschlechtsspezifische Tendenz auch bei allen nachfolgend dargestellten morphologischen Ausprägungen fortsetzt, ergab sich folgendes: Bei allen späteren Vollformen, den stärker bewegten, den organischer bestimmten und konturierten Figuren, waren beide Geschlechter gleich häufig vertreten, wenn es aber zu unterschiedlichen Ergebnissen kam, so waren die Mädchen den Jungen »überlegen«.

Schauen wir uns schließlich noch an, ob die Kinder, die diese Darstellungsformen der Ausprägungen 2 bis 5 wählten, ihre Gestalt en face oder im Profil gezeichnet haben. Als Profildarstellungen wurden alle Gestalten eingeordnet, die eine seitliche Abwendung versuchten, auch wenn es zu »charakteristischen« Mischformen kam und die Profilwendung nur aus der bildlichen Gesamtsituation erschließbar war. Die Zahlen belegen eine eindeutige Dominanz der en face-Darstellungen. Dies war aufgrund der Vorlaufuntersuchungen zu erwarten, da die frontale Ansicht in der Entwicklung früher auftritt und das Profil wegen seiner komplizierten Gliederung und wegen der unsymmetrischen Anordnung schwieriger zu gestalten ist.

	Alter					
6 Unvollständige Gestalt (Hals, Arme, Hände etc. fehlen) **Kopf ist übergroß,** er beträgt 1/2 oder 1/3 der Gesamtgestalt	Jahre	Ausprägung:	6	7	8	9
	6		4,6%	0,4%	6,5%	1,9%
	7		4,7%	0,6%	8,9%	1,0%
7 wie 6, aber Profil	8		1,7%	0,8%	3,2%	1,8%
8 Vollständige Gestalt **Kopf ist übergroß,** er beträgt 1/2 oder 1/3 der Gesamtgestalt	9		0,4%	1,0%	1,1%	1,1%
	10		0,5%	0,4%	0,3%	1,1%
	11		0,1%	0,4%	0,4%	0,6%
	12		0,1%	–	0,6%	0,1%
9 wie 8, aber Profil	13		0,2%	–	0,2%	0,2%
	14		–	–	–	0,5%
Abb. 40	Durchschnitt		0,6%	0,2%	0,7%	0,4%

6.11.1. Entwicklung der menschlichen Gestalt; Querschnittuntersuchung

Bei der nächsten Gruppe der Menschdarstellungen, Ausprägungen 6 bis 9 *(vgl. Abb. 40)*, handelt es sich um die »Flächenbildner«. Sie zeichnen sich durch zwei Merkmale aus: Erstens, alle Formen erhalten jetzt durchgehend Ausdehnungsqualitäten durch nebeneinandergesetzte Richtungsstriche; zweitens, erhalten die Figuren einen übergroßen Kopf. Für die Zuordnung wurde festgelegt, daß die Größe des Kopfes die Hälfte oder mindestens ein Drittel der Größe der Gesamtgestalt betragen muß und daß Darstellungen, die Teile der Gestalt als Striche enthielten, zur Kategorie »Unvollständig« gezählt wurden. Für die Darstellungsform des »übergroßen Kopfes« gab es in der einschlägigen Fachliteratur noch keine Hinweise. Doch tauchte dieser Gestalttypus in den Vorlaufuntersuchungen *(vgl. Anm. 129)* immer wieder auf, so daß er als eigenständige Ausprägung mit aufgenommen wurde. Die Ergebnisse zeigen, daß es notwendig war, diese Figur allein zu bestimmen, denn immerhin hatten 13,4 Prozent aller Sechsjährigen, 15,2 Prozent aller Siebenjährigen und 7,5 Prozent aller Achtjährigen diese Gestalt gezeichnet. Ab dem neunten Lebensjahr nimmt die Häufigkeit allerdings sehr stark ab und spielt in den Bildern der älteren Kinder keine Rolle mehr. Die geringe Neigung zum Profil und die eigentliche Bestimmung, der überdimensionierte Kopf, der noch rudimentäre Züge des »Kopffüßlers« enthält, sowie die ausgewiesenen Daten, weisen dieser Variante einen Platz in der morphologischen Entwicklungsreihe zu. Sein Anteil liegt bei den Grundschulkindern ungleich höher als der zuvor beschriebene »Strichbildner«.

Den Ausprägungen 10 bis 13 *(Abb. 41)* wurden schematische Formen einer bestimmten strukturellen Charakteristik zugrundegelegt, die in der formalen »größtmöglichen Richtungsunterscheidung« besteht.

Häufig werden die Arme als ein doppelliniges griechisches, also gleichschenkliges Kreuz oder unter Verwendung der Form eines lateinischen Kreuzes dargestellt. Bei der Verwendung des lateinischen Kreuzes ist der Grad der Naturtreue etwas größer, weil die Arme nicht mehr in der Mitte, sondern höher am Rumpf angebracht sind. Diese Variante ist in der Kinderzeichnungsforschung wohl bekannt, und sie bildete in der »Theorie der Bildenden Kunst« von *Gustav Britsch* und *Egon Kronmann* einen wichtigen Baustein. Auch für *Günther Mühles* Entwicklungspsychologie des zeichnerischen Gestaltens spielt die gleichsinnige Bezeichnung des rechten Winkels

10 **Un**vollständiges Flächenbild (Hals, Arme, Hände etc. fehlen) Kopf ist kleiner als 1/3 der Gesamtgestalt additiv, starr, R.-Prinzip, größtmögl. Richtungsunterscheidung ohne Überdeckung/Überschneidung, en face Gliedmaßen parallel bzw. symmetrisch ausgerichtet
11 wie oben Profil
12 **Voll**ständiges Flächenbild Kopf ist kleiner als 1/3 der Gesamtgestalt additiv, Starr, R.-Prizip, größtmögl. Richtungsunterscheidung ohne Ü./Ü. en face, Gliedmaßen parallel bzw. symmetrisch ausgerichtet.
13 w.o.Profil

Alter					
Jahre	Ausprägung:	10	11	12	13
6		1,9%	0,8%	3,4%	1,1%
7		2,4%	1,6%	5,7%	2,6%
8		1,6%	1,2%	3,8%	3,0%
9		1,3%	1,0%	2,2%	2,5%
10		0,8%	0,7%	1,7%	2,0%
11		0,6%	0,7%	1,5%	2,0%
12		0,2%	0,2%	0,9%	1,1%
13		–	0,5%	0,9%	1,7%
14		0,9%	0,5%	0,5%	–
Durchschnitt		0,9%	0,8%	2,1%	2,0%

Abb. 41

6.11.1. Entwicklung der menschlichen Gestalt; Querschnittuntersuchung

als Norm, das »R- Prinzip«, eine bedeutsame Rolle. Nach der *Britsch-Kornmann*-Theorie gibt es eine bestimmte Folge-Richtigkeit mit einer sich erweiternden Form-Aussage. Sechsjährige zeichnen danach mit der größtmöglichen Richtungsunterscheidung, Acht- bis Zwölfjährige benutzen das Winkelprinzip.[131] Auch *Mühle* führt aus, daß Kinder zuerst den rechten Winkel von 45 Grad und weiterhin die Winkel von 30 bis 60 Grad als charakteristische Orientierungsfiguren, als »Bezugsnormen« erleben und in ihren Bildern verwenden. Die prägnante Normgestalt des rechten Winkels stellt die ursprüngliche Form dar, die sich zunächst auch gegenüber neu hinzutretenden differenzierten Richtungen behauptet.[132]

Welche Ergebnisse zeigt die Auswertung? Zunächst einmal ergibt sich aus den Durchschnittswerten, daß dieser Gestalttypus mit dem »Winkel« oder »R-Prinzip« mit 5,7 Prozent einen bedeutsamen Anteil einnimmt. Deutlich wird der Alterstrend, der diese Gestalt als Formausprägung der jüngeren Kinder ausweist. Mit 5,7 Prozent lag die Ausprägung 12, das Vollständige Flächenbild, en face, am höchsten. Je älter die Kinder werden, um so mehr nimmt diese Grundfigur zahlenmäßig ab.

Mit dieser Grundgestalt (Ausprägung 10 bis 13) zeigen sich die Merkmale des konkreten Denkens in der Zeichnung. Das Grundschema ist entwickelt und wird sicher beherrscht. Die Werte der noch unvollständig gezeichneten Gestalten liegen nun, im Gegensatz zu den zuvor betrachteten Varianten, deutlich unter den vollständig dargestellten Menschen und die Profilwendung erreicht fast die Häufigkeit der en face-Darstellungen. Auch die unvollständig gezeichneten Figuren nehmen im Verhältnis zu den vollständigen weiter ab. Merkmale frühkindlicher Einflüsse, wie die Genügsamkeit des Striches für Ausdehnung und Richtung sowie der überproportionale Kopf wurden aufgegeben. Es gibt jetzt und in den nachfolgenden Varianten eine additive Form des Aufbaus, bei der die einzelnen Figurationen nach ähnlich ordnenden Prinzipien gezeichnet werden.

Der nachfolgend in der *Abb. 42* beschriebene Haupttypus besitzt als allgemeinstes Merkmal eine Winkelstellung der Arme und/oder der Beine. Morphologisch gesehen, kommt es nun zu einer immer weiteren Auflockerung der orthogonalen »Steifheit«. Bei der in der Ausprägung 14 bis 17 beschriebenen Gestalt werden Arme bzw. die Beine gewinkelt – allerdings noch achssymmetrisch angeordnet bei der en face-Darstellung und parallel ausgerichtet bei der Seitenansicht.

14 **Un**vollständiges Flächenbild
 Kopf kleiner als 1/3 der Gesamtgestalt; additiv, starr; Richtungsunterscheidung Winkelprinzip, symmetrische bzw. parallele Ausrichtung, ohne Ü/Ü, en face

15 wie oben Profil

16 wie 14, aber **Voll**ständig

17 wie 16, aber Profil

Abb. 42

Alter					
Jahre	Ausprägung:	14	15	16	17
6		1,9%	1,1%	4,6%	2,3%
7		2,2%	1,4%	13,0%	5,7%
8		3,0%	2,8%	14,7%	9,8%
9		2,8%	2,3%	11,9%	13,3%
10		2,9%	1,4%	10,2%	13,5%
11		1,6%	1,4%	7,9%	12,8%
12		0,6%	1,6%	4,8%	8,1%
13		1,1%	0,5%	4,7%	5,3%
14		0,9%	0,5%	4,2%	5,6%
Durchschnitt		2,1%	1,6%	9,4%	10,6%

6.11.1. Entwicklung der menschlichen Gestalt; Querschnittuntersuchung

Wie die Zahlen ausweisen, ist der Gestalttypus der Ausprägungen 16 und 17 die von Kindern am häufigsten verwendete Menschendarstellung. Zählt man Ausprägung 16 und 17 zusammen, so wurde insgesamt jede fünfte Personendarstellung nach dieser morphologischen Bestimmung gezeichnet. Charakteristisch ist, daß zunächst bei den Sieben-, und Achtjährigen die en face-Darstellungen dominieren und dann von den Profildarstellungen in der mittleren Kindheit abgelöst werden. Diese Zahlen bestätigen ferner, daß das Schema so »beweglich« geworden ist, daß die Profilwendung für die Kinder, die diesen Typus zugrundegelegt hatten, kein Problem mehr darstellt. Die Daten der Rubriken »Un-« bzw. »Vollständigkeit« geben an, daß Auslassungen fast schon eine Ausnahme bilden. Im Vergleich zu den eben besprochenen figuralen Ausprägungen werden die nachfolgend beschriebenen Schemata der Kinder zunehmend beweglicher. Der Formbestand der Ausprägungen 18 bis 21 *(vgl. Abb. 43)* erweitert sich durch die Veränderung im Zueinander der Glieder. Die symmetrische, bzw. die parallele Ausrichtung der Glieder wird abgelöst durch unterschiedlich gerichtete Arme bzw. Beine. Diese Gestalten erlauben neue Bewegungs- und Beziehungszusammenhänge im Bildgeschehen. Verbunden mit der größeren Bewegungscharakteristik ist eine erweiterte präsentative Kommunikationsform.

18 **Un**vollständiges Flächenbild
Kopf kleiner als 1/3 der Gesamtgestalt; additiv, starr; Arme/Beine unterschiedlich gerichtet, ohne Ü/Ü, en face

19 wie oben Profil

20 wie 18, aber **Voll**ständig

21 wie 20, aber Profil

Abb. 43

Alter Jahre	Ausprägung: 18	19	20	21
6	–	–	–	–
7	0,2%	–	1,0%	0,8%
8	0,8%	0,5%	1,7%	1,9%
9	1,3%	0,8%	1,7%	2,5%
10	0,9%	0,5%	2,3%	3,2%
11	0,4%	0,7%	1,4%	2,7%
12	0,4%	0,2%	0,7%	3,0%
13	0,6%	0,2%	0,5%	1,4%
14	0,5%	–	–	0,5%
Durchschnitt	0,7%	0,5%	1,4%	2,4%

Insgesamt tritt interessanterweise die morphologische Variante der ungleich gerichteten Glieder erheblich seltener in der Kinderzeichnung auf, als die symmetrisch angeordneten Gliedmaßen. D.h., häufig erscheinen dem Kind gleichgewichtig ausgerichtete Figurationen als ausreichend. In diesem Fall könnten pädagogische Anregungen zur Erweiterung durchaus hilfreich sein.
Die »unvollständig« gezeichneten Gestalten sind bei diesem Grundtypus nur noch in einem geringen Maße vertreten, und auch die Profilwendung wird zumeist beherrscht. Die höchste Prozentzahl ließ sich bei den Profildarstellungen der Zehnjährigen mit 3,2 Prozent ausmachen.
Die nachfolgende Ausprägung: (22 und 23, vgl. Abb. 44) entspricht demselben Grundtypus wie dem soeben beschriebenen. Allerdings wurde jetzt die Gestalt daraufhin untersucht, ob bereits räumliche Beziehungen auftreten. Es interessierte der Gesichtspunkt, ob in der Gestalt das Davor- und das Dahinter geklärt ist; also die Überdeckung bzw. die Überschneidung vom Kind beherrscht wird.

6.11.1. Entwicklung der menschlichen Gestalt; Querschnittuntersuchung

22 **Voll**ständiges Flächenbild, Kopf kleiner als 1/3 der Gesamtgestalt; additiv, starr; Arme/Beine unterschiedlich gerichtet, mit Überdeckung/Überschneidung en face

23 wie Oben Profil

Alter			
Jahre	Ausprägung:	22	23
6		–	–
7		–	–
8		0,2%	0,5%
9		0,1%	1,6%
10		0,4%	1,8%
11		0,7%	2,3%
12		0,4%	2,7%
13		0,6%	1,7%
14		1,9%	3,3%
Durchschnitt		0,4%	1,7%

Abb. 44

Die Ergebnisse lassen eine recht klare altersspezifische Aussage zu: während die Sechs- und Siebenjährigen bei dieser Ausprägung noch gar nicht vertreten sind, nimmt der Anteil dieser Gestalten mit steigendem Alter stetig zu und erreicht bei der En-face- wie bei der Profildarstellung seine höchsten Werte bei den Vierzehnjährigen. Dieses war auch zu erwarten, denn neben der größeren Beweglichkeit, die schon bei den vorhergehenden Grundtypen gefordert war, tritt nun eine größere Komplexität hinzu, weil das Davor und das Dahinter der Gliedmaßen klare räumliche Unterscheidungen fordert. Aus dem statischen Nebeneinander wird ein dynamisches Zu- und Miteinander der morphologischen Gestalt. Die Seitenansicht dominiert nun, weil mit ihr die Personen leichter in die Handlung einbezogen werden können und die Interaktion zwischen ihnen eindeutiger darzustellen ist als bei der Frontalsicht.
Mit der klaren räumlichen Überdeckung bzw. der Überschneidung haben die meisten Kinder auch noch bei dieser Grundgestalt ihre Schwierigkeiten; es konnten von insgesamt 7,1 Prozent der Personendarstellungen dieses Typus nur 2,1 Prozent der Bilder (Ausprägung 22 und 23) den Kategorien mit eindeutigen räumlichen Verhältnissen zugeordnet werden.
Mit den Ausprägungen 24 bis 27 *(vgl. Abb. 45)* erfolgt wiederum eine weitere Auflockerung und zunehmende Beweglichkeit des Schemas: jetzt dargestellt durch die Beachtung der Gelenkfunktionen.

24 **Voll**ständiges Flächenbild, Kopf kleiner als 1/3 der Gesamtgestalt; additiv, starr; Richtungsveränderung innerhalb eines oder mehrerer Glieder und/oder des Körpers; ohne Ü/Ü, en face

25 wie oben Profil

26 wie 24, aber mit Ü/Ü

27 wie oben Profil

Alter					
Jahre	Ausprägung:	24	25	26	27
6		–	–	–	–
7		0,6%	0,8%	–	0,2%
8		1,0%	1,4%	0,2%	0,2%
9		0,7%	4,2%	0,3%	1,2%
10		1,9%	5,3%	0,7%	3,0%
11		2,0%	7,7%	1,6%	4,2%
12		2,2%	7,7%	1,4%	6,8%
13		1,4%	7,0%	2,0%	5,6%
14		2,8%	4,7%	0,5%	4,7%
Durchschnitt		1,5%	5,0%	0,8%	3,0%

Abb. 45

6.11.1. Entwicklung der menschlichen Gestalt; Querschnittuntersuchung

Die gestische Gebärde, die durch das Abknicken im Gelenk bereichert wird, ist verbunden mit einem Neuansatz des Striches. Dieser widerstrebt dem Kind um so eher, je jünger es ist, weil seine als »Ganzheit« erlebten Glieder sozusagen in zwei Teile aufgespalten werden müssen. So finden wir zwischen den »geraden« und den »geknickten« Gliedmaßen in einigen Fällen das Zwischenstadium der »gebogenen« Schemata. Letztere vermitteln dem Kind noch das Gefühl der »Ganzheit«, und so läßt sich erklären, daß nach unseren Beobachtungen, die »gebogenen« Formen vorwiegend bei den jüngeren Kindern auftraten.
Fast immer handelt es sich bei dieser Richtungsveränderung innerhalb eines Gliedes um die Ellbogengelenke, aber die Zuordnung erfolgte auch, wenn das Knie-, Hand- oder Fußgelenk sowie die Beugung des Rumpfes dargestellt worden war. Der Gesamtanteil dieser Ausprägung liegt mit 10,3 Prozent sehr hoch und die Altersstruktur, die die Tabelle angibt, verdeutlicht recht klar, daß diese Gestaltschemata in der mittleren und vor allem der späten Kindheit Verwendung finden.
Die Betrachtung der Grundtypen der Ausprägungen 28 bis 30 (vgl. Abb. 46), welche drei mögliche Stufe zum Naturalismus beschreiben, beschließt die Querschnittsuntersuchung.

28 **Voll**ständiges Flächenbild, additiver Aufbau wird gelockert, Aufgabe der Schemata, Übergänge zum linearen Bewegungszusammenhang, charakteristische Bewegungen, Gesamtbewegungen (gehen, werfen etc.)

29 Linearer Bewegungszusammenhang mit Verkürzungen und Tiefendimensionen, richtige Proportionierung, immer noch flächig, nicht körperplastisch, es zeigt sich eine gewisse Begabung zum Zeichnen

30 Das optische Erscheinungsbild wird in seinem Bestand erfaßt, plastische Übergänge, Stofflichkeit etc.

Alter			
Jahre	Ausprägung: 28	29	30
6	–	–	–
7	–	–	–
8	0,6%	0,1%	–
9	0,4%	–	–
10	1,4%	–	–
11	2,0%	0,2%	–
12	3,7%	0,6%	–
13	7,4%	1,4%	0,1%
14	5,6%	0,9%	0,1%
Durchschnitt	2,0%	0,3%	–

Abb. 46

Mit der Ausprägung 28, dem Übergang zum linearen Bewegungszusammenhang, muß die bisherige Praxis der Formalisierungstendenz des additiven Aufbaus geometrisch angenäherter Figuren aufgegeben werden. D. h., mit der Anpassung der Linie an die organische Kontur vollzieht das Kind im Gegensatz zu den bisher beschriebenen Modifikationen einen qualitativ neuen Schritt. Denn der lineare Bewegungszusammenhang erfordert eine grundsätzliche neue Charakteristik der morphologischen Gestalt. Damit die Kontur gelingt, muß die Strichführung dem Gegenstand feingeführt angepaßt werden. Das additiv-aufbauende Aneinanderfügen reicht für ein einheitliches Gefüge nicht mehr aus. Mit dem Übergang zum linearen Bewegungszusammenhang geht eine weitere Verstärkung individueller und charakteristischer Bezüge einher. Die zuvor nur additiv gesetzten »typischen« Merkmale (Bart, bestimmte Frisur, Kleidung etc.) werden nun unter Beachtung weiterer Ähnlichkeitsbeziehungen integriert.
Diese differenzierte Bewegungskoordination ist nur noch durch Übung zu erreichen; sollte etwa die Ausprägung 29 oder gar 30 erreicht werden, muß vermutlich zu der Übung noch ein gewisses Maß an bildnerischer Begabung hinzutreten.

6.11.1. Entwicklung der menschlichen Gestalt; Querschnittuntersuchung

Wer annimmt, die Schüler bis zum vierzehnten Lebensjahr zu einem bestimmten (naturalistischen) »Können« zu führen, muß nach den Ergebnissen der Ausprägungen 29 und 30 ebenso enttäuscht sein, wie vor über acht Jahrzehnten *Georg Kerschensteiner*, der, wie bereits erwähnt, unter den 58 000 Kindern etwa nur 40 Kinder fand, die in der Lage waren, einen menschlichen Körper nahezu »naturalistisch« zu zeichnen und zwei Dreizehnjährige, die wirklich »perfekt« gestalteten. Ganz ähnlich ist unser Ergebnis. Die Gestalt der Ausprägung 28, den »linearen Bewegungszusammenhang«, haben im Durchschnitt von allen 8 604 Kindern nur zwei Prozent erreicht. Bei der noch (im naturalistischen Sinn) anspruchsvolleren Variante der Ausprägung 29 sinkt der Prozentanteil auf 0,3 Prozent und als naturalistisch »vollkommene« Gestaltungen des Menschen wurden vier Bilder 0,0 Prozent eingestuft. Fassen wir zusammen: Die Suche nach einer Entwicklung der Kinderzeichnung bis zu einer Stufe naturnaher Abbildungsfähigkeit erweist sich bis auf wenige begabte Ausnahmen als eine vergebliche. Eine solche Ausnahme stellen die Kinderbilder der bereits erwähnten *Nathalie T.* dar. Ob es die nuancenreiche Farbbehandlung, der ornamentale Formenreichtum, das Erfinden von neuen phantastischen Formen oder eine frühe Beherrschung organischer und naturnaher Formen war, – stets unterschieden sich die 213 Kinderzeichnungen von *Nathalie* vom Durchschnitt. Mit elf Jahren und fünf Monaten porträtierte sie mit einem Filzstift ihren Vater, den Künstler *André Thomkins*. Sie erreicht in dieser Skizze bereits die charakteristische Physiognomie und den individuellen Ausdruck *(vgl. Abb. 47)*.

Abb. 47: Nathalie, 11;5, Filzstiftskizze ihres Vaters

Man weiß von vielen Künstlern, daß sie sich bereits als Kinder deutlich vom Können des Durchschnitts abhoben. Die Abbildung 48 zeigt einen frühen Männerakt von *Picasso,* den er im Alter von vierzehn Jahren zeichnete. Die sichere Strichführung, die genaue Wiedergabe der Physiognomie, der Anatomie, sowie die sensible Modellierung der Hell-Dunkel-Nuancen bezeugen, wie groß das künstlerische Talent von Picasso am Ende der Kindheit war. »Als ich so alt war wie diese Kinder«, sagte *Picasso* zu *Herbert Read*, als er mit diesem durch eine Ausstellung von Kinderzeichnungen ging, »da konnte ich zeichnen wie Raffael«.

Die Erfahrungen, daß es bildnerische Begabungen gibt, die sich durchgängig, auch bereits vor der Pubertät zeigen, scheinen den Feststellungen *Mühles* zu widersprechen, der sagt, daß erst in der Pubertät manifest werde, ob überhaupt und in welchem Bereich eine Begabung vorliegt. *Mühle* gelangt zu dieser Aussage im Zusammenhang mit seiner Kunstauffassung, nach der es dem Kind generell nicht möglich sei, das Leistungsgebiet des künstlerischen Ausdrucksgebietes

6.11.1. Entwicklung der menschlichen Gestalt; Querschnittuntersuchung

Abb. 48: Studie von Picasso, 14 Jahre

zu erreichen.[133] Im Überblick zeigt die bisherige Untersuchung, daß sich im Verlaufe der Schulkindheit das »Menschenschema« permanent verändert und sich im fortgeschritteneren Alter die komplexeren Menschenformen durchsetzen, ohne allerdings einen naturnahen Standard zu erreichen. Dieses Vermögen bleibt beschränkt auf wenige Kinder. *(vgl. Abb. 103, S. 148)* Die beiden letzten Ausprägungen *(31 und 32, Abb. 49)*, betreffen noch zwei Sonderformen. Bei der Ausprägung 31 wurden diejenigen Fälle bestimmt, bei denen die Figur offenbar nicht »frei« gestaltet, sondern die Person abgezeichnet, durchgepaust oder unter Zuhilfenahme von Zeichenschablonen hergestellt wurde. Häufig handelte es sich um Figuren, deren Herkunft aus bekannten Comiczeichnungen abzuleiten war. Man hatte sie komplett oder teilweise übernommen und sie dann mit in das eigene Zeichenrepertoire eingefügt.

Im vierzehnten Lebensjahr, so zeigen es die Daten der Ausprägung 31, schnellt der Anteil von übernommenen Figuren plötzlich hoch, nachdem er während der gesamten Kindheit vier- bis fünfmal niedriger lag. Offenbar ist dies der Zeitpunkt, an dem das bisherige Schema immer massiver als unzureichend empfunden wird. Dies wird auch durch die Ergebnisse der Ausprägung 32, der Beschränkung bei der Darstellung des Menschen auf das Kopf- oder Brustbild, bestätigt. Der Anteil dieser Bildnisse, bei denen die Kinder auf den schwierigen Gestaltfindungsprozeß des Körpers verzichteten, wächst mit zunehmendem Alter stetig; er liegt bei den Zwölf- und Dreizehnjährigen bei über vier Prozent und steigt bei den Vierzehnjährigen bis auf 5,6 Prozent an. Diese empirisch gewonnenen Ergeb-

Alter Jahre	Ausprägung:	31	32
6		–	1,1%
7		0,2%	2,4%
8		0,3%	1,6%
9		0,7%	1,8%
10		0,5%	2,2%
11		0,4%	2,3%
12		0,7%	4,3%
13		0,5%	4,6%
14		2,8%	5,6%
Durchschnitt		0,5%	2,6%

Ausprägung 31: Die Person/Personen wurden abgezeichnet, durchgepaust, durch eine Zeichenschablone hergestellt.

Ausprägung 32: Teildarstellung des Menschen; in der Regel Beschränkung auf die Darstellung des Kopfes, bzw. des Oberkörpers

Abb. 49

6.11.1. Entwicklung der menschlichen Gestalt; Querschnittuntersuchung

nisse lassen sich durch die schulpraktischen Erfahrungen ergänzend bestätigen. In der Kunstunterrichtspraxis ist in jedem Schuljahr wieder zu beobachten, daß Schüler am Ende der sechsten- und verstärkt in der siebten Klasse den Wunsch vortragen, »richtig zeichnen zu lernen«. Sie meinen damit die Fähigkeit, naturnah abbilden zu können. Die Schüler äußern Unzufriedenheit mit ihrer bislang ausgeübten Praxis und lehnen ihre eigenen Figuren ab oder stehen ihnen kritisch gegenüber. So ist es naheliegend, auf Vorbilder zurückzugreifen oder aber einen Teil des menschlichen Körpers nicht zu zeichnen und sich mit der Darstellung des Kopfes zu begnügen. In der nachfolgend dargestellten Tabelle *(vgl. Abb. 50)* haben wir 30 Ausprägungen auf zehn unterschiedliche Phasen reduziert. Diese Tabelle, die ohne Berücksichtigung der Kriterien »Vollständigkeit«, »Profilwendung« und »räumlichen Beziehungen« zusammengestellt wurde, faßt die Entwicklung der charakteristischen Formen wie folgt zusammen:

Ausprägung	Phase		Schuljahr Alter 6	1. 7	2. 8	3. 9	4. 10	5. 11	6. 12	7. 13	8. 14	Durchschnitt
1		1	„Kopffüßler" 1,5	0,2	–	–	–	0,1	–	–	–	0,1
2 3 4 5		 2	Mensch mit Rumpf Gliedmaßen als Striche 11,0	9,1	3,5	1,4	1,1	0,5	0,1	0,2	–	1,9
6 7 8 9		3	Mensch mit Rumpf Gliedmaßen als Flächen Kopf übergroß 13,4	15,2	7,5	3,6	2,3	1,5	0,8	0,6	0,5	3,7
10 11 12 13		 4	Kopf kleiner als 1/3 der Gestalt, größtmögliche Richtungsunterscheidung, symmetrisch bzw. parallel 7,2	12,3	9,6	7,0	5,2	4,8	2,4	3,1	1,9	5,8
14 15 16 17		 5	wie 4, aber Arme/Beine gewinkelt, symmetrisch bzw. parallel 9,9	22,3	30,3	30,3	28,0	23,7	15,1	11,6	11,2	23,7
18 19 20 21 22 23		 6	wie 5, aber Arme und/ oder Beine in unterschiedlicher Stellung –	2,0	5,6	8,0	9,1	8,2	7,4	5,0	6,2	7,1
24 25 26 27		 7	Richtungsveränderung eines Körperteils –	1,6	2,8	6,4	10,9	5,5	18,1	16,0	12,7	10,3
28		 8	Aufgabe des schematischen Aufbaus, Übergänge zum linearen Bewegungszusammenhang –	–	0,6	0,4	1,4	2,0	3,7	7,4	5,6	2,0
29		 9	Linearer Bewegungszusammenhang, Verkürzungen, Tiefe –	–	0,1	–	–	0,2	0,6	1,4	0,9	0,3
30		 10	Naturalistische Darstellung –	–	–	–	–	–	–	0,1	0,1	0
31			Menschen wurden durchgepaust –	0,2	0,3	0,7	0,5	0,4	0,7	0,5	2,8	0,5
32			Nur Kopf- oder Brustbild 1,1	2,4	1,6	1,8	2,2	3,1	4,3	4,6	5,6	2,6
			Menschen nicht bestimmbar 12,9	9,7	11,8	15,4	13,9	14,8	15,6	14,6	13,0	14,0
			Menschen nicht bestimmbar 43,0	25,1	26,6	24,9	25,4	26,1	30,9	35,4	39,5	27,9

Abb. 50: Menschdarstellung, aufgeteilt in 10 Phasen; Anzahl der ausgewerteten Bilder: 8 604.

6.11.1. Entwicklung der menschlichen Gestalt; Querschnittuntersuchung

Als eindeutig dominante Figur beim Prozeß der Herausbildung der menschlichen Figur im Schulkindalter ist die Gestalt mit den gewinkelten, symmetrisch angeordneten Gliedmaßen (Phase 5, Ausprägungen 14 bis 17) festzulegen. Sie konnte in 23,7 Prozent der Bilder, d.h. in jedem fünften Bild nachgewiesen werden. Wenn wir nun die Ergebnisse der *Abb. 50* neu ordnen und eine tabellarische Auflistung zusammenstellen, aus der die Reihenfolge der am häufigsten gewählten Gestalten eines jeden Jahrgangs ersichtlich wird, dann ergeben sich weitere bedeutsame Aspekte *(vgl. Abb. 51)*.

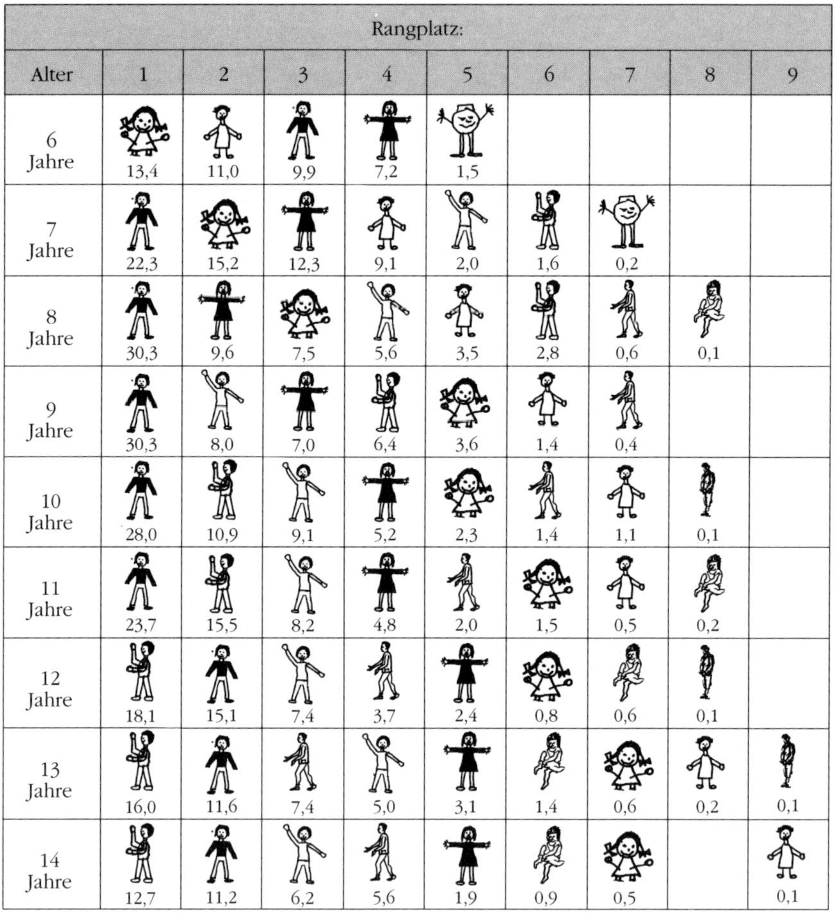

Alter	Rangplatz: 1	2	3	4	5	6	7	8	9
6 Jahre	13,4	11,0	9,9	7,2	1,5				
7 Jahre	22,3	15,2	12,3	9,1	2,0	1,6	0,2		
8 Jahre	30,3	9,6	7,5	5,6	3,5	2,8	0,6	0,1	
9 Jahre	30,3	8,0	7,0	6,4	3,6	1,4	0,4		
10 Jahre	28,0	10,9	9,1	5,2	2,3	1,4	1,1	0,1	
11 Jahre	23,7	15,5	8,2	4,8	2,0	1,5	0,5	0,2	
12 Jahre	18,1	15,1	7,4	3,7	2,4	0,8	0,6	0,1	
13 Jahre	16,0	11,6	7,4	5,0	3,1	1,4	0,6	0,2	0,1
14 Jahre	12,7	11,2	6,2	5,6	1,9	0,9	0,5		0,1

Abb. 51: Reihenfolge der menschlichen Gestalt, bezogen auf jeden Altersjahrgang

Auf Rangplatz 1 tritt nach dem 6. Lebensjahr nur einmal eine Veränderung ein: die Gestalt mit den »symmetrisch gewinkelten Armen« wird im zwölften Lebensjahr von der Variante der »gewinkelten Gliedmaßen« abgelöst.
Im Gegensatz zur älteren Kinderzeichnungsforschung muß festgestellt werden, daß heute bereits im frühen Schulkindalter überwiegend ausdifferenzierte Gestalten ver-

wendet werden. Aus der Sicht traditioneller morphologischer Entwicklungsreihen hätte sich ein deutlicher idealtypischer Verlauf nachweisen lassen müssen, der etwa bei den Siebenjährigen folgendem Differenzierungsprozeß unterliegt: Die überwiegende Anzahl dieser Altersstufe müßte Gestalten mit »überproportional großem Kopf«, »Figuren mit Strichen für die Ausdehnung der Gliedmaßen« oder Menschen mit »größtmöglicher Richtungsunterscheidung« gezeichnet haben.
Tatsächlich aber hat der weitaus größte Teil aller Siebenjährigen bereits eine fortgeschrittene Figur dargestellt, nämlich die Gestalt mit »parallel gewinkelten Gliedmaßen« *(Ausprägung 14 bis 17)*. Die von uns als genetisch frühere Menschdarstellungen identifizierten Gestalten spielen dagegen nur eine nachgeordnete Rolle!
Die Untersuchungen beweisen weiterhin, daß die oben erwähnten, von verschiedenen Autoren behaupteten Ordnungsformen, die z.B. dem »R-Prinzip«, der Rechtwinkligkeit die Funktion einer endogen determinierten Rolle zuweisen, relativiert betrachtet werden müssen. Denn die Behauptung, daß **vor** der Winkelung der Gliedmaßen, die größtmögliche Richtungsunterscheidung auftreten müsse, kann nicht bestätigt werden. Auch die noch von *Schwerdtfeger* getroffene Unterscheidung in »Strich«- und »Flächenbilder« während der Grundschulzeit, hat für die gegenwärtige Kindergeneration nur noch marginale Bedeutung. Die häufige Verwendung fortgeschrittener figuraler Ausprägungen bereits im frühen Schulkindalter deutet auf akzelerative Prozesse hin, die vor allem durch die bildnerische Sozialisation im Kindergarten und in der Schule ausgelöst werden. Aus ihnen resultiert gleichsam ein »sozial-kommunikativer Zeichenstil«, eine Art »Konvention«, auf der Grundlage endogener Möglichkeiten.
Schließlich läßt sich innerhalb des Zeitraumes zwischen dem sechsten und vierzehnten Lebensjahr **kein Weg zum Naturalismus** nachweisen. Es dominiert auch noch im vierzehnten Lebensjahr eindeutig das Schema. Die *Abbildung 51* kann zwar deutlich machen, daß fortgeschrittenere Gestalten wie z.B. die des »linearen Bewegungszusammenhanges« sich von den hinteren Rangplätzen bei den Jüngsten allmählich nach vorn verschieben, aber selbst bei den Älteren dominieren immer noch die additiven Gestaltschemata.

6.11.2. *Entwicklung der menschlichen Gestalt; Längsschnittstudie*

In diesem Abschnitt sollen die Veränderungsprozesse des Schemas anhand der Menschendarstellungen, die ein Kind (*Sebastian*) zwischen seinem fünften und fünfzehnten Lebensjahr gezeichnet hat, biographisch verfolgt und dann abschließend mit den Ergebnissen der Querschnittsuntersuchungen verglichen werden.[134]

Wir übergehen die Kritzelphase und die ersten vorschematischen Gestalten und beginnen im Alter von 4;6 Jahren. Dies war der Zeitpunkt, an dem sich Sebastians Menschenschema stabilisierte. Es gab zwar immer noch Variationen, aber die Schritte der Zeichenfolge, nach der die Gestalt entstand, wurde immer ähnlicher. Er begann mit dem Kopf, *(vgl. Abb. 52)*, es folgten das Gesichtsschema, die Ohren, der Halsansatz, der Körper, die Beine, die Füße und abschließend ein Arm, an dessen Ende er fünf (!) Striche für die Finger setzte. Es ist eine interessante Beobachtung, daß er Jahre später die Hand bedenkenlos mit mehr oder weniger als fünf Fingern zeichnete. So ist der alte »Lehrsatz«: »Das Kind zeichnet, was es weiß«, nur bedingt richtig. Denn das

6.11.2. Entwicklung der menschlichen Gestalt; Längsschnittstudie

Abb. 52: 4;6

Abb. 53: 5;2

Kind zeichnet situativ und es läßt sich von augenblicklichen Interessenshaltungen ebenso leiten wie von dem ausgelösten figuralen Ergebnis auf dem Zeichenblatt. Es kann daher auch in der späteren Kindheit immer wieder zu Darstellungen kommen, die »zu viele« oder »zu wenige« Finger enthalten *(vgl.. Abb. 61 und Abb. 63)*.
Nach unserem Kategorienschema wäre S. mit diesem Bildnis als »unvollständiger Strichbildner« eingestuft. Das nächste Bild *(Abb. 53)* entstand ein halbes Jahr später mit fünf Jahren und zwei Monaten. Diesmal ist es ein »vollständiges« Schema, dessen weiteres Hauptmerkmal die Striche der Gliedmaßen bilden. Obwohl der Ablauf des Schemas unverändert ist, sind eine Reihe von Fortschritten zu beobachten. Beim Zeichnen des Körpers brauchte S. nun den Prozeß nicht mehr zu unterbrechen und erneut anzusetzen, sondern er konnte die große Rundform in einem Zug vollenden. Neu sind die Handvarianten: links eine »gabelartige« Hand und rechts die bekannte Rundform mit den abzweigenden Strichen. Die Füße werden »röntgenbildartig« umhüllt dargestellt.

Die nächste Abbildung *(Abb. 54)* entstand über ein Jahr später. Immer noch ist die festgelegte Abfolge der Zeichenschritte gleichgeblieben. Neu hinzugekommen sind die stark strukturierten Haare, der als eigenständiges Rechteck abgesetzte Hals, die Flächenfüllung von Hals, Körper und rechter Hand, sowie die Darstellung der Augen. Sie sind nun nicht mehr ein Punkt, sondern bilden sich gemeinsam aus einer Kreis-

Abb. 54: 6;6

fläche und einem größeren, ausgefüllten Punkt. Bei den Füßen hat er auf die »Schuhe« wieder verzichtet. Der neue Zeichenzug des Rechtecks für den Hals wird im weiteren Verlauf der Entwicklung sehr lange gleich ausgeführt. Erst mit fast zwölfeinhalb Jahren wird auf diese Sequenz verzichtet und der Körper ansatzlos weitergeführt. Es dominiert die Strichbildung und diese Stilform bewahrt den Figuren ihre phantastische unmittelbare Lebendigkeit. Sie läßt die Freiheit, kinästhetische, synästhetische und emotionale Empfindungen spontaner einzusetzen, als es dies die nachfolgenden flächenhaften Gliedmaßen ermöglichen.
Mit dem neuen Schema, das Sebastian ein halbes Jahr später vorlegte – er war nun ein Schulkind und hatte in diesen Monaten viel gezeichnet –, finden wir auch eine

6.11.2. Entwicklung der menschlichen Gestalt; Längsschnittstudie

stark veränderte Gestalt *(vgl. Abb. 55)*. Die Figur ist gestreckt, das Verhältnis von Teilen und Ganzen ist neu geordnet. Die ausdrucksstarken deformativ-expressiven Betonungen wie z. B. der Haare, der Kopfgröße oder der Finger werden abgelöst durch angesetzte geometrisierende Formen.

Im Gegensatz zur vorhergehenden Phase sind nun die Gestalten festgelegt und begrenzt. Die Kontraste sind einer geordneten Kleinbildung gewichen, die wenigen Linien, die es noch bei den Armen und den Fingern gibt, sind nicht mehr von freier, »gefühlter« Form, sondern starr und gerade.

Diese neue Auffassung der Proportionen, des Umrisses und des Volumens bleibt von nun an bis etwa zur Mitte des zwölften Lebensjahres bestehen. Der schematische Vollzug ist in den Formen sehr sicher geworden. Die Abfolge der zeichnerischen Schritte blieb die gleiche wie schon Jahre zuvor. Er beginnt mit der Kopfumrißlinie, es folgen Augen, Nase, Mund, Frisur, evtl. weitere Attribute wie Bart oder Kopfbedeckung, dann das Rechteck für »Hals« und daran anschließend das Körperschema.

Aber zum ersten Mal werden nun *(vgl. Abb. 55)* die Gesichter unterschiedlich gestaltet. Diese Figur bekam eine bestimmte Frisur und unter dem Mundstrich einen Bart. Neu sind ebenfalls die beiden Nasenlöcher. Es ist das erste Bildnis, auf dem bis auf Arme und Finger alles flächig gezeichnet wurde. Kurze Zeit später stellte S. das erste »vollständige Flächenbild« mit symmetrisch gewinkelten Armen dar. Etwa ein Jahr später entstand zum ersten Mal – und dies im Vergleich zu den Ergebnissen der Querschnittsuntersuchungen recht früh –, ein Flächenbildnis, bei dem die bisherige symmetrische Anordnung zugunsten ungleich ausgerichteter Arme aufgegeben worden war. *(Vgl. Abb. 56)* Er beginnt seinen schematischen Aufbau nicht mehr wie seit dem vierten Lebensjahr von oben, mit dem Kopf, sondern von den Beinen aus. Beim Aufbau von unten nach oben malte er nun fast zwei Jahre eine Figur auf dem Blatt ganz schwarz aus, oder er begnügte sich mit einer schwarzen Sequenz. Der Grund für dieses merkwürdige bildnerische Verhalten war eindeutig: In der Familie war ein

Abb. 55, 7;2

Abb. 56, 8;2

Trauerfall zu beklagen. Beim Ausfüllen erklärte er immer wieder: »Der ist schwarz, weil jemand gestorben ist.« Die zweite Figur, die neben der ersten entsteht, wird wieder wie üblich von oben mit dem Kopfumriß begonnen. Er orientierte sich in den Größenverhältnissen an der ersten Gestalt. In den nachfolgenden Jahren ist dieser wechselnde Beginn seine typische Arbeitsweise. Der Anfang richtet sich danach, ob er mit seiner Gestalt die Bodenlinie erreichen muß. Hat er zunächst die Bodenlinie festgelegt, beginnt er von unten aus aufzubauen; folgt die Bodenlinie nach der Figur, beginnt er mit dem Kopf. Deutlich zeigt sich in dem Verhalten, daß das Kind beginnt, verschiedene Bezüge innerhalb des Bildes zu beachten und aufeinander abzustimmen. Es ist ihm also in Teilabschnitten seines Bildes nicht mehr gleich, wie die Teile zueinander stehen.

6.11.2. Entwicklung der menschlichen Gestalt; Längsschnittstudie

Bereits zwei Monate später erfolgt ein weiterer bedeutsamer Schritt. Durch die Beachtung der Gelenkfunktionen *(vgl. Abb. 57)*, nehmen die Figuren weiter an neuen Gestaltungsfunktionen zu, das Schema ist »beweglicher« geworden. Vergleichen wir diese neue Formausprägung von S. mit den Ergebnissen der Querschnittsuntersuchung, so zeigt sich, daß S. mit dieser Ausprägung der »ungleich- ausgerichteten« und gleichzeitig »gewinkelten« Arme über dem durchschnittlichen Verhalten liegt, dessen Höhepunkt wir erst im Alter von zwölf Jahren festgestellt hatten *(vgl. Abb. 45 und Abb. 50)*. Bei den Achtjährigen waren es nicht einmal drei Prozent der Kinder, die diese bewegliche Struktur zeichnen konnten.

Mit neun Jahren verwendete er zum ersten Mal folgendes Körperschema *(vgl. Abb. 58)*:

Abb. 57: 8;4 *Abb. 58: 9;0*

Nachdem Kopfumriß und Hals gezeichnet sind, setzt er an der unteren linken Halsecke an und zieht mit einem Zug das linke Armrechteck, dann das Körperrechteck und daran anschließend das rechte Armrechteck. Dieses Verfahren wurde sein Standardschema für den Oberkörper, das er (mit geringfügigen Variationen) bis zum Ende unserer Untersuchungen noch mit fünfzehn Jahren verwendete *(vgl. Abb. 70)*. Der übrige Aufbau erfolgte nach der bisherigen Abfolge: Gesicht, Haare, neues Körperschema, Beine und Schuhe.

Fünf Monate später zeigen sich zwei neue, bedeutsame Änderungen. Zum ersten Mal beginnt S. nicht mit der Darstellung des Menschen, sondern er zeichnet zuerst den Hintergrund. Auf meine Frage, warum er nicht mit den Gestalten anfange, antwortete er, daß er nicht so gut Menschen darstellen könne und er den schwierigeren Teil lieber »am Schluß« machen wolle. Die zweite bedeutsame Neuerung ist der Versuch, die Gestalt im Profil darzustellen. Er verwendet dabei sein neues Körperschema »von vorn« und setzt darauf Kopf und Hals von der Seite. Bei der additiven Setzung geriet der Körper zu weit nach rechts, was S. am Ende der Zeichnung bemerkte und bei sich kritisierte. *(Vgl. Abb. 59)*

Man kann feststellen, daß der Zeitpunkt mit neuneinhalb Jahren den Schnittpunkt markierte, an dem die allgemeine Zufriedenheit über sein Zeichenvermögen endete und er nun zunehmend begann, sich und seine Bilder zu kritisieren.

Vier Monate später, mit neun Jahren und neun Monaten, erweitert S. sein Grundschema gleich zweimal *(vgl. Abb. 60)*. Das Oberkörperschema wird um den gewinkelten Arm bereichert. Neu ist die Darstellung der Beine. Sie setzen sich jetzt, figural ähnlich wie der Oberkörper, aus einem System paralleler, waagerechter und senkrechter Linien zusammen, die dem Unterkörper und den Beinen einen festgefügten, fast starren Ausdruck geben.

6.11.2. Entwicklung der menschlichen Gestalt; Längsschnittstudie

Einen Monat später wird das Schema des Unterkörpers aufgelockert, indem die Beine etwas ausgestellt werden *(vgl. Abb. 61)*.

Abb. 59: 9;5

Abb. 60: 9;9

Die Richtungsveränderung innerhalb der Arme wird sicher beherrscht. Die Figuren erhalten immer mehr Attribute: so werden Gesichtszüge, die Haare, die Kleidung oder die Gegenstände, welche die Menschen in den Händen halten, genau beobachtet und detailliert wiedergegeben. Die linke Hand *(Abb. 61)* zeigt deutlich, daß die räumliche Darstellungsweise des Davor- und des Dahinter noch nicht beachtet wird. Bei den protokollierten Aufzeichnungen lassen sich auch keine Bemerkungen finden, die aussagen, daß ihn die Überschneidungen der Linien gestört hätten.

Abb. 61: 9;10

Abb. 62: 11;3

Es läßt sich über den Zeitraum zwischen dem Ende des achten bis zur Mitte des elften Lebensjahres zusammenfassend feststellen, daß dieser die Hochphase einer sicheren Beherrschung des Schemas beinhaltete. Wenn auch schon, wie erwähnt, erste Kritik aufkam, so stellte S. sein Zeichenvermögen nur selten in Frage. Die *Abbildung 62* zeigt eine sicher und schnell gezeichnete Gestalt. Sie enthält nicht alle Differenzierungen und Handlungsmöglichkeiten, die das Kind inzwischen beherrscht. Ob eine Figur den fortgeschrittensten Stand oder nur eine einfachere morphologische Ausprägung erhält, hängt ab von Gründen des Inhalts und der Motivation. D.h. die erworbenen Strukturen lösen sich nicht abrupt voneinander ab, sondern sie können koexistieren und bei Bedarf aktiviert werden. Eine neue Veränderung enthält das Beinschema *(Abb. 62)*. Das gewinkelte, umgekehrte »U« (∩) wird aufgegeben zugunsten organisch zulaufender Beine. In allen nachfolgenden Bildern erscheint das alte Beinschema des rechteckigen »U« nicht wieder.

Mit elf Jahren und drei Monaten *(Abb. 63)* wird zum ersten Mal die formalisierte Struktur des Oberkörpers und der Beine insgesamt aufgegeben. Der Grund dafür lag in dem Versuch, nicht nur das Gesicht und die Arme von der Seite darzustellen (dazu

6.11.2. Entwicklung der menschlichen Gestalt; Längsschnittstudie

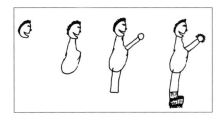

Abb. 63: 11;3   Abb. 64: 12;5

war er schon seit Jahren in der Lage), sondern nun auch den Körper und die Beine im Profil gestalthaft zu zeichnen. Die Abbildung zeigt den ersten Versuch, für den es noch keine schematische Festigung gab. Beim Zeichnen war das Kind äußerst langsam und unsicher. Immer wieder unterbrach er den Zeichenprozeß und setzte erneut an. Während des Zeichnens aber auch hinterher äußerte er sich sehr unzufrieden über seinen Versuch. Er sagte, die Gestalt sähe »schrecklich« aus und er könne einfach nicht gut zeichnen.

Vergleichen wir die *Abbildung 63* mit der *Abbildung 64*, die über ein Jahr später entstand, so sieht man, daß der Aufbau der seitlichen Gestalt sicherer geworden ist. Ein Bein wird angewinkelt vor das andere gesetzt und bei der Hand zeigt sich deutlich, daß S. nun die Überdeckung beherrscht. Die Gürtellinie ist durch die davorliegende Hand unterbrochen. Wie stark die einmal eingeübten schematischen Strukturen weiter wirksam sind, beweist die Darstellung der Schultern. Obwohl sie nur flach abgerundet dem tatsächlichen figuralen Verlauf entsprächen, (wie beim ersten Versuch in *Abbildung 63)*, hat S. den alten schematischen Aufbau der En-face-Gestalt übernommen und nur die Arme fortgelassen.

Fassen wir rückblickend die biografische Entwicklung von Sebastian während der Grundschulzeit zusammen, so läßt sich der morphogenetische Verlauf durchaus in das Schema der Querschnittsuntersuchungen einordnen. Er unterscheidet sich von den Querschnittsuntersuchungen vor allem in zwei Punkten. Zum einen hat er während der Grundschulzeit *(vgl. Abb. 54)* keine Figur mehr mit der »größtmöglichen Richtungsunterscheidung« gezeichnet und zum anderen lag er mit seinen beiden frühen Ausprägungen der »ungleich gerichteten Arme« sowie der Beachtung der Gelenkfunktion mit 8;2 bzw. 8;4 *(Abb. 56 und 57)* weit über dem Durchschnitt.

Mit zwölfeinhalb Jahren entsteht zum ersten Mal ein bestimmter »Typ«. *(Abb. 65)*. Er orientiert sich jetzt an Figuren aus der modischen Jugendkulturszene, wie der Haarschnitt und die Schmale Sonnenbrille zeigen. Neu ist ebenfalls die schematische Grundform der ganzen Gestalt. Die Beine stehen parallel nebeneinander. Der Oberkörper hat abgerundete Formen bekommen. Kopf, Hals und Oberkörper gehen ansatzlos ineinander über.

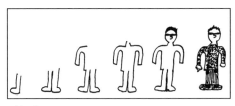

Abb. 65, 12;5

Es scheint, als sei die additiv-geometrisierende Form des Schemas an ihr Ende gekommen. Die neuen, organischeren Formen und die parallele Beinstellung bleiben von diesem Zeitpunkt an, bis zum Ende unseres Untersuchungszeitraums, dem fün-

6.11.2. Entwicklung der menschlichen Gestalt; Längsschnittstudie

zehnten Lebensjahr, in ähnlicher Struktur weiter bestehen. Die Längsschnittstudie zeigt bei S., daß die Phase des additiven Aufbaus, der sukzessiven Anordnung und der kurzen gegenständlichen Planungssequenzen nicht nur morphologisch, sondern auch durch die inhaltliche Darbietung einer bestimmten Überzeugung, Mitte des zwölften Lebensjahres endet. Denn der grundlegende Unterschied zwischen der konkreten Zeichenphase, vom achten Lebensjahr bis zu diesem Zeitpunkt und der neuen Phase formaler zeichnerischer Handlungsformen, besteht darin, daß das Vorgestellte nicht sofort gezeichnet wird, sondern zur zeichnerischen Handlung jetzt die Reflexion über eine bestimmte Aussageform immer wichtiger wird. Sebastian gestaltete zwar auch in der Vergangenheit die Menschen aus seiner Vorstellung und reicherte das Bildnis mit bestimmten Attributen (Bart, Brille etc.) an, mit denen er die Gestalten näher bestimmte. Aber nun geht er einen Schritt weiter. Er setzt Ideen der imaginativen Reproduktion von Gestalten um, die eine bestimmte Einstellung, längerfristige Überzeugungen oder gefühlshafte Strömungen vermitteln. So ist es auch kein Zufall, daß er in diesem Altersabschnitt das bislang immer verwendete Schema der »lachenden« Mundform aufgibt und der Mimik nun je nach inhaltlicher Aussage unterschiedliche Züge, »ernsten«, »gleichgültigen« oder einen »heiteren« Ausdruck verleiht.

Neu und wesentlich für das Bild mit den veränderten inhaltlichen Botschaften wird die eigene Voraussetzung. So zeichnete er ab dem dreizehnten Lebensjahr keine weiblichen Figuren mehr, weil er der Meinung war, er könne sie nicht gut darstellen. Für ihn werden bei der Gestaltung übernommene und eingeübte figurale Teile immer wichtiger.

Anregungen von meiner Seite, die eine Ausweitung der von ihm festgelegten Bildzeichen bedeutet hätten, lehnt er nun im Gegensatz zu früher, kategorisch ab. Es wird deutlich: S. ist in bezug auf seine Gestaltungen noch kritischer geworden und nicht bereit, sich auf ein nicht sicher beherrschtes oder gar ein ungeübtes Terrain zu begeben.

Dazu ist rückblickend zu ergänzen:

Neben der schulischen Ausbildung und den Arbeiten für diese Langzeitstudie hatte S. immer schon für sich gemalt und gezeichnet. Dabei handelte es sich um Dinge, die ausschließlich ihn interessierten und die er auch von sich aus keinem Erwachsenen zeigte. Im Grundschulalter entstanden sehr viele Bilder, die sich mit Segel- und Kriegsschiffen beschäftigten. Im elften und zwölften Lebensjahr traten zunehmend Bilder von allen möglichen Waffen und Waffensystemen hinzu. Ebenso entstanden ganze Serien von Science-fiction-Bildern, mit vielen phantastischen Raumschiffen, deren Waffensysteme er genau konstruierte. Parallel zu diesen Bildinhalten zeichnete er etwa seit Mitte des zehnten Lebensjahres viele Gesichter und Köpfe von Menschen. Diese Bildnisse enthielten fast immer karikierende Elemente oder häßlich-brutal überzeichnete Züge (vgl. Abb. 66). Gleichzeitig zeichnete er häufig die unterschiedlichsten Comicfiguren ab, aber auch einzelne, nicht näher zu definierende symbolisch-mystische Zeichen, die bedrohlich wirkten.

Abb. 66: Sebastian, 10;1

6.11.2. Entwicklung der menschlichen Gestalt; Längsschnittstudie

Man könnte von einer Phase des »pubertären Surrealismus« sprechen. Nach unseren Beobachtungen endete diese eigene, nur für sich verwendete Arbeit im fünfzehnten Lebensjahr. Ab diesem Zeitpunkt zeichnete oder malte er nicht mehr »privat«, sondern seine gestalterische Praxis beschränkte sich ausschließlich noch auf die schulische »Auftragsarbeit«.
Dieser Wechsel der Inhalte und der gestalterischen Praxis wurde auch in anderen Arbeiten, die sich mit der zeichnerischen Praxis in der Pubertät beschäftigten, beobachtet. *Hartwig* geht dabei der Frage nach, ob diese Entwürfe von Karikaturen und Gewaltphantasien in diesem Alter eine kompensierende Funktion haben, die aus dem Gefühl zunehmender Ohnmacht heraus, die eigene Stärke symbolisch demonstrieren können. Die Omnipotenzphantasien, die in den Bildern zutage treten, können in der schwierigen Situation zwischen Kindheit und Erwachsensein an der Realitätsbewältigung teilnehmen. Der jugendliche Zeichner kann gewalttätige Situationen entwerfen und, indem er sie bearbeitet, sie zugleich durchleben und evtl. auch Unterstützung zu ihrer Verarbeitung erhalten.[135]
Ganz ähnlich beschreibt auch *Richter* diese Phase: »Neben der Tendenz zur gegenstandadäquaten Detaillierung macht sich in den Zeichnungen der späten Kindheit auch eine Tendenz zur Übertreibung, Karikierung, Ironisierung bemerkbar, die häufig mit einer Vergröberung des Einzelzeichens einhergeht«.[136] Er sieht in diesem Verhalten zur Übertreibung – und dies bestätigt unsere oben geschilderte Beobachtung –, auch eine gewisse Angst, eine Unsicherheit gegenüber den eigenen Darstellungsfähigkeiten.[137]

Charakteristisch für die Arbeitsweise *Sebastians* wird nun, daß er die aus eigener Motivation entstandenen Inhalte und angeeigneten Zeichenfähigkeiten problemlos mit seiner kindlichen Zeichenfertigkeit in Verbindung bringt. So werden die älteren Gestaltschemata mit neuen übernommenen figuralen Teilen verknüpft und *Sebastian* verändert (permutiert) seine alten schematischen Ordnungen in bestimmten Abschnitten. Ein typisches Beispiel aus dieser Zeit demonstriert die *Abbildung 67*.

Abb. 67: 13;1

Der Typus der Figur ist fast der gleiche wie ein halbes Jahr zuvor *(vgl. Abb. 65)*. Während der Oberkörper und der Kopf seine eigene entwickelte Formensprache wiedergeben, wurden Hose und Schuhe von einer professionellen Comiczeichnung übernommen. Als ich ihn erstaunt nach der Herkunft dieses Könnens fragte, zeichnete er mir eine Reihe von populären Figuren (»Ottifant«, »Werner«) aus dem Gedächtnis ohne Vorlage vor. Er hatte eine Vielzahl ihn interessierender Figuren oder Teile von ihnen so lange geübt, bis er die professionelle Form auch ohne Vorlage erreichte. Typisch war für seine weiteren Zeichnungen, daß er perfekt beherrschte Teile und eigene Formen ganz unbekümmert zusammensetzte.
Diese Form der Integration von Bildelementen zeigt auch die nachfolgende Abbildung *(Abb. 68)*, wiederum einen bestimmten »Szene-Typen«, den er acht Monate später, mit dreizehn Jahren und neun Monaten zeichnete.

6.11.2. Entwicklung der menschlichen Gestalt; Längsschnittstudie

Abb. 68, 13;9

Die Figur ist schwarz gekleidet, hat eine angedeutete Punkerfrisur, ein Kreuz als Ohrring am Ohr, Jeans und schwarze Schuhe. Es ist eine Person, die auch seine eigenen Vorstellungen von Mode widerspiegelt.

In diesem realitätsnahen Bildkonzept beruht die Figur in ihrer Grundstruktur auf den älteren Schemata der Kindheit, wobei jetzt Oberkörper, Schulter und Hals sowie der Kopf organischere Übergänge erhalten haben. Die Schuhe stellen einen Kompromiß zwischen übernommenen und eigenen Bildkonzeptionen dar. Wie stark bestimmend auch noch bei dem fast Vierzehnjährigen das Schema ist, zeigt sich nicht nur in der Reihenfolge der zeichnerischen Schritte, sondern auch an der schrägen Figur. Sie verrät das lang eingeschliffene, assimilierte Grundschema. Beim Aufbau der Gestalt, die von unten mit den Beinen begann, erhielt die Grundform absichtslos die Neigung nach rechts. Beim weiteren Zeichnen der Figur wurde diese »Schieflage« mitvollzogen, ohne

Abb. 69: 15;0

daß der Jugendliche in der Lage war, den Fehlansatz, etwa beim Aufbau des Oberkörpers, zu korrigieren. Als die Figur fertig war, sagte er, daß sie ja schief stehe und er legte zum Ausgleich ein Liniengeflecht unter den Linken Schuh. Dieses zeichnerische Verhalten zeigt, daß auch mit fast vierzehn Jahren das Schema noch weiterhin beherrschend wirkt.

Die beiden letzten Zeichnungen, die wir im Rahmen dieser Längsschnittstudie betrachten und analysieren wollen, wurden mit fünfzehn Jahren angefertigt. Die beiden Gestalten *(Abb. 69 und Abb. 70)* gehören inhaltlich zusammen und stellen nach Aussagen von S. ein Gegensatzpaar von »angepaßtem Spießer« und »Punker« dar.

Die Figuren zeigen die neue Art der Visualisierung des Bildschemas: Einerseits beruft er sich auf die seit vielen Jahren bewährten Schemata *(vgl. Abb. 69 mit Abb. 64 und Abb. 70 mit Abb. 62)* und ergänzt sie, *(wie Abbildung 69 zeigt)*, mit karikierenden Übertreibungen oder er bemüht sich, *(wie in Abbildung 70)*, mit einer Vielzahl von Attributen, wie Kleidung, Accessoires und Haarschnitt, die Figuren zu spezifizieren.

Abb. 70: 15;0

6.11.2. Entwicklung der menschlichen Gestalt; Längsschnittstudie

Unabhängig vom Inhalt ist morphologisch interessant, daß sich auch mit fünfzehn Jahren am schematischen Gestaltaufbau nichts grundlegend geändert hat. Auf die eingangs in diesem Kapitel gestellte Frage, ob das Schema im Verlauf der Entwicklung unseres Untersuchungsabschnitts, also mit dem vierzehnten Lebensjahr endet, kann nach den Ergebnissen der Querschnitts- und Längsschnittstudien geantwortet werden, daß es im Regelfall nicht endet, sondern von den Kindern weiter auch über das vierzehnte Lebensjahr hinaus verwendet wird. Es zeigen sich allerdings im beginnenden Jugendalter weitere Empirisierungen, wie bei der Integration von übernommenen Bildteilen, den linearen Übergängen und bei den Proportionsverhältnissen. Der übergroße Kopf im frühen Grundschulalter und die überlängte Gestalt in der mittleren Kindheit werden von angemesseneren Größenrelationen abgelöst. In diesem, etwa seit dem dreizehnten Lebensjahr, ausgewogeneren Beziehungsgefüge zeigt sich die zunehmende reflektierende Distanz. Der Jugendliche beachtet nun den Gesamtzusammenhang, die Teile ordnen sich dem Ganzen unter. Die subjektive Bedeutsamkeit (Bedeutungsperspektive) und die unbewußte Bevorzugung von Interessen, die sich durch übersteigerte Proportionen oder Details anzeigt, tritt weiter zurück. In der *Abbildung 71* wird der soeben beschriebene zehnjährige Umstrukturierungs-

Abb. 71: *Monographische Entwicklungsreihe der Menschdarstellung bei Sebastian zwischen dem 5. und dem 15. Lebensjahr*

prozeß noch einmal im Bild zusammengefaßt. Es wurde deutlich, daß die neuen Lösungen immer auf den bereits beherrschten Schemata basieren. Die Kategorien des Vorläufers verhelfen zu Ordnungen in den Eindrücken des Kindes; mit Hilfe der schon vorgegebenen Schemata wird die anspruchsvollere Fülle der Erscheinungen gemeistert. Endogene und exogene Prozesse erzeugen stets die Bereitschaft, ja die innere zwingende Notwendigkeit, das momentan erworbene und gekonnte zeichnerische Verhalten wieder in Frage zu stellen.

Es gibt keinen längerfristigen gleich ausgelegten Vollzug. Akkomodatorische Prozesse erschüttern das Erreichte und sie führen zu Veränderungen, die das zeichnerische Verhalten dem Organismus und den Zwängen der Umwelt beugt. Immer liegt im bereits Erworbenen zugleich die innere Notwendigkeit nach Weiterentwicklung vor.

Dieser Umstrukturierungsprozeß zeigt charakteristische Phasen des zeichnerischen Verhaltens, und er zeigt auch einen gewissen Anpassungsprozeß an die Mimesis- ohne allerdings eine naturnahe, vom Schema unabhängige Struktur zu erreichen.

Auch der Vergleich von Längs- und Querschnittsstudie ergab weitgehende Übereinstimmungen. *Sebastian* vollzog die gleichen Schritte vom »Strichbildner über den »Flächenbildner zum (in Ansätzen) »linearen Bewegungszusammenhang«. Vergleichbare Verhaltensweisen ließen sich bei der Profilwendung (mit 9;5 Jahren), der sicher beherrschten Überdeckung/Überschneidung (mit 12;5 Jahren), der Verkleinerung der Kopfgröße und der zunehmenden Beweglichkeit feststellen. Deutlich früher als der Durchschnitt hatte *Sebastian* die Gelenkfunktionen beachtet.

Der Zeitpunkt, an dem die Wendung vom allgemeinen Schema zur individuellen Gestalt eines spezifischen Typus bei S. festgestellt wurde, deckt sich mit den Untersuchungsergebnissen von *Busemann*.

Er hatte (1935) den zeichnerischen Werdegang eines Mädchens auf Grund von Selbstbildnissen aus der Zeit von elf Jahren und acht Monaten bis zum neunzehnten Lebensjahr beschrieben. Nach seinen Beobachtungen zeichnete das Mädchen bis zum zwölften Lebensjahr nicht nach ihrem Vorbild, sondern stellte ihr selbst erworbenes Schema aus der Vorstellung dar. Ab dem dreizehnten Lebensjahr traten dann beim Selbstbildnis erste typische und individuelle Merkmale (z. B. bei ihrer Frisur), auf. Es ist der gleiche Zeitpunkt an dem auch Sebastian einzelne Merkmale spezifizierte und einen »bestimmten Typ« herausarbeitete.[138] So zeigen sich nach fast sechs Jahrzehnten, die beide Kinder zeitlich voneinander trennt, ähnliche Zeitpunkte des bildnerischen Verhaltens.

6.12. Die Raumdarstellung

Für die Raumwiedergabe des Kindes in seiner Zeichnung gilt die Grundannahme, daß unser Wissen über die Welt nicht genau kopiert, was wirklich ist und was wir für wirklich halten. Alle Darstellung ist eine erfundene Wirklichkeit, die nicht die objektiven, physikalischen Kennzeichen der Umwelt wiedergibt, sondern die Vorstellungsbilder des Subjekts. Zwischen der wissenschaftlichen Raumkonstruktion der Mathematik, der psychologischen Fragestellung, der Zerlegung sinnlich wahrnehmbarer Gegenstände durch die Künstler, (von denen Apollinaire sagte, daß es ihnen gelinge, »neue

6.12. Die Raumgestaltung

Ganzheiten mit Elementen zu malen, die nicht der geschauten, sondern der erkannten Wirklichkeit entlehnt sind«), bis zu den Kindern, die ihre Wirklichkeit in ihren Raumbezügen ganz unverfälscht wiedergeben, spannt sich ein weiter Bogen. Unsere Querschnittsuntersuchungen zur Raumdarstellung im Kinderbild versuchen auf folgende Fragen Antworten zu geben: Mit welchen Mitteln lösen Kinder die Umsetzung der Dreidimensionalität? Welche Raumkonzeptionen verwendet das Kind heute zwischen dem sechsten und vierzehnten Lebensjahr? Sind altersspezifische Zuordnungen möglich? Welche quantitativen Ausprägungen besitzen die verschiedenen Raumkonzepte der Kinder dieses Alters?
Aufgrund der Ergebnisse in den Vorlaufuntersuchungen wurden unterschiedliche Raumkategorien gebildet. Unter Anlehnung an die Terminologie *Piagets* wurde die Raumentwicklung in dessen drei Raumstadien eingebunden: in den »topologischen«, den »projektiv-orthogonalen« und den »euklidischen« Raum. Die nachfolgende Übersicht *(vgl. Tabelle 7)* erfaßt innerhalb dieser drei Stadien acht Raumdarstellungsweisen (A-H), welche nachfolgend aufgelistet und beschrieben werden: Auf der linken Seite fragen wir bei den kategorialen Relationen, wie das Kind die Bildzeichen im Bildraum aufeinander bezieht. Auf der rechten Seite finden wir die Varianten der möglichen Raumkonzeptionen (Raumausprägungen).

A	Topologische Relationen und Übergänge zu B	1 2 3	Kritzelbild Streubild ungerichtet Streubild gerichtet
B	Vororthogonale Relationen	4 5 6	Streifenbild und Streifenbild mit Standfläche Steilbild Mischform
C	Orthogonale Relationen	7 8 9 10	Streifenbild Blattunterkante Streifenbild mit Standfläche Steilbild Mischform
D	Orthogonale Relationen und metrische Bezüge	11 12 13 14	Streifenbild mit Blattunterkante Streifenbild mit Standfläche Steilbild Mischform
E	Voreuklidische Relationen ohne metrische Bezüge	15 16 17 18	Streifenbild Blattunterkante Streifenbild mit Standfläche Steilbild Mischform
F	Voreuklidische Relationen und metrische Bezüge	19 20 21 22	Streifenbild Blattunterkante Streifenbild mit Standfläche Steilbild Mischform
G	Euklidische Relationen	23 24 25 26	Untersicht Frontalsicht Aufsicht Mischformen
H	Bildzeichen ohne ein räumlich definiertes Umfeld	27, 29, 31 28, 30, 32 33 34	ein Bildgegenstand mehrere Bildgegenstände ein Bildgegenstand aufgeklebt, durchgepaust mehrere Bildgegenstände aufgeklebt, durchgepaust

Tab. 7: Raumdarstellung, Kategorienschema zur hypothetischen Abfolge des Gesamtraums (vgl. Anmerkung 142)

6.12.1. Topologische Relationen

Da sich unsere Untersuchung an Schulkinder wendet, konnte auf eine differenzierte Gliederung der Raumdarstellung von Kleinkindern verzichtet werden. Um dennoch die Möglichkeit zu haben, solche nicht mehr zu erwartenden Lösungen bestimmen zu können, wurde Punkt »A«, »Topologische Relationen«, gebildet. Je jünger das Kind, desto weniger trifft es eine eindeutige »Unterscheidung« zwischen Lebensraum und Bildfläche. *Mühle* schreibt deshalb dem Grundtypus der Streubilder eine Art des Erlebens zu, welche Qualitäten wie des »Etwas-hinein-tun-können« oder des »Stehen-auf« beiden Bereichen in gleicher Weise zuordnet.[139]

Nach *Piaget* sind die räumlichen Beziehungen der »Nähe«, der »Trennung«, der »Reihenfolge«, sowie des »Umgeben – « oder »Umschlossensein« elementare topologische Phänomene. Auch wenn das Kind diese ersten und elementaren räumlichen Relationen beherrscht, muß unterschieden werden zwischen seiner gesamtkörperlichen Aktivität, die *Piaget* beschrieb, und der »Konstruktion« einer Zeichnung.

Ontogenetisch gesehen erobert das Kind den »sensomotorischen Raum« lange bevor es in der Lage ist, die Leistungen seiner visuellen und taktilen Wahrnehmung auch auf ein Blatt Papier zu übertragen. Denn das Zeichnen geschieht aus der Vorstellung und führt zur Konstruktion eines von der Wahrnehmung selbst deutlich verschiedenen »Bildes«. Seiner Wahrnehmung nach weiß ein sechs- oder siebenjähriges Kind genau, was eine Gerade, eine metrische Figur (z.B. ein Quadrat) oder eine Perspektive ist.[140]

Aber wenn das Kind zeichnet, wird der Zeichenvorgang über die Vorstellungsbilder aktiviert; er ist von der direkten Wahrnehmung getrennt und muß mit seinen motorischen Fähigkeiten in grafische Zeichen umgesetzt werden. Das Kind ist daher nur in sehr unvollkommener Weise in der Lage, die wahrgenommenen Realitäten auf das Bild zu übertragen, d. h., die nicht bildorientierte Wahrnehmung hat einen jahrelangen Vorsprung vor der Möglichkeit der Rekonstruktion der wahrgenommenen Figuren durch die repräsentative Darstellung. In dieser Phase räumlicher Darstellung sind Abweichungen von der visuellen Ansicht darüber hinaus deshalb besonders groß, weil Kinder ihre haptische und affektive Erlebniswelt unmittelbar in ihre Zeichnung einfließen lassen.

Die Ausprägungen innerhalb dieser Gruppe wurden für die Untersuchungen zusammengefaßt in dem Punkt »A«: »Topologische Relationen und Übergänge« *(vgl. Übersicht Tabelle 7)*.

Unterteilt wurden die räumlichen Darstellungsformen in das »Kritzelbild« und das »ungerichtete Streubild«. Es folgt das »überwiegend gerichtete Streubild«, bei dessen räumlichen Verhältnissen immer noch Bildzeichen von der einheitlichen Aufrichtungstendenz abweichen. Ebenso gehören zum »überwiegend gerichteten Streubild« auch Formen verschieden gelagerter Stand- oder Raumebenen, wie ungeklärte »Standlinien« oder der fehlende Standkontakt. Unter der Rubrik »topologische Relationen« wurden die »Streubilder« deshalb eingeordnet, weil sie bei den Raumlagebeziehungen noch kein Gesamtsystem bilden. Die Bildzeichen bleiben für sich betrachtete Figuren, die jede beliebige Stellung einnehmen können und sich damit nicht innerhalb kategorialer »orthogonaler«, »voreuklidischer« oder »euklidischer« Relationen bewegen. Nach den topologischen Raumbeziehungen folgen in unseren Untersuchungen in den Punkten von »B« bis »D« diejenigen Raumdarstellungen, welche wir als »orthogonal« bezeichnen.

6.12.2. Orthogonale Relationen

In der Phase der orthogonalen Raumdarstellung verwendet das Kind über einen längeren, im einzelnen noch zu untersuchenden Zeitraum die »natürlichen« Koordinaten der Horizontalen und der Vertikalen. Mit großer Sicherheit bewegen sich Kinder in diesem System: rechts, links, oben und unten. Die Bilder werden nicht von einem einzigen Blickpunkt aus konstruiert, sondern von vielen Blickpunkten aus, die zu einem Bildganzen verbunden werden. (Diese anschauliche und konkrete Verfahrensweise wurde am Beispiel Sebastians: »Zeichne eine Straße« [*vgl. Abb. 29*] bereits dargestellt.) So kommt es häufig zu Simultandarstellungen, zu Kombinationen von Ansichten die, unter perspektivischen Gesichtspunkten betrachtet, unvereinbar sind. Durch dieses »Aufklappverfahren« wird aber in einfacher, anschaulicher Form die Fläche respektiert. Die »geometrische Irritation« die das Kinderbild so unverwechselbar macht, beruht darauf, daß die gemeinte oder vorgestellte Wirklichkeit ganz »unverfälscht«, d. h. ohne einen Illusionsraum wiedergeben wird. Die Bezeichnung »orthogonal« meint also, daß sich diese Raumdarstellung mit zwei Dimensionen begnügt und sie bedeutet auch, daß in der Kategorie B und C metrische Relationen unbeachtet bleiben. Die Bildgegenstände bleiben auch dann konstant, wenn bei wechselnder Entfernung die Größenrelationen variabel gestaltet werden müßten.
Die unterschiedlichen Varianten des orthogonalen Raumschemas entwickeln sich aus den Streubildern. Wenn das Kind dazu übergeht mehrere Gegenstände in Beziehung zueinander und zur gegebenen Bildfläche zu setzen, seine Bildgegenstände zu gruppieren und ihnen einen festgelegten Standort zu geben, wird das orthogonale Raumschema aufgenommen.
Zunächst werden nur einige Zeichen zueinander in Beziehung gebracht, z. B. indem vornehmlich ihre Höhe beachtet wird. Später bildet die Blattunterkante und dann die eigenständig gezogene Standlinie einen weiteren Anhaltspunkt für die Gestaltung des Raumes. Charakteristisch ist die Aufreihung von Bildgegenständen über die ganze Breite des Blattes auf der Blattunterkante oder auf einer Standlinie.[141]
So wie sich das Kind auf dem Boden stehend empfindet, so stellt es jetzt die Bildgegenstände aufrecht und es verwendet ein Raumschema, das gleichsam einen »Durchschnitt« der horizontalen Raumschichtung wiedergibt. Es handelt sich bei diesem Raumschema um das sog. »Streifen- oder Linienbild«, *(vgl. Abb. 72)*, wobei der Bildraum in einen »Erdboden« unten (Bodenstrich oder Blattunterkante), den »Himmel« oben und dazwischen die »Luft« als Bewegungsraum für die auf der Bodenlinie aufzubauenden Bildgegenstände aufgeteilt wird. Der Himmel wird als breiterer (bei Verwendung von Farbe als blauer) Streifen bezeichnet unter oder neben dem Sonne, Wolken, Vögel und Mond ihren Platz erhalten.
Die Erweiterung dieses Raumschemas erfolgt durch das Hinaufrücken des Bodenstreifens. Der entstandene Platz wird benutzt, um hier weitere Bildgegenstände anzubringen und er fördert die Darstellung von aufsichtartigen Bildgegenständen (Wegen, Zäunen, Wiesen etc.). *(vgl. Abb. 73)*. So nimmt die Entwicklung einerseits ihren Ausgang von der Wiedergabe einzelner, in Aufsicht gesehener und dementsprechend gleichsam im Grundriß dargestellter Teilflächen der Standebene und andererseits von dem früheren Raumschema querschnittartiger Darstellungen.
Für das Kinderbild im Schulkindalter ist nun typisch, daß das Streifenbild und das Steilbild miteinander kombiniert werden. Es kann dabei zu einer für den Erwachsenen scheinbar unvereinbaren Mischung der Blickwinkel kommen, die aus Querschnitten

6.12.2. Orthogonale Relationen

und Aufsichten besteht. Objekte wie Fußballplätze, Landschaften mit Straßen- und Flußverläufen werden z. B. grundrißartig, gleichsam in »Aufsicht« dargestellt, Häuser, Menschen, Autos, ein Schwimmbad-Sprungturm dagegen im Querschnitt. Solch ständig wechselnde Zuordnungen vertikaler und horizontaler Raumebenen zur Zeichenfläche verdeutlichen viele Bildbeispiele dieses Bandes. Für die Raumauffassung innerhalb der Phase der konkreten Operationen *(Piaget)* gilt, daß sich das Kind innerhalb der Zeichenoperation auf einen Ausschnitt des Handlungsfeldes beschränkt, die Bildzeichen gleichberechtigt additiv zusammenfügt und die gesamträumlichen Beziehungen nicht beachtet.

Für das »Streifenbild mit Standfläche« wurde festgelegt, daß zu dieser Raumdarstellung die Bilder gehören, deren unterer »horizontaler« Bildraum ein Drittel des Gesamtbildraums nicht überschreitet *(vgl. Abb. 73)*. Die dritte Variante bestimmt das reine »Steilbild«. Hier ist die gesamte Blattfläche zur »Bodenfläche« geworden; ein Horizont erscheint nicht mehr *(vgl. Abb. 74)*. Eine vierte mögliche Variante ist die »Mischform«, die ihre Bestimmung in denjenigen Raumdarstellungen findet, welche zwischen dem »Steilbild« und dem »Streifenbild mit Standfläche« liegen *(vgl. Abb. 75)*.

Abb. 72: Streifenbild
Die Blattunterkante bildet den »Bodenstreifen«.

Abb. 73: Streifenbild mit Standfläche
Der »Bodenstreifen« erstreckt sich bis zu einer Höhe, die ein Drittel des unteren Gesamtbildraumes erfaßt.

Abb. 74: Steilbild
Die Blattfläche entspricht der des Bodens; ein »Himmelsstreifen« fehlt.

Abb. 75: Mischform
Der »Bodenstreifen« übertrifft ein Drittel des Gesamtbildraumes.

6.12.2. Orthogonale Relationen

Letztere verschmelzen als Raumdarstellungen des »Streifenbildes« (auf der Blattunterkante oder mit einem Bodenstreifen) mit denen des Steilbildes; die Addition der beiden Bildräume führt zu entsprechenden »Mischformen«. Solche »Mischformen« lassen sich häufig ebenfalls in Raumgestaltungen des »Weg- oder Wanderbildes« und des »Mehrstreifenbildes« finden *(vgl. Abb. 76, 77).*

Abb. 76: »Weg«- oder »Wanderbild«.   *Abb. 77: Mehrstreifenbild*

Genügt den Kindern nicht mehr eine Bodenlinie, um ihre Inhalte zeitlich nacheinander oder räumlich hintereinander zu schildern, so kann die Standlinie verdoppelt oder vervielfacht werden. Es kommt zu einem »Mehrstreifenbild«. Bei dem »Weg- oder Wanderbild« besitzen die Wegführungen im Bildganzen einen dominanten Charakter, ihr Verlauf bestimmt die inhaltliche Ausrichtung und sie scheinen damit verbunden zu sein, daß das Kind sich als im Bilde bewegend erlebt.

In der Fachliteratur werden beide Varianten als gleichberechtigte Raumkategorien beschrieben. Doch die Überprüfung der Häufigkeit dieser Formen der Raumdarstellung erbrachte das Ergebnis, daß auf eine eigene Kategorisierung verzichtet werden konnte.

Die tabellarische Auflistung dieser Raumdarstellungen ergibt folgende Verteilung:

Alter Jahre:	6	7	8	9	10	11	12	13	14
»Weg- oder Wanderbild (Anzahl der Bilder):	5	6	6	8	5	3	4	3	1
»Mehrstreifenbilder (Anzahl der Bilder):	-	2	4	5	7	6	1	-	-

Bei 8.531 untersuchten Bildern entspricht dies einem Prozentanteil von 0,8 Prozent (0,5 Prozent »Weg- oder Wanderbilder« und 0,3 Prozent »Mehrstreifenbilder«).

Es blieben vier Varianten des Raumschemas: Das »Streifenbild«, das »Streifenbild mit Standfläche«, das »Steilbild« sowie die Mischform von »Streifenbild mit Standfläche«.[142]

6.12.3. Euklidische Relationen

In der Fachliteratur sind sich die Autoren darin einig, daß die weitere Entwicklung der Raumdarstellung in der späten Kindheit und in dem beginnenden Jugendalter immer mehr einer Darstellungsweise entgegenstrebt, welche die »dritte Dimension« beachtet und mit in das Bild einbezieht. *Meyers* und *Mühle* sprechen vom »Horizontbild (vgl. Abb. 79)* und meinen damit eine Form der Raumdarstellung, welche »die dritte Dimension, die Bildtiefe (bis zuletzt unendlich weit in der Bildtiefe entfernt liegenden Horizont) mehr und mehr verwirklicht«.[143] Um dahin zu gelangen, muß das Kind nach *Meyers* die Raumauffassungen des Steil- und Streifenbildes überwinden, weil z. B. beim Streifenbild der Bodenstrich und der »Querschnittcharakter« der neuen Tiefenraumauffassung geradezu entgegensteht.

Abb. 78: Schrägbild, Schlittschuhteich, 12 Jahre Junge (nach Hans Meyers)

Abb. 79: Horizontbild, Bauerhof, 13 Jahre Junge (nach Hans Meyers)

Leichter verläuft dagegen der Weg über das Steilbild; es eröffnet den Übergang zur tiefenräumlichen Darstellung z. B. dadurch, daß in ihm die am oberen Bildrand angebrachten Bildgegenstände allmählich kleiner gezeichnet werden als die im unteren Teil des Bildes. Dabei braucht noch kein Horizont aufzutreten, und dennoch hat die Bodenebene dann den Charakter einer Schräge. Wir treffen somit auf das sog. Schrägbild (vgl. Abb. 78). Nach *Meyers* schließt sich an das »Schrägbild« – es entspricht dem Punkt D der orthogonal-metrischen Raumauffassung unserer Untersuchungen –, als letzter Stufe der Raumentwicklung die »meisterhafte Kunst raumillusionistischer ›Horizontbilder‹« an.

Doch nach unseren Erfahrungen muß der Übergang von der orthogonalen zur euklidischen Raumdarstellung vorsichtiger beurteilt werden. Es gibt keinen »natürlichen« Weg zur perspektivischen Darstellungsweise bei dessen Erschließung über die Horizontlinie. Es scheint vielmehr so zu sein, daß das Kind beginnt, verschiedene perspektivische Beobachtungen, die aus der Wirklichkeit oder aus Bildeindrücken stammen, in sein Bild einfließen zu lassen. Vielfach beschränken sich dabei die Kinder nur auf einen Bildgegenstand. So können etwa einzelne Figuren oder Baumreihen mit ihren Standlinien oder dem von oben gesehenen Bodenstreifen schräg emporgeführt werden oder es befinden sich im Bild Gegenstände, die bereits konvergierende Projektionslinien enthalten. Auch ist diese Projektion zumeist noch »fehlerhaft«; durch die Verwendung einer dritten Koordinate aber wird die dreidimensionale Darstellungsabsicht deutlich. Für diese Übergangsformen wurde Punkt E, die »voreukli-

6.12.4. Ergebnisse der Raumdarstellung

dische Raumdarstellung« gebildet. Die Bezeichnung »voreuklidisch« wurde deshalb gewählt, weil das Kind nunmehr erste Versuche unternimmt, mit Hilfe der dritten Dimension dem Bild Tiefe zu geben. Doch bevor das Kind so zeichnet, daß alle räumlichen Konfigurationen den gleichen Bedingungen unterliegen, vergeht ein längerer Zeitraum, denn die euklidische Raumdarstellung fordert vom Kind, daß es die »natürlichen« Koordinaten mit den zwei Bezugssystemen der Horizontalen und Vertikalen verläßt. Es verwendet dann ein System mit drei unterschiedlich verlaufenden Raumachsen, von denen eine in die »Tiefe« führt. Im Zusammenhang mit der allmählichen Koordinierung der Bildgegenstände unter einem einzigen Blickwinkel ergibt sich als weitere Folge, daß invariante Lagebeziehungen aufgegeben werden und die Größe der Bildgegenstände ihrer Raumlage gemäß beachtet werden muß. Mit Punkt G innerhalb der »Euklidischen Raumdarstellung« wurden diejenigen Bilder erfaßt, welche perspektivisch-tiefendimensional durchgestaltet waren und deren Koordinaten in sämtlichen Punkten den gleichen räumlichen Bedingungen unterlagen.

6.12.4. Ergebnisse der Raumdarstellung

Die Grundlage der Auswertung bildeten 8865 Bilder, die aus dem Bestand »Wie wir Kinder heute leben« nach Zufall ausgewählt wurden. Dies bedeutet, daß der Feststellung, welche Raumkonzeptionen Kinder zwischen ihrem sechsten und vierzehnten Lebensjahr verwenden, inhaltlich »freie« Arbeiten zugrunde lagen. Jedes Kind konnte nach Maßgabe seiner Vorstellungen den Bildraum gestalten, ohne daß durch spezifische Hinweise Vorgaben gemacht wurden, die das bildnerische Verhalten in diesem Punkt einschränkten.

Die *Tabelle 8* zeigt in einem Gesamtüberblick wesentliche Ergebnisse des Verhaltens räumlicher Darstellungsweisen im Schulkindalter an.

Kategorie	Jahre	6, 7	8	9	10	11	12	13	14
A	topologisch	0,9 %	0,6 %	0,2 %	0,6 %	0,2 %	0,4 %	0,5 %	0,5 %
B	vororthogonal	8,3 %	5,2 %	3,3 %	2,3 %	1,0 %	1,0 %	–	0,3 %
C	orthogonal	82,8 %	82,7 %	80,6 %	75,0 %	69,1 %	55,4 %	51,1 %	31,0 %
D	orthogonal und metrisch	3,3 %	4,2 %	5,8 %	9,0 %	10,9 %	11,0 %	11,8 %	12,8 %
E	voreuklid.	0,1 %	0,8 %	3,9 %	4,6 %	8,2 %	12,8 %	13,9 %	14,1 %
F	voreuklid. und metrisch	–	0,3 %	1,5 %	2,8 %	4,8 %	9,5 %	10,8 %	13,1 %
G	euklidisch	–	–	0,1 %	0,1 %	0,2 %	0,5 %	1,5 %	3,1 %
H	Zeichen ohne Umraum	4,6 %	5,7 %	4,7 %	5,8 %	5,6 %	9,2 %	10,6 %	25,7 %

Tab. 8: *Ergebnisse der Raumdarstellung*

6.12.4. Ergebnisse der Raumdarstellung

Bereits eine erste Analyse macht dreierlei deutlich: zum einen die überragende Rolle des Raumschemas »C« – »orthogonal«, zum anderen fällt auf, daß die Ergebnisse in ab- oder aufsteigender Folge parallel zur Altersgliederung verlaufen und es war schließlich drittens nicht zu erwarten, daß die Anzahl von Bildern der Kategorie Punkt »G« – »euklidisch« so gering ausfallen würde.

Sichtbar wird eine bestimmte Folge von Verhaltensweisen, der eine sachimmanente Entfaltungslogik zugrunde liegt. Sie vollzieht sich zwischen den Polen struktureller Entwicklungsmerkmale und kultureller Einflüsse.

Betrachten wir die Ergebnisse im Einzelnen: Im Sinne der topologischen Raumauffassung (Kategorie A) wurden bei den sechs- bis vierzehnjährigen Kindern insgesamt nur wenige Bilder vorgefunden. Es fielen darunter: ein Kritzelbild (acht Jahre), vier ungerichtete Streubilder, sowie 35 gerichtete Streubilder. Bei den Bildern der Älteren kann man davon ausgehen, daß Lustlosigkeit oder Desinteresse mit zu den Gründen gehören, die zu diesen retardierenden Raumlösungen beitragen.

Auch der nachfolgenden Relation, der Kategorie B, dem »vororthogonal« gestalteten Raum, konnten quantitativ nur wenige Bilder zugeordnet werden, wenngleich sich hier im Unterschied zur topologischen Raumauffassung ein deutlicher Alterstrend nachweisen ließ. Kontinuierlich gehen die Werte von 8,3 Prozent der Sechs- und Siebenjährigen bis auf ein Prozent bei den elf- und zwölfjährigen Kinder zurück und fallen dann bei den Dreizehn- und Vierzehnjährigen noch weiter bis auf 0,3 Prozent ab.

Die Kategorie C, die **»orthogonale Raumdarstellung«**, nimmt eine Sonderstellung ein, denn durchschnittlich 70,7 Prozent aller untersuchten Bilder der Kinder zwischen dem sechsten und dem vierzehnten Lebensjahr enthielten diese Raumordnung. Sie stellt damit das **überragende kategoriale Raumsystem** in der Kinderzeichnung dar. Die Ergebnisse des Altersverlaufs ergaben zweierlei: Zum einen blieb die Dominanz der »orthogonal« gestalteten Bilder über den gesamten Untersuchungszeitraum bestehen, d.h. es war sowohl für die Sechsjährigen als auch für die Vierzehnjährigen die am häufigsten verwendete Raumordnung. Zum anderen ließ sich eine deutliche Abnahme mit ansteigendem Alter beobachten. Die Tabelle weist aus, daß der Anteil von 82,8 Prozent bei den Sechs- und Siebenjährigen bis auf 31 Prozent bei den Vierzehnjährigen abfällt.

Im nächsten Schritt soll dargestellt werden, wie sich die vier Raumausprägungen (»Streifenbild«, »Streifenbild mit Standfläche«, »Steilbild« und »Mischform«) im Rahmen der Raumrelationen verhalten. Zur Erleichterung ziehen wir hierzu das Frequenz-Polygon *(Abb. 80)* hinzu. Die fünf dargestellten Kurven repräsentieren neben den vier Raumausprägungen noch die Bilder ohne weiteres räumliches Umfeld. Sehr leicht ist hier zu ersehen, in welchem Ausmaß das **»Steilbild«** die Phase der mittleren Kindheit dominiert.

Die Raumschemata des »Streifenbildes« und des »Streifenbildes mit Standfläche« werden von den Kindern bei Schulbeginn signifikant häufiger gezeichnet (mit 29,2 bzw. 33,8 Prozent) als das »Steilbild« oder die »Mischform« (mit 12,0 bzw. 18,4 Prozent). Besonders der Vergleich der vier Raumausprägungen im sechsten, siebten und achten Lebensjahr kann darlegen, daß für die Raumentwicklung zunächst die Blattunterkante bzw. eine am unteren Bilddrittel gezogene Standlinie den entscheidenden Ordnungsfaktor bildet. Der nahezu parallele Verlauf zeigt die Verwendung dieser beiden Raumformen bei einem Drittel aller Sechs- und Siebenjährigen und einen Rückgang bis auf 10,1 bzw. 11,6 Prozentanteile bei den Vierzehnjährigen.

6.12.4. Ergebnisse der Raumdarstellung

Nach unseren Untersuchungen werden diese beiden Raumformen etwa ab dem neunten Lebensjahr mehrheitlich von denjenigen Raumschemata verdrängt, bei welchen die Fläche als Raumebene bevorzugt wird. Auch die beiden anderen Raumausprägungen, das »Steilbild« und die »Mischform«, lassen Parallelen erkennen: beide Kurvenläufe beschreiben einen Halbkreis, d. h. in der mittleren Kindheit steigen diese Raumformen an, während sie zu Beginn und am Ende unseres Untersuchungszeitraumes abfallen. Doch verdeutlicht die Grafik darüber hinaus, daß das Steilbild, bei dem die gesamte Zeichenfläche die Ebene für die zweidimensionale Gestaltung bildet, die dominierende Raumausprägung der mittleren Kindheit darstellt. Weiterhin zeigt sich, daß das »Steilbild« quantitativ eine weit bedeutsamere Rolle in der Kinderzeichnung spielt als die »Mischform« (aber auch als das »Streifenbild« und das »Streifenbild mit Standfläche«).
Der Anwendungshöhepunkt liegt im elften Lebensjahr (bei 48,4 Prozent) und nimmt dann in den nachfolgenden Jahren wieder ab.
Nach diesen Ergebnissen können bei der Raumdarstellung drei Phasen unterschieden werden. Ein großer Prozeß der Umstrukturierung findet zwischen dem sechsten, siebten und achten Lebensjahr statt. Es folgt eine Periode der relativen Stabilisierung, die bis zum dreizehnten Lebensjahr anhält, um dann wieder durch neue Formen der Raumdarstellung abgelöst zu werden. Diese Ergebnisse berühren noch einen anderen Aspekt:

In psychodiagnostischen Zeichentests wurden die raumbezogenen Plazierungen der Bildgegenstände standardisiert. Für Kinder bis zum achten Lebensjahr, so wurde es etwa im »Baumzeichentest« festgelegt, ist ein Baum, der auf den unteren Blattrand gesetzt wird, als »normal« zu bewerten. Hierin drücke das Kind, so der Autor *Koch*, im eigentlichen Sinne und im übertragenen Sinne sein »kindliches Weltbild« aus. Bei Kindern über zehn Jahren, (nach unseren Ergebnissen in Abb. 80 waren es 11,8 Prozent), sei das Merkmal einer Retardierung gleichzusetzen.[144]

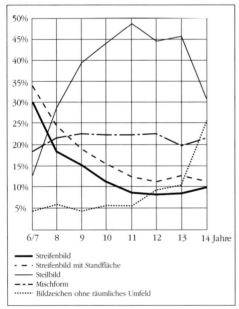

Abb. 80: *Raumausprägungen der Kategorien B bis H*

Es ist nicht unsere Aufgabe diese normative Setzung einer Bewertung zu unterziehen. Es bestätigt sich aber, daß das »Streifenbild« auf der Blattunterkante bzw. das »Streifenbild mit Standfläche« als erste Raumdarstellungsformen bewertet werden müssen, während »Steilbilder und »Mischformen« bevorzugte Raumschemata der mittleren und späten Kindheit bilden.
Zusätzlich wurden in die Grafik *(Abb. 80)* Bilder aufgenommen, die zwar ein oder mehrere Bildzeichen enthielten, zwischen denen aber keine weiteren Raumbezie-

6.12.4. Ergebnisse der Raumdarstellung

hungen hergestellt worden waren, so daß eine gesamträumliche Bestimmung nicht möglich war. Der Verlauf dieser grafischen Kurve, welche die »raumlosen« Bilder repräsentiert, zeigt einen langsamen Anstieg bis zum dreizehnten und eine starke Zunahme hin zum vierzehnten Lebensjahr.

Hinweise, die einige dieser Ergebnisse bestätigten, finden wir bei *Mosimann*. Er hatte bei seinen Untersuchungen von Kindern zwischen dem vierten und dem sechszehnten Lebensjahr (im Durchschnitt jeder Altersklasse etwa von 300 Kindern) festgestellt, daß nach dem »Streubild« das »Streifenbild« als häufigste Form der Raumdarstellung folgt. Das »Streifenbild« (Richtalter fünf bis sechs Jahre) wird abgelöst vom »Standlinienbild« (Richtalter bis zum achten Lebensjahr) und dieses wiederum vom »Steilbild« (Richtalter achtes und neuntes Lebensjahr). Auch wenn *Mosimann* keine vergleichenden Angaben zur Häufigkeit des Auftretens der anderen Raumformen macht, so decken sich seine Feststellungen weitgehend mit den Ergebnissen unserer Untersuchungen.

Aufgrund unserer Befunde ist der Aussage von *Hans Meyers* zu widersprechen, welcher behauptete, daß neben dem »Streifen«- oder »Linienbild« das »Steilbild« gleichberechtigt aufträte.

Mit der Kategorie E »voreuklidisch« beginnt die Untersuchung, wann und im welchem Umfang es Ansätze zu tiefenräumlichen Gestaltungen gibt *(Vgl. Tab. 8, S. 114)*. Aufgegliedert waren die Relationen in »voreuklidisch« (– hier bahnt sich die dritte Dimension zumeist durch konvergierende Projektionslinien eines Bildgegenstandes an), in die Kategorie »voreuklidisch und metrisch« (F) und schließlich in die tiefenräumlich exakt durchkonstruierte Kategorie »euklidisch« (G).

Die Befunde unserer Untersuchungen belegen, daß die starke Bindung der Kinder an das orthogonale System keinesfalls zugunsten gesamträumlicher voreuklidischer Raumdarstellungen aufgegeben wird. Besonders die Einführung des Begriffs »Horizontbild« *(Meyers)* erscheint problematisch, weil er fälschlich eine systematische Weiterentwicklung suggeriert. Einordnungsversuche, »Horizontbilder« als Zwischenglieder von kindlichen Raumschemata und dem vollendeten euklidischen Bildraum zu bestimmen, mußten aufgegeben werden, weil sich die Variante des »Schrägbildes« kaum identifizieren ließ. Es scheint sich bei der funktionalen Entwicklung des Bildraums bis zum vierzehnten Lebensjahr so zu verhalten, daß sie sich **nicht** im gesamträumlichen Kontext vollzieht, sondern nur an vereinzelten Stellen. D.h. innerhalb des »orthogonalen Systems«, welches vorherrschend bleibt, werden vereinzelt Bildgegenstände schon euklidisch dargestellt, ohne daß diese tiefenräumlichen Ansätze den Gesamtbildraum ordnen.

Während bei Kindern ab dem elften oder zwölften Lebensjahr etwa in jedem vierten Bild *(vgl. Tab. 8)* solche tiefenräumlichen Ansätze feststellbar waren, gab es in diesem Alter kaum welche, die ein nahezu einwandfreies perspektivisches Bild entwerfen konnten. Selbst bei Vierzehnjährigen konnten nur drei Prozent der Bilder der Kategorie G »euklidisch« zugeordnet werden.

Wie sich das perspektivische Zeichnen weiterhin entwickeln kann, hat *Heinrich Dreidoppel* anschaulich geschildert.[145] Sein biografischer Bericht über Zeichnen und Malen seit seiner Kindheit bis zum Akademiestudium zeigt, daß erst die Adoleszenz der entscheidende Zeitpunkt ist, in dem die perspektivischen Probleme bearbeitet werden. *Dreidoppel* schreibt, daß er das perspektivische Zeichnen über Abzeichnen von Bildern und Zeichnen von realen Objekten gelernt habe.[146] Zum ersten Male, so erinnert er sich, sei er im Alter von zehn Jahren von einer perspektivischen Zeichnung fasziniert gewesen und er versuchte sie zu kopieren. Im Alter von zwölf

6.12.4. Ergebnisse der Raumdarstellung

Jahren betrachtete er häufig Demonstrationszeichnungen der Frontalperspektive, sowie der Unter- und Aufsicht. Erst mit Vierzehn oder Fünfzehn gelang es ihm (als einem sicher begabten Schüler, der später sogar Kunsterzieher wurde), Objekte perspektivisch darzustellen. Die spezielle Abmeßtechnik, mittels Bleistift und ausgestrecktem Arm die Proportionen auf das Blatt zu übertragen, brachten ihm sein Vater und der Kunstlehrer bei.[147]

Man kann diese Erfahrungen verallgemeinern: Alle Berichte, die vorgelegten Ergebnisse sowie unterrichtspraktische Beobachtungen deuten darauf hin, daß sich das perspektivische Zeichnen nicht per se in einem funktionalen Prozeß vollzieht, wie es *Meyers* behauptete und *Mühle* übernahm, sondern es erstens an bestimmte geistige Voraussetzungen gebunden ist, dessen zeitlicher Rahmen jenseits der Kindheit im Jugendalter liegt und zweitens von **intentionalen Lernprozessen** abhängig ist, also durch Belehrung erreicht wird.

Da die euklidische Raumdarstellung einem logischen System unterliegt, die eine konsequente Ein- und Unterordnung aller Bildgegenstände verlangt, steht sie im Gegensatz zur orthogonalen Raumgestaltung. Letztere erlaubt dem Zeichnenden die Bildgegenstände sukzessiv und entsprechend frei den invarianten Widerspiegelungen der Objekte im Bewußtsein in das Bild einzusetzen. Somit erfüllt das orthogonale System verschiedene gestalterische Bedürfnisse, welche dem Denken der Kinder in der konkret-anschaulichen Phase entgegenkommt, während die perspektivische Konstruktion einen weitgehenden Abbau feldabhängiger Faktoren verlangt, zu dem das Kind bis zu einem bestimmten Zeitpunkt nicht bereit ist, bzw. nicht seinen geistigen Voraussetzungen entspricht.

Der abschließende Punkt H bezieht sich auf »raumlose« Bilder. Hier waren die Bildgegenstände so dargestellt, daß eine räumliche Bestimmung nicht möglich war. Bei diesen Bildern wurden die Bildgegenstände einzeln dargestellt und nicht miteinander verbunden, d.h. auf ein Raumschema hat das Kind verzichtet.

Vieles an diesen Ergebnissen zur Raumdarstellung deutet darauf hin, daß die »kindlichen Raumschemata« im dreizehnten Lebensjahr enden und nun im Anschluß daran neue Raumlösungen gesucht werden. So unterschreitet die orthogonale Raumdarstellung (ohne Beachtung metrischer Bezüge) nur mit einer Ausnahme die Fünfzig-Prozent-Marke: erst bei den Vierzehnjährigen sinkt sie auf unter ein Drittel aller Bilder ab. Ausgeglichen wird diese Abnahme durch eine weitere Besonderheit, die sich nur bei den Vierzehnjährigen in dieser Signifikanz zeigt. Es handelt sich um den Anstieg der »raumlosen« Bilder auf über 25 Prozent! Eine Erklärung dafür könnte sein, daß mit dem beginnenden Jugendalter der Wunsch nach »richtiger« tiefenräumlicher Darstellung zunimmt und da die Schüler häufig noch keine Einführung in das perspektivische Zeichnen erhalten haben oder aber diese Projektionsmethoden für sie noch zu schwierig sind, verzichten sie ganz auf eine räumliche Gestaltung und begnügen sich mit der Darstellung eines einzigen Gegenstandes, bzw. von mehreren Gegenständen. Sie stehen zumeist nebeneinander und sind durch kein übergreifendes räumliches Konzept miteinander verbunden.

Abschließend sollen die bisherigen Ausführungen kurz zusammengefaßt werden: Das räumliche Gestalten vom Schulbeginn bis zum beginnenden Jugendalter wird von den zweidimensional organisierten orthogonalen Raumbeziehungen beherrscht. Das »Streifenbild« und das »Streifenbild mit Standfläche« stellen die bevorzugten Raumdarstellungsformen der jüngeren Kinder dar; das »Steilbild« und die »Mischform« da-

Abb. 81: Daniela D., 8 J., »Meine Mutti ist gestorben«.

Abb. 82: Uwe B., 10 J., »Ein Kind sucht seine Mutter«.

Abb. 83: Helge H., 11 J., »Ausländer raus«.

Abb. 84: Björn L., 11 J., »Probier doch mal!«.

Abb. 85: Karsten S., 6 J., »Krieg«.

Abb. 86: Moritz O., 14 J., »Landschaft«.

Abb. 87: Kerstin H., 11 J., »Heile Welt vs. zerstörte Welt«.

Abb. 88: Ute U., 11 J., »Kind im Verkehr«.

Abb. 89: Olaf K., 14 J., »Der Umweltfresser«.

Abb. 90: Ulrike K., 11 J., »Tierversuche«.

Abb. 91: Susanna H., 11 J., »Weihnachten«.

Abb. 92: Anja S., 11 J., »Spielplatzprobleme«.

Abb. 93: Jürgen K., 12 J., »Computerspiele«.

Abb. 94: Andreas S., 11 J., »Schulaufgabe ist doof«.

Abb. 95: Volker W., 11 J., »Immer ich«.

Abb. 96: Pierre W., 13 J., »Nein«!

6.12.4. Ergebnisse der Raumdarstellung

gegen sind die bevorzugten Raumausprägungen der älteren Kinder, wobei das »Steilbild« die quantitativ meistverwendete Raumvariante bildet. Metrische Bezüge treten erst ab dem zehnten Lebensjahr (in etwa jedem zehnten Bild) verstärkt in Erscheinung. Bei den euklidischen Relationen lassen sich am Ende der Grundschulzeit und zu Beginn der weiterführenden Schulen zwar verstärkt Ansätze zur tiefenräumlichen Darstellung feststellen, aber die Fähigkeit, euklidisch zu gestalten, bleibt selbst bei den Dreizehn- und Vierzehnjährigen auf einige Ausnahmen beschränkt. Überwiegend tendieren die Kinder auch noch in der mittleren und späten Kindheit zur Feldabhängigkeit, denn sie fügen Einzelzeichen zu einem Gesamtbild zusammen, ohne bereits die Konzeption eines einzigen Standpunkts und ohne übergeordnete Kompositionsprinzipien vorwegzunehmen. Der mental-symbolische Raum hat keine Ähnlichkeit mit dem Euklidischen. Für die Untersuchungen war es ohne Bedeutung, wie schnell und wie viele Kinder ein bestimmtes Raum- oder Menschschema erreichen. So können die Angaben verläßliche Werte darüber vermitteln, welche zeichnerischen Verhaltensweisen Kinder in einem bestimmten Alter anwenden. Wichtige Erkenntnisse geben uns daher die Ergebnisse auch in Hinblick auf das, was die Entwicklungspsychologie als »Reifestand« oder »sensible Periode« bezeichnet. Die »sensible Periode« wird als ein Entwicklungsabschnitt definiert, in welchem verglichen mit vorangehenden oder nachfolgenden Perioden spezifische Erfahrungen maximale Wirkungen haben.[148]

Da sich das Zeichnen des Kindes als ein komplexer Vorgang erweist, als eine symbolschaffende Tätigkeit, die etwa die Phantasie an sich bindet und individuelle Botschaften vermittelt, ist eine »Höherentwicklung« im Sinne des rascheren Erreichens fortgeschrittener, etwa tiefendimensionaler Bezüge ohne Belang. Wenn die Untersuchungsergebnisse als Indikatoren eines »natürlichen«, vom Kind selbst bestimmten Verhaltens gelten können, dann erschließen sie wesentliche anthropogene Bedingungen, bewahren vor »Vor-Urteilen« und tragen zum notwendigen Verstehensprozeß *(Otto/Otto)* bei, der allen fachdidaktischen Überlegungen vorausgehen muß.

Bleibt zum Abschluß des Kapitels die Frage, ob sich Jungen und Mädchen in Hinblick auf ihr räumliches Verhalten voneinander unterscheiden. Eine vergleichende Gegenüberstellung der zeitlich früher einsetzenden Raumbeziehungen im orthogonalen Bereich mit den zeitlich späteren Darstellungsweisen im euklidischen Bereich ließ **keine Unterschiede** erkennen. Dieses zeigt sich sowohl bei der Betrachtung des zeitlichen Einsatzes der Raumkategorien als auch hinsichtlich der Verwendung der späteren Raumschemata im euklidischen Bereich. Für die Beurteilung des geschlechtsspezifischen Verhaltens bedeutet dies, daß es heute keine strukturellen Differenzen mehr zwischen Mädchen und Jungen gibt. Es wurde einmal angenommen, daß Jungen auf diesem Gebiet, bei welchem der Gestaltungsprozeß größere Nähe zu kognitiv strukturierten Handlungen annehmen kann, einen zeitlichen oder qualitativen Vorsprung vor Mädchen haben könnten. So betonte *Kerschensteiner* mehrfach, daß bei der Raumdarstellung die Jungen der Jahrhundertwende den Mädchen überlegen gewesen seien.

Im Gegensatz zu den kategorialen Relationen erbrachten die Raumausprägungen unterschiedliche Ergebnisse. Mädchen zeichneten weniger »Streifenbilder« als Jungen, dagegen aber signifikant häufiger »Steilbilder«. Diese Feststellung könnte im Zusammenhang mit anderen Ergebnissen gesehen werden, wie z. B. bei der qualitativen und quantitativen Verwendung der Farbe. Es zeigte sich dort, daß Mädchen die Fläche dif-

6.12.4. Ergebnisse der Raumdarstellung

ferenzierter gestalteten als Jungen. Da »Streifenbilder« im Gegensatz zu »Steilbildern« größere Flächen des Bildes »frei« lassen, während »Steilbilder« ein Ausmalen des ganzen Blattes verlangen, könnte sich hier bestätigen, was bereits in anderen Zusammenhängen festgestellt wurde, daß Mädchen im Detail und in der Fülle der Bildzeichen den Jungen »überlegen« sind.

7. Inhalte im Kinderbild

7.1. »Wie wir Kinder heute leben«

Dieses Kapitel bezieht sich auf die Erforschung der inhaltlichen Aspekte kindlicher Vorstellungen. Damit wird für die gegenwärtige Kindergeneration der Versuch unternommen, die spezifische Art und Weise der Welterfahrung und -deutung im Bild zu bestimmen. Vor dem Hintergrund immer neuer und wechselnder Informationen ist unsere Kenntnis um die kindlichen Weltbilder brüchig geworden. Aber das Wissen darüber, welche Erfahrungen, Wissenskonzepte und neue Informationen das Kind in sein Bild einbringt und wie die Phasen aussehen, in denen sich das Kind die Welt in immer größer werdenden Kreisen der Welterfassung erobert, ist kunstdidaktisches Grundlagenwissen und Bestandteil der anthropologisch-psychologischen sowie der situativ-, sozial-, kulturellen Bedingungen. Erst wenn wir Ergebnisse vorliegen haben, die klare Aussagen über Weite und Begrenzung bildnerischer Fähigkeiten und inhaltlicher Möglichkeiten machen, kann fachdidaktisch seriös auf der Grundlage aktueller kindlicher Konzeptionen gearbeitet werden.

Es ist die Untersuchungsabsicht des vorliegenden Kapitels, folgende Fragen zu untersuchen und zu dokumentieren: Welche Inhalte, d.h. welche Vorstellungen über Wirklichkeit bekunden Kinder in ihren Bildern? Ein weiteres Interesse besteht an den Fragen nach der Veränderung von Bildaussagen mit fortschreitendem Alter und nach der damit verbundenen Erweiterung und Veränderung der Erfahrungsinhalte. Eng verbunden damit ist die Frage: Gibt es altersabhängige Motivkonstellationen? Es wird weiterhin darzustellen sein, inwieweit Bildinhalte durch die Umwelt beeinflußt werden; ebenso ob und in welcher Weise sich im Kinderbild geschlechtsspezifische Einflüsse nachweisen lassen. Darüber hinaus wird geprüft, ob sich bei einem Vergleich von »Großstadt«- und »Landkindern« hinsichtlich ihrer Themenwahl Unterschiede ergeben. Das Untersuchungsmaterial bestand aus 34 623 Bildern, die aus einem noch größeren Gesamtbestand zufällig ausgewählt worden waren. Allen Kindern zwischen dem achten und dem vierzehnten Lebensjahr war die gleichlautende Aufgabe gestellt worden:

»Mal doch mal ... Wie wir Kinder heute leben.
Du siehst die Welt mit Deinen eigenen Augen.
Du machst Dir Deine eigenen Gedanken darüber.
Mal was Dir gefällt oder nicht gefällt.
Zeig mit Deinem Bild, wie Kinder heute leben.
Mit Pinsel, Bleistift oder Tinte, ganz egal.«[149]

Zeitlich später wurde dieser Aufgabentext auch noch an eine große Zahl der sechs- bis achtjährigen Grundschüler gerichtet, so daß ebenfalls die jüngsten Schulkinder mit in die Untersuchung einbezogen werden konnten.[150]

7.1. »Wie wir Kinder heute leben«

Durch die homogene Thematik der Aufgabenstellung bei gleichzeitiger Freiheit ihrer Inhalte war dieses Bildmaterial besonders geeignet, die Inhalte kindlicher und jugendlicher Weltsicht im Kinderbild zu erforschen.

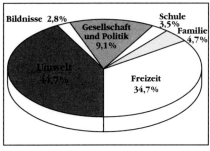

Abb. 97

Mit einer Fülle und einem fast unüberschaubaren Reichtum haben die Schülerinnen und Schüler ihre Erfahrungen mitgeteilt und in ihren Bildern zugleich eine Stellungnahme, ihre Ansicht zu ihrer Welt, wie sie sie verstehen und auslegen, abgegeben.[151]

Alle relevanten Lebensbereiche werden dabei berührt; die *Abb. 97* zeigt in ihrem Schaubild die Verteilung der Bildinhalte, bezogen auf sechs Kategorien.

KATEGORIEN		Anzahl	Prozentanteil
1.	Umweltzerstörung/ Umweltprobleme	6 071 Bilder	17,5 %
2.	Landschaften/ Häuser in einer intakten Umwelt	4 668 Bilder	13,5 %
3.	Spielen auf dem Spielplatz/ in der Natur	3 773 Bilder	10,9 %
4.	Tiere/ Ereignisse mit Tieren	2 815 Bilder	8,1 %
5.	Sport	1 868 Bilder	5,4 %
6.	Familie/Zuhause	1 619 Bilder	4,7 %
7.	Krankheit/Ängste/ Traurigkeit/Probleme	1 374 Bilder	4,0 %
8.	Politische und soziale Probleme	1 321 Bilder	3,8 %
9.	Krieg/Wettrüsten	1 254 Bilder	3,6 %
10.	Schule	1 215 Bilder	3,5 %
11.	Probleme/Behinderungen/ Verbote beim Spielen	1 080 Bilder	3,1 %
12.	Feste/Veranstaltungen Weihnachten	1 078 Bilder	3,1 %
13.	Darstellungen von Menschen	958 Bilder	2,8 %

Tab. 9: Rangfolge der Inhaltsfelder.

7.1. »Wie wir Kinder heute leben«

Die *Tabelle 9* schlüsselt die am häufigsten gewählten Themenbereiche weiter auf. Während die Entscheidungen für die Themen »Spielplatz«, »Tiere«, »Landschaften«, »Sport«, »Häuser«, »Familie« und »Schule« alle in der Tradition kunstpädagogischen und entwicklungspsychologischen Erfahrungswissens stehen und erwartet werden durften, muß die Tatsache, daß die Problematik der Umweltzerstörung und der Umweltprobleme mit Abstand als das wichtigste Thema der Kinder gewählt wurde, als ein epochaler Prozeß der Umstrukturierung gewertet werden. Und dies in einem doppelten Sinn: Einmal hat sich im Bewußtsein kindlicher Vorstellungen ein rigoroser Wandel vollzogen, der sich auch in den überaus häufig dargestellten Inhalten von Krankheiten, Trauer, Ängsten, den politisch-sozialen Problemen und bei Kriegsdarstellungen widerspiegelt. Diese starke Bedeutungserweiterung – und dieses betrifft die zweite Neuerung – findet bei Kindern seinen, (fast möchte man sagen: natürlichen oder selbstverständlichen) Ausdruck im Medium des eigenen Bildes. Es wird zu einem Träger lebensgeschichtlich geprägter Botschaften.

Deutlich wird bei der hier ermittelten Prioritätenliste in der Reihenfolge: Lebensraum, Spiel, Tiere, Sport und Familie, daß Kinder ihre »Perspektive von Welt« nicht nach den vorgegebenen Vorstellungen der Erwachsenen interpretieren und nachahmend handeln, sondern sie ihre eigenen Ansichten, ihre »perspektivische Wahrnehmung« aufgrund eigener Erfahrungen (und Möglichkeiten) entgegensetzen. Der Modus der Auseinandersetzung ist abhängig von neuen Erfahrungen.

Die *Tabelle 10* zeigt die altersspezifische Veränderung der Inhaltsfelder:

		6–8 Jahre	9–11 Jahre	12–14 Jahre
1	Familie positiv	4,6 %	4,0 %	3,4 %
2	Familie negativ	0,3 %	0,7 %	0,8 %
3	Schule positiv	2,1 %	2,1 %	1,2 %
4	Schule negativ	0,2 %	1,4 %	2,8 %
5	Freizeit (Spiel)	38,4 %	31,1 %	14,3 %
6	Probleme der Kinder	2,6 %	6,8 %	9,0 %
7	Umwelt positiv	34,2 %	29,0 %	18,1 %
8	Umwelt negativ	2,4 %	15,2 %	29,7 %
9	Gesellschaft/Politik	2,0 %	7,0 %	18,6 %
10	Bildnisse	20,9 %	2,2 %	1,3 %

Tabelle 10

Der Vergleich zeigt, daß der Bereich »Familie« mit zunehmendem Alter vernachlässigt wird, der Bereich »Schule« aber an Bedeutung gewinnt. Auch die Einstellungen zu »Freizeit«, »Umwelt und Politik« verändern sich. Themen, welche der Freizeit zu-

7.1. »Wie wir Kinder heute leben«

Inhalte	6 Jahre	7 Jahre	8 Jahre	9 Jahre	10 Jahre	11 Jahre	12 Jahre	13 Jahre	14 Jahre
Familie positiv	2,7	**6,1**	5,0	4,4	3,5	4,1	3,7	3,2	3,4
Familie negativ	–	0,5	0,4	0,6	0,8	0,7	0,7	**1,0**	0,8
Schule positiv	1,7	**2,5**	2,1	2,3	2,0	2,0	1,5	1,5	0,7
Schule negativ	–	0,1	0,4	0,8	1,1	2,3	2,5	**3,3**	2,6
Kirche/Glaube	0,5	**0,8**	0,3	0,7	0,5	0,2	0,3	0,3	0,2
Spielplatz	10,7	9,3	**14,2**	12,1	10,4	6,5	3,9	3,4	1,7
Kinderspiel	2,4	2,0	**2,5**	2,3	1,4	0,9	0,8	0,7	0,5
Winterspiele	1,7	**2,5**	1,3	1,2	1,3	1,3	1,0	0,5	0,7
Hobby	1,9	2,3	2,0	**2,4**	1,8	1,9	1,9	1,4	1,6
Reisen	0,5	2,1	2,0	**3,7**	3,3	2,7	1,8	1,6	1,2
Feste und Veranstaltungen	2,4	**3,3**	3,0	2,8	2,4	1,3	1,0	0,7	0,6
Weihnachten	1,7	**2,1**	1,1	1,2	1,2	0,6	0,5	0,2	–
Reisen/Musik	–	0,3	0,3	0,4	0,2	0,3	0,4	0,6	**0,9**
Sport	6,8	**8,4**	7,2	7,5	6,1	4,5	3,4	3,1	2,3
Märchen und Phantasie	**6,1**	1,4	1,6	1,3	1,0	0,9	0,7	1,0	0,2
Comics	0,2	0,4	0,7	0,4	0,7	0,8	**1,0**	0,5	0,6
Abenteuer und Roboter	0,2	1,6	**3,3**	2,8	2,5	1,5	1,2	0,8	0,4
Probleme Lernen Spielen	0,2	0,3	1,6	1,4	3,0	3,8	4,4	**5,4**	4,6
Traurige Kinder	0,2	1,4	1,5	2,3	2,4	2,7	2,9	**3,2**	3,0
Böse Kinder	0,2	–	0,8	0,5	**0,9**	**0,9**	**0,9**	0,2	0,3
Krankheit und Angst	0,5	0,7	**0,9**	0,8	**0,9**	0,8	0,7	0,7	0,7
Landschaften	3,4	**6,9**	6,2	6,5	6,4	6,2	5,7	5,8	4,5
Bauernhof	1,2	1,3	1,7	2,2	2,1	**2,3**	1,9	1,7	0,9
Haus	**20,6**	7,6	7,6	6,2	5,9	4,5	4,0	3,0	2,7
Fahrzeuge	1,5	2,5	**2,9**	2,4	2,2	2,3	1,9	1,2	1,6
Schiffe	**6,3**	4,7	3,9	3,9	2,5	1,7	0,9	0,4	0,5
Tiere	8,2	**10,5**	10,2	9,4	8,7	7,9	6,9	5,2	3,6
Pflanzen	1,9	1,4	**2,0**	1,7	1,2	0,7	0,5	0,5	0,9
Umweltzerstörung allgemein	0,2	1,2	2,8	4,7	8,5	12,0	13,5	12,4	**16,6**
Umweltprobleme der Stadt	–	0,3	0,8	1,4	2,0	2,5	4,4	5,4	**6,6**
Umweltzerstörung versus heile Welt	0,5	0,2	0,8	2,0	3,9	6,4	8,2	9,7	**9,7**
Bedrohte Tiere	–	0,3	0,4	0,4	0,7	1,1	**1,4**	0,9	0,5
Bildnisse/Ich	**14,3**	12,4	6,1	3,7	1,8	1,2	1,2	1,6	1,1
Krieg	0,5	1,9	1,2	1,5	3,1	3,8	5,4	6,8	**10,1**
Drogen und Gewalt	–	0,1	–	0,1	0,4	0,7	1,2	1,2	**1,9**
Soziale Ungerechtigkeiten	–	0,2	0,3	0,9	1,6	2,6	2,8	**4,0**	3,1
Allgemeine politische Probleme	–	0,1	–	0,3	0,6	1,4	2,3	3,8	**4,1**
Ich helfe, setze mich ein	–	0,2	0,1	0,3	0,6	0,9	0,9	1,2	**2,0**
Zukunft und Vergangenheit	–	–	0,1	0,1	0,3	0,7	1,2	**1,6**	**1,6**

Tab. 11: *Inhalte von 34 623 Bildern und ihrer Prozentanteile, bezogen auf das Alter. Höhepunkte sind halbfett gesetzt.*

7.1. »Wie wir Kinder heute leben«

zuordnen sind, werden mit ansteigendem Alter immer weniger bearbeitet, dagegen steigt der Anteil der Bilder mit »Umweltthemen und Politik« bei den Älteren weiter an. Drastisch ist dagegen der Rückgang, der sich bei der Darstellung von »Bildnissen« und Selbstbildnissen zeigt. Mit ansteigendem Alter wird die »Umwelt« immer bedeutsamer, der Lebensraum der Familie und die ihm zugehörende oder benachbarte Spielwelt wird allmählich aufgegeben. Die Interessen verlagern sich auf extrafamiliäre, schulische und damit auf zukünftige Erfahrungen und Lebensräume.

Alter							
6, 7 Jahre	8 Jahre	9 Jahre	10 Jahre	11 Jahre	12 Jahre	13 Jahre	14 Jahre
Familie positiv	Spielplatz	versch. Hobbies	Krankheit/ Angst	böse Kinder	Comics	Familie negativ	Disco/ Reisen/ Musik
Schule positiv	Kinderspiele	Reisen		Bauernhof	Bedrohte Tierwelt	Schule negativ	Allgem. Umweltzerstörung
Kirche/ Glaube	Abenteuer/ Roboter					Probleme beim Spiel	Umweltprobleme der Stadt
Spiele im Winter	Fahrzeuge					traurige Kinder	Umweltzerstörung vs. heile Welt
Feste/Veranstaltungen	Pflanzen					Soziale Ungerechtigkeit	Krieg
Weihnachten							Drogen
Sport							Allgem. politische Probleme
Märchen							Einsatz/ Hilfsbereitschaft
Landschaften positiv							Zukunft und Vergangenheit
Haus/ Häuser							
Schiffe							
Tiere							
Bildnisse/ Selbstbildnisse							

Tab. 12: Welches Thema wurde in welchem Alter am häufigsten gewählt?

7.1. »Wie wir Kinder heute leben«

Die Kritik- und Konfliktbereitschaft wächst zugleich mit der Fähigkeit zur Reflexion über das eigene Erleben sowie über seine Stellung und Beziehung zur Umwelt. Diese Herausbildung zu kritischen Haltungen zeigt sich in der *Tabelle 10* eindringlich, wenn man die entsprechenden Kategorien: »Familie negativ«, »Schule negativ«, »Probleme der Kinder« sowie »Umwelt negativ« betrachtet. Alle Prozentanteile steigen deutlich an. Wenn wir im Sinne einer Klassifizierung die verneinende Lösungsstrategie, die Bildaussage – wie es nicht oder wie es besser sein soll – als eine kognitive Variable anerkennen, welche eine stärkere intellektuelle Leistung vom Kind abverlangt als die Akzeptanz und Schilderung des Ist-Zustandes, dann zeigen sich hier deutliche Abhängigkeiten der Bildaussage von dem jeweiligen »altersbedingten« Entwicklungsstand.

Einen noch differenzierteren Überblick über die Inhalte der Bilder und ihre Prozentanteile, aufgeschlüsselt in 37 Kategorien, bietet die *Tabelle 11*. Betrachtet man die inhaltlichen Höhepunkte eines jeden Altersjahrganges für sich *(Tab. 12)*, so belegen sie, daß sich eine Vielzahl inhaltlicher Schwerpunkte besonders bei den jüngsten und bei den ältesten Kindern finden läßt, während der (grafisch ausgedrückte) Leerraum in der Mitte signalisiert, daß in dieser Zeitspanne keine großen inhaltlichen Veränderungen eintreten.

Die jüngeren Schulkinder bleiben weitgehend an konkret-gegenständliche Inhalte gebunden. Das zeigt sich bei den Themen: »Das bin ich«, »Haus«, »Familie«, »Schule«, »Spiele im Winter«, »Lieblingstier«, »Sport«, »Feste und Märchen«. Es sind Themen der kindlichen Eigenwelt im Sinne eines **naiven Realismus.** Es dominiert somit in den ersten Schuljahren noch ein weitgehend »unkritisches« Interesse an Welt, das Faktische, das Hier und das Jetzt. Nach diesen Ergebnissen kündigt sich in den Bildern zwischen dem achten und dem neunzehnten Lebensjahr das Ende der frühen Kindheit an und es vollzieht sich eine Wandlung. Das Kind bringt nun zum ersten Mal auf einer neuen selbstbewußten Stufe die Ich-Erfahrung, die Bewußtwerdung der Einzigartigkeit seiner Individualität ein. Zum anderen zeigt die Abnahme neuer Themen, daß das Kind zwischen dem neunten und zwölften Lebensjahr nicht primär neue Umwelt- und Handlungsräume erobern möchte, sondern eher seine individuellen und gesellschaftlichen Erfahrungen erweitert und festigt. Die nun aufgenommenen Themen sind stärker auf die **reale und individuelle Eigenwelt** bezogen. Dies verdeutlichen die Darstellungen: »meine Hobbies«, »ich verreise«, »Krankheit und Ängste«, »Kinder begehen Fehlhandlungen«, »sind böse«, »nehmen Partei für die bedrohte Tierwelt« und wünschen ein »Leben in der Natur und mit Tieren«, »auf einem Bauernhof«. Diese kennzeichnenden inhaltlichen Tendenzen um die Mitte des Schulkindalters ändern sich bis zum Ende des Schulkindalters noch einmal grundlegend. Die Zunahme neuer Themen im dreizehnten und vierzehnten Lebensjahr bezieht sich jetzt vorwiegend auf soziale Gegenstände und Ereignisse. Die Fähigkeit zu abstrakten und urteilenden Denkoperationen wird besonders deutlich bei Alternativdarstellungen »heile versus zerstörte Welt«, bei Bildern, die räumlich entfernte Ereignisse schildern mit Inhalten zu »Krieg« und »Frieden«, politischen Problemen oder »Hunger in der 3. Welt«, sowie bei Darstellungen zu Gegenwart, Zukunft und Vergangenheit. So ergibt sich insgesamt ein Dreierschritt: Nachdem die bezaubernde, vitale, aber auch unkritische Nahwelt aufgegeben wird, folgt eine Phase, in der eigene Wünsche hervortreten, die dann schließlich in den Willen zur Veränderung und dem Protest gegen Bestehendes einmündet. Wie die *Abbildung 98* verdeutlicht, hat sich das **Problembewußtsein** und die **kritische Haltung** bereits bei der Mehrheit aller zwölfjährigen Kinder durchgesetzt. Das

7.1. »Wie wir Kinder heute leben«

Ausmaß der Kritik und der zeitlich frühe Eintritt muß überraschen, denn der Ausschreibungstext des Zeichen- und Malwettbewerbs war neutral gehalten: »Mal doch mal ... Wie wir Kinder heute leben«.

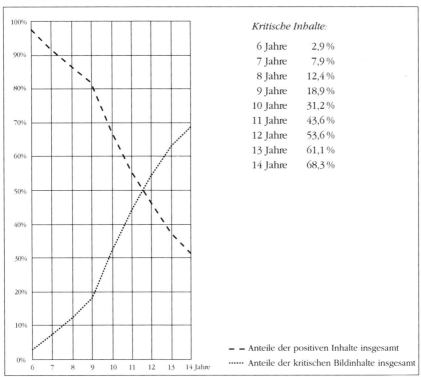

Kritische Inhalte:

6 Jahre	2,9 %
7 Jahre	7,9 %
8 Jahre	12,4 %
9 Jahre	18,9 %
10 Jahre	31,2 %
11 Jahre	43,6 %
12 Jahre	53,6 %
13 Jahre	61,1 %
14 Jahre	68,3 %

– – Anteile der positiven Inhalte insgesamt
······ Anteile der kritischen Bildinhalte insgesamt

Abb. 98: Altersabhängige Verteilung der positiven und negativen Bildinhalte.

Wie groß der Wandel zwischen den fünfziger und sechziger Jahren und heute ist, belegen die wissenschaftlichen Untersuchungen von *Arnold Gesell* und *Hans Meyers*. Das Verhaltensprofil, das *Gesell* etwa für die Zehnjährigen entwirft, beschreibt eine ausschließlich positiv und glücklich verlaufende Zeitspanne, die offenbar noch von keinen gesellschaftlichen Konflikten berührt ist. Nach den Beobachtungen *Gesells* entsteht ein kritisches Verhältnis, z. B. zur Schule erst im Alter von elf Jahren und die Einbeziehung und Reflexion gesellschaftspolitischer Dimensionen geschieht sogar erst im Alter von fünfzehn Jahren.[152] Bei *Hans Meyers* bestehen die Inhalte der »Welt der kindlichen Bildnerei« aus den Bereichen des Spiels, der Jahreszeiten, der Feste, der Tiere, der Pflanzen, der Familie, der Märchen und Abenteuer. Kindheit bei *Meyers* bedeutet kindlicher Schonraum, eingebettet in einen sozial-kulturell vorgegebenen Zusammenhang, innerlich ausgestattet mit unproblematischen Zielen, die keinen Konfliktstoff kennen. Konventionen und Traditionen bestimmten im hohem Maße das Handeln. Noch war Kindheit nicht gänzlich zukunftsgerichtet, noch gab es nicht, um mit *Hartmut von Hentig* zu sprechen, »Kleinfamilienkindheit«, »Fernsehkindheit« und »Konsumkindheit« und wir fügen hinzu »Computerkindheit«.[153]

7.2. Familie

Mit dem Thema »Familie« haben sich 4,7 Prozent der Kinder auseinandergesetzt, wobei Mädchen dieses Thema signifikant häufiger gewählt haben *(vgl. Abb. 99)*.

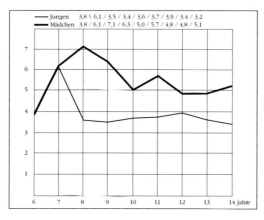

Insgesamt nimmt die Wahl dieses Themas mit ansteigendem Alter ab, wobei allerdings die Auseinandersetzung der Mädchen mit der Familie bis zum 14. Lebensjahr signifikant höher bleibt als bei den Jungen. Die nachfolgende Tabelle gibt Aufschluß über die Themen, die bearbeitet wurden.

Abb. 99:
Altersabhängige Verteilung der Inhalte zur Familie.

KATEGORIEN		Jungen	Mädchen	Gesamt
1.	Unsere Wohnung, mein Zimmer, so wohne ich, das ist meine Familie im/am Haus (Abb. 101)	202	328	530
2.	So lebe ich, so sieht mein Tagesablauf aus; dargestellt in mehreren, voneinander abgegrenzten Bildern	107	163	270
3.	Gemeinsames Spiel/ gemeinsame Aktivitäten zwischen Kindern und Erwachsenen	24	63	87
4.	Mein Zimmer/ein »Traumzimmer«	22	50	72
5.	Eine Familie/Kinder und Erwachsene (Abb. 103)	24	47	71
6.	Arbeit/Tätigkeit im Garten	21	47	68
7.	Einkaufen	7	37	39
8.	Familie am Haus/Straße	7	18	25
9.	Baby/Puppe/Kind	3	13	16
10.	Friedhof	5	6	11

Tab. 13: Positive und neutrale Bildinhalte zum Thema Familie.

7.2. Familie

Abb. 100: Ruth R., 8 J., »Ich umarme Mama gerne«.

Beispiel für Übergangsformen von der En-face-Ansicht zur Profildarstellung. Arme, Haare und Münder bei Mutter und Kind unterstreichen die Profildarstellung. Im Widerstreit der Tendenzen erhielt jede Person aber nur ein Auge, welches jeweils auf der einen, äußeren Seite des Kopfes angebracht wurde. Die Nase bei Mutter und Kind erscheint gleich zweimal, rechts und links am Kopf.

7.2. Familie

Abb. 101: Sven K., 10 J., »Miedhaus«.

7.2. Familie

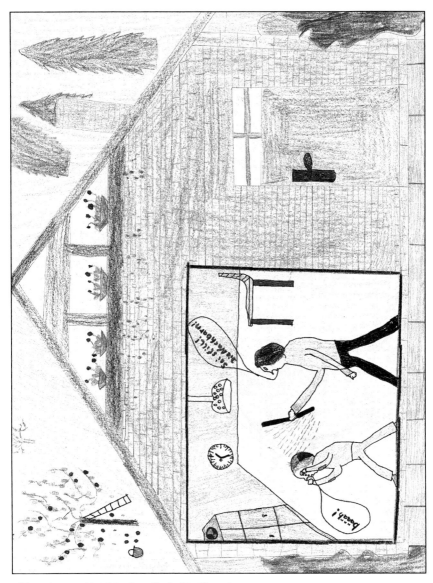

Abb. 102: Marc T., 12 J., »Sei still, die Nachbarn!«.

7.2. Familie

Abb. 103: Evelyn B., 13 J., »Wir Kinder leben ...«

Die Bedeutung traditioneller Freizeitgestaltung innerhalb der Familien scheint zurückgegangen zu sein. Nur 87 Bilder zeigen Eltern **und** Kinder, wie sie etwas im familiären Rahmen gemeinsam unternehmen, spazierengehen oder zusammen im Wohnzimmer spielen. Die meisten Bilder, die sich auf diesen Inhalt bezogen, zeigten die Familienmitglieder, wie sie gemeinsam vor dem Fernseher sitzen. Offenbar spüren Kinder schon sehr früh, daß es einen hohen Wert darstellt, eine intakte Familie vorweisen zu können. Daher fällt es schwer, im Bild anderen gegenüber einzugestehen, daß es in der eigenen Familie Probleme gibt. So liegen in diesem Untersuchungsmaterial »nur« 247 Bilder vor, die sich auf Probleme und Konflikte innerhalb der Familie beziehen.

KATEGORIEN	Jungen	Mädchen	Gesamt
1. Erwachsene schimpfen, schlagen, bestrafen Kinder (Abb. 102)	55	97	152
2. Eltern streiten / Streit in der Familie, Scheidung (Abb. 2 und Abb. 96)	29	40	69
3. Pflichten, Arbeit (Abb. 95)	8	18	26

Tabelle 14: Negative Bildinhalte zum Thema Familie.

7.3. Schule

Das Thema Schule hatten 1 215 Kinder gewählt, dies entspricht einem Anteil von 3,5 Prozent aller Bilder. Dieser geringe Anteil ist erstaunlich, da doch das sechste bis vierzehnte Lebensjahr entscheidend durch die Welt der Schule mitbestimmt wird. Aber vielleicht hat die Schule bei der Überlegung der Kinder »wie sie leben«, es nicht vermocht, in diesem Zusammenhang eine bedeutsamere Rolle einzunehmen. Andererseits muß bei der quantitativen Festlegung eines Themenbereichs mit berücksichtigt werden, daß sich die Inhalte überschneiden können. So taucht das Thema in anderen Zusammenhängen (z.B. bei »Tagesabläufen« oder bei »sozialen Problemen«) wieder auf.

7.3. Schule

Abb.104: Gunda K., 13 J., »Die Nacht vor der Mathearbeit«.

7.3. Schule

Abb. 105: Jan-Hendrik W., 11 J., »Hausaufgaben«.

7.3. Schule

Abb. 106: Holger F., 12 J., »Wo bleibt er nur?«.

7.3. Schule

Etwa die Hälfte der eingereichten Schulbilder (663 Bilder, d. h. 54,6 %) enthielten neutrale oder positive Inhalte zu diesem Themenbereich.

KATEGORIEN		Jungen	Mädchen	Gesamt
1.	Weg zur Schule, das Schulgebäude, Szene vor der Schule	114	142	256
2.	Unterricht / in der Klasse unser Klassenzimmer (Abb. 105)	54	107	161
3.	Auf dem Schulhof / in der Pause spielen	17	47	64
4.	Sportunterricht	8	52	60
5.	Schöne Schule / Phantasieschule / Schule der Zukunft / Freude an der Schule / Hilfe und Verständnis	15	32	47
6.	Ich mache Hausaufgaben / arbeite für die Schule	9	15	24
7.	Klassenfahrt / Wandertag	6	13	19
8.	Klassenfest / Schulfest	8	7	15
9.	Zeugnis	3	10	13
10.	Lehrer	2	2	2

Tabelle 15: Positive und neutrale Bildinhalte zum Thema Schule.

Den 663 Kinderzeichnungen stehen 552, (d. h. 45,4 Prozent), gegenüber, die sich negativ und kritisch zur Schule äußern. Als wichtigste Motive durchziehen Angst vor der Schule, Leistungsdruck und allgemeine Schulunlust diese Bilder. Das Darstellen dieser Inhalte verweist auf einen komplexen Vorgang; aggressive Phantasien leben sich hier aus. Das freie Spiel mit zeichnerischen Mitteln erlaubt »Verbotenes«: das Schulgebäude wird auf vielfältige Art und Weise zerstört, abgebrannt, beschossen, Lehrer werden getötet, spitze Nadeln bohren sich zusammen mit einem Trichter und dem »pädagogisch erhobenen« Zeigefinger des Lehrers oder der Eltern in den Schülerkopf.

In der *Abb. 107* wird die altersabhängige Verteilung positiver und negativer Bilder zur Schule gezeigt. Die gegensätzlich verlaufenden Kurven ergeben ein bedrückendes Bild. Auf der einen Seite die stetig zurückgehende positive Sicht und auf der anderen Seite der rapide zunehmende Negativtrend, beide mit ansteigendem Alter. Weiterhin wird deutlich, daß in den ersten beiden Grundschuljahren noch kaum ein Bild zu finden ist, das ein schulkritisches Thema enthält. Ab dem achten Lebensjahr steigt ihre Anzahl jedoch kontinuierlich an. Auffällig ist bei dem Kurvenverlauf die sprunghafte Zunahme kritischer Bilder zwischen dem neunten und dem elften Lebensjahr. Die hier offensichtlich verstärkt zunehmende, differenzierende Einstellung des Schulkindes ist nicht zufällig, sondern sie spiegelt die Schwierigkeiten wider, die durch den Wechsel von den Grundschulen zu den weiterführenden Schulen, zur Realschule, Gymnasium, Gesamtschule oder zur Förderstufe wachsen.

7.4. Freizeit

KATEGORIEN	Jungen	Mädchen	Gesamt
1. Schulstreß vs. Spiel/Leistungsdruck vs. Freizeit/Verständnis vs. Unverständnis	107	106	213
2. Streß/Leistungsdruck Angst/Ärger/Angstträume/schlechtes Zeugnis (Abb. 104, Abb. 106)	81	69	150
3. Ich wünschte, die Schule brennt/könnte fort/häßliche Schule/Schule »Nein Danke«	57	35	92
4. Zu viele Schularbeiten / Probleme mit den Hausaufgaben (Abb. 94)	21	39	60

Tabelle 16: Negative Bildinhalte zum Thema Schule.

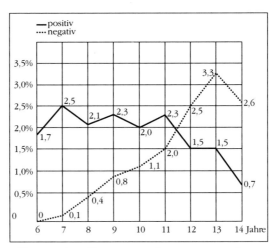

Abb. 107: Altersabhängige Verteilung positiver und negativer Bilder zur Schule

7.4. Freizeit

Die Kinder haben mit ca. 11 000 Bildern fast ein Drittel aller Arbeiten dem Thema »Freizeit« gewidmet. Innerhalb des Sektors »Freizeit« hat wiederum das »Spiel« (fast ein Drittel) mit Abstand die größte Bedeutung. Dieser hohe Anteil zeigt, daß auch der Zeit-

7.4. Freizeit

Abb. 108: Michael E., 9 J., »Fußball«.

7.4. Freizeit

Abb. 109: Simone B., 10 J., »Steht auf Jungs«.

7.4. Freizeit

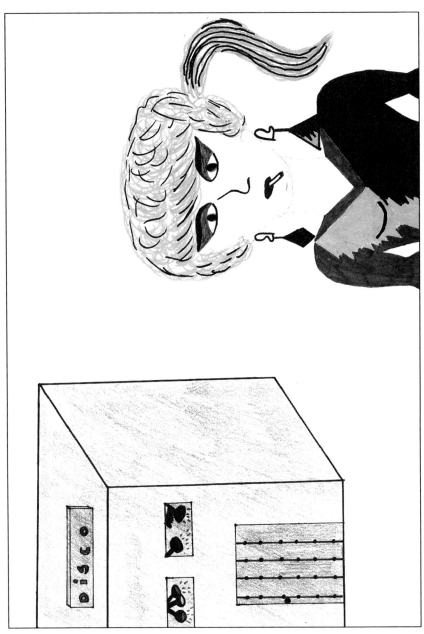

Abb. 110: Regine U., 13 J., »Disco«.

7.4. Freizeit

Abb. 111: Nicole H., 11J., »Darf ich ein Pferd haben«?

7.4. Freizeit

abschnitt »Schulkindheit« noch zu jenen Lebensphasen gehört, in denen Spielräume und Spielzeiten einen hochrangigen Schwerpunkt besitzen. Der Höhepunkt dieses Themenkomplexes liegt bei den acht- und neunjährigen Kindern. Bis zum 14. Lebensjahr nimmt das Interesse stetig ab, bleibt jedoch auf einem hohen Niveau, denn noch bei den Vierzehnjährigen enthielt fast jedes 5. Bild eine inhaltliche Auseinandersetzung mit dem Bereich »Freizeit« (vgl. Abb. 112).

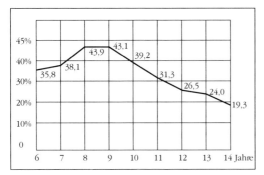

Abb. 112: Altersabhängige Verteilung der Darstellungen zum Freizeitbereich

Betrachtet man die Reihenfolge der meistgewählten Themen (vgl. Tab. 17), dann fällt auf, daß Aktivitäten in geschlossenen Räumen wie »Weihnachten feiern«, »Lesen«, »Malen«, »Musizieren«, »Computerspiel«, »Briefmarken sammeln«, »Fernsehen« sowie »Geburtstagsfeste feiern«, weit abgeschlagen auf den hinteren Plätzen zu finden sind, während alle Freizeitaktivitäten **außerhalb** der Wohnung eindeutig dominieren. Dies bedeutet, daß der Lebensraum »Spielplatz«, »Reiterhof«, »Schwimmbad«, »freie Natur«, »die Straße« und der »Raum vor dem Wohnhaus« die wichtigsten Interaktionsräume der Kinder sind. Es ist zum einen der öffentliche Raum, wo man sich trifft, miteinander spielt, Nachbarn erlebt, Freunde und Fremde; Konflikte austrägt und hier die unterschiedlichsten Bedingungen für weitere Erfahrungen findet. Zum anderen ist es der **Bewegungsraum,** den Kinder brauchen und suchen.
Klettern, Rutschen, Laufen, Fangen, Schneeball werfen, Schwimmen und Springen werden in den Bildern der Kategorie 1 bis 6 immer wieder dargestellt; sie dokumentieren das Bedürfnis nach körperlicher Motorik. Weiterhin bekunden die Bilder, daß sich auch die Spielhandlungen der Spiele außerhalb des Spielplatzes verändern. Die »klassischen« Spiele der Kinder im Freien wie das Cowboy- und Indianerspiel, die Schnitzeljagd, das Versteckspiel und »Gummi-Twist« waren ganz selten anzutreffen, ein Bild etwa zum Murmelspiel fand sich gar nicht. Ebenso selten waren Spiele im Umgang mit ausrangierten technischen Geräten, mit Kisten, alten Hütten oder abenteuerliche Begebenheiten an Bächen, Teichen oder in Höhlen. Dagegen zeigten Bilder der Freiraum-Kategorien am häufigsten Szenen auf einem großen Abenteuer-Spielplatz, mit Baumhäusern oder aber unspezifischen Spielen wie mit einem Ball. Dabei ist nicht zu übersehen: Die Spielplatzbilder zeigen ein stets gleichbleibendes Inventar, zumeist reduziert auf Schaukeln, Rutschbahnen und Sandspielkästen. D. h. die Kinderbilder spiegeln mit diesen normierten Geräten und den – damit verbundenen – begrenzten Spielräumen die Realität wider, die Erwachsene ihnen bieten.

Bei den sportlichen Betätigungen in der Freizeit stehen Schwimmen und das Fußballspiel konkurrenzlos an der Spitze der Beliebtheit. Es folgt an dritter Stelle das Ballspielen ohne Wettkampfcharakter. Die danach gezeichneten sportlichen Interessen sind dagegen nicht in annähernd gleicher Weise bei den Kindern verbreitet.

7.4. Freizeit

	KATEGORIEN	Jungen	Mädchen	Gesamt
1.	Spiel auf dem Kinderspielplatz (Abb. 92)	524	927	1451
2.	Reiten/Pferdedarstellungen (Abb. 111)	172	1011	1183
3.	Spielen in der Natur, in einer idyllischen, schönen Landschaft	306	617	923
4.	Schwimmen/im Schwimmbad/am Strand/im Meer	275	455	730
5.	Fußballspiel/Fußball zuschauen (Abb. 108)	592	58	650
6.	Spiel auf der Straße/städtisch geprägt	216	327	543
7.	Figuren und Szenen aus Massenmedien	189	236	425
8.	Kinderspiele im Winter/Schneemann/Schlitten fahren/Eislaufen etc.	168	250	418
9.	Zelten/Picknick/Lagerfeuer/Abenteuer (Abb. 109)	184	176	360
10.	Versch. Sportarten/Tischtennis/Turnen Ballett/Tennis etc.	147	178	325
11.	Schiff fahren/Boot fahren/Seeabenteuer	191	125	316
12.	Figuren und Szenen aus Märchen/Phantasie	142	172	314
13.	Weihnachten/Bescherung/Nikolaus etc. (Abb. 91)	88	202	290
14.	Hund und Kind/Hund	68	192	260
15.	Freizeit im Zimmer/Hobbies/Computer/basteln/lesen/malen/musizieren (Abb. 93)	96	159	255
16.	Wandern/Spazieren gehen	106	135	241
17.	Vogel und Kind/Erlebnis mit Vögeln	115	121	236
18.	Drachen steigen lassen	80	116	196
19.	Fernsehen	92	97	196
20.	Zirkus	60	110	170
21.	Cowboy/Indianer/Abenteuerspiel	87	81	168
22.	Ballspielen	49	105	154
23.	Zoobesuch	55	81	136
24.	Urlaub	62	68	130
25.	Disco/Musik/Vergnügen (Abb. 110)	51	75	126
26.	Jahrmarkt/Kirmes	63	62	125
27.	Geburtstag/Fest/Party	32	92	124
28.	Angeln	95	38	124
29.	Kind und Tier/Ereignis mit Tieren	34	85	119
30.	Spielzeug/ferngelenktes Spielzeug/Gameboy	89	29	118
31.	Fahrrad fahren	71	38	109
32.	Rollschuh laufen	24	79	103
33.	Laternenumzug/Laternenfest	20	54	74
34.	Ballon fahren	38	30	68
35.	Blumen pflücken	6	29	35
36.	Kasperltheater	11	17	28
37.	Bestimmte Spiele, z.B. Würfelspiel oder Quiz	16	10	26
38.	Treffen mit Freundinnen/Freunden	3	14	17
39.	Fotografieren	5	6	11
40.	Roller fahren	4	5	9
41.	Briefmarken sammeln	7	–	7

Tabelle 17: Bildinhalte zum Thema Freizeit.

7.4. Freizeit

Das Interesse an Sportdarstellungen läßt im Verlaufe der Kindheit stark nach. Hier zeigt sich ein ähnliche Bild wie schon beim Spiel: die Lust an der Bewegung ist Kinder um so mehr ein Bedürfnis, je jünger sie sind. Die altersabhängige und geschlechtspezifische Verteilung der Darstellungen zum Sport *(Abb. 113)* ergibt weiterhin, daß sportliche Themen von Jungen häufiger bearbeitet wurden als von Mädchen.

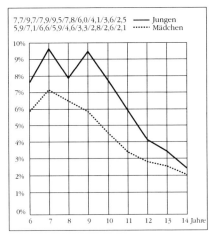

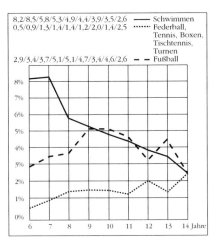

Abb. 113: *Geschlechtsspezifische Verteilung der Darstellungen zum „Sport".*

Abb. 114: *Altersabhängige Interessenveränderungen bei verschiedenen Sportarten.*

Der Blick auf die Altersangaben macht darüber hinaus deutlich, daß Kinder sich in verschiedenen Phasen für unterschiedliche Sportarten interessieren *(vgl. Abb. 114).* Der Inhaltsbereich »Schwimmen« der bevorzugte Sport der Sechs- und Siebenjährigen verliert mit zunehmendem Alter aber an Attraktivität und wird später von anderen sportlichen Interessen überlagert. Beim Fußball dagegen, einem Gruppenspiel mit festgefügten Regeln, liegt der Höhepunkt der Darstellungen zwischen dem 9. und 13. Lebensjahr; es zeigt sich aber bei dieser Sportart ein annähernd gleichbleibendes Interesse während der Schulkindheit. In der dritten Gruppe der Sportarten, die spezielle Disziplinen wie Federball, Tennis, Boxen, Tischtennis und Turnen zusammenfaßte, wird das allmählich ansteigende Interesse mit zunehmendem Alter signifikant.

Spielerische Auseinandersetzungen, die ohne technischen Aufwand und kompliziertes Regelwerk betrieben werden können, haben bei den Jüngeren den Vorzug erhalten. Beim Schwimmen im Schwimmbad oder am Strand, beim Fußballspiel und beim Ballspiel stehen Kommunikation und Interaktion sowie die intensive Bewegung im Vordergrund. In der weiteren Reihenfolge der Sportarten folgen das Tischtennisspiel, das Turnen, das Tennis- und Federballspiel schließlich die Kampfsportarten Boxen und Karate. Das Handballspiel und die Leichtathletik haben entgegen ihrer großen allgemeinen Verbreitung bei den Kindern nur wenige Anhänger gefunden. Interessant ist auch, daß unter allen Sportbildern kein Motiv etwa zum Radrennfahren zu finden war. Ein interkultureller Vergleich zwischen französischen, spanischen und deutschen Kindern würde hier möglicherweise große Unterschiede im inhaltlichen Verhalten aufweisen.

7.4. Freizeit

Betrachtet man den Freizeitbereich unter dem Aspekt der Tierbilder, so zeigen sich zwei bedeutsame Tendenzen. Zum einen haben die Kinder vielleicht entgegen jeder Erwartung, keine wilden, großen, exotischen Tiere dargestellt, sondern einheimische Tiere in der Reihenfolge: Pferde, Hunde, heimische Waldtiere, Vögel, Hase, Hamster, Kaninchen, Meerschweinchen, Zootiere, Fische und Katzen. Erst dann folgen Urwaldtiere und Tiere aus entfernten Ländern, d. h. Kinder haben die Tiere gezeichnet, die sie kennen, die ihnen vertraut sind, mit denen **sie Erlebnisse verbinden,** mit denen sich intensive Beziehungen aufbauen lassen.

Dieser erlebnishafte »Gebrauchswert« zeigt sich auch bei den Themen »Fahrzeuge«, »Schiffe« und »Technik«. Die technische Faszination, welche Erwachsene und Jugendliche dem Auto entgegenbringen, wird von Kindern nicht geteilt. Schöne, schnittige Traumautos lassen sich erst ab dem 12. oder 13. Lebensjahr finden; die Jüngeren bewundern dagegen eher Bagger, Raketen oder Flugzeuge. Einmal einen Kran lenken, auf einem Schiff reisen, eine Lokomotive fahren oder in einem Bagger zu sitzen, das sind ihre Bedürfnisse und Wünsche.

Zum anderen stellt die große Anzahl von Pferdebildern eines der erstaunlichsten Ergebnisse dar. Für die Mädchen bedeutet die Darstellung von über 1 000 Pferdebildern, daß von den über 18 000 Teilnehmerinnen jedes 18. (!) Bild, das gemalt oder gezeichnet wurde, das Thema Pferd zum Inhalt hatte. Pferde können zu einem wichtigen Bezugspartner werden, der Eigenschaften der Verläßlichkeit und Freundschaft zwischen Mensch und Tier beinhaltet. Auch im Zusammenhang mit Fluchtträumen und Fluchtphantasien, die sich mit den Wünschen nach Ausbruch aus der Schule, aus dem Alltag und mit der Ablösung vom Elternhaus beschäftigen, kann diese Beziehung eine wichtige Rolle spielen. Nicht zuletzt sorgen Fernsehserien wie »Fury« und »Black Beauty« sowie ein großer Teil der Jungmädchen-Literatur (»Brittas Herz gehört den Pferden«), Pferdelexika, Fachzeitschriften, Poster und Kleidung für spezifische Prägungen und konventionelle Bezugsmuster.

Es stellt sich die Frage, ob Pferdedarstellungen und Pubertät eine korrelative Beziehung bilden. Um diese Frage beantworten zu können, wurden den Bildern mit Pferdedarstellungen, Bilder von Hunden, Vögeln, Hasen, Hamstern, Meerschweinchen und Katzen gegenübergestellt *(vgl. Abb. 115).* In der Tat zeigt sich ein deutlich unterscheidbares Wahlverhalten der Kinder unterschiedlicher Altersgruppen.

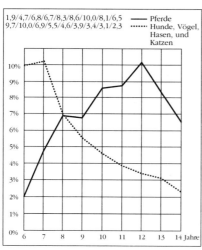

Abb. 115: Altersabhängige Verteilung der Darstellungen zu Pferden und anderen Tieren.

Bei der Zusammenfassung verschiedener Tiere liegt im sechsten und siebten Lebensjahr die größte Anzahl von Bildern vor, und bereits im Übergang vom siebten zum achten Lebensjahr ist ein drastischer Rückgang zu verzeichnen, der kontinuierlich immer weiter bis zum vierzehnten Lebensjahr abfällt. Allgemein läßt sich danach feststellen, daß das Interesse an Tierdarstellungen mit zunehmendem Alter nachläßt. Geradezu kontradiktisch ist der Kurvenverlauf mit Pferdedarstellungen. Für die Sechs- und Siebenjährigen spielt dieses Thema noch keine große Rolle,

7.4. Freizeit

aber bei den Neunjährigen treten schon häufiger Pferdedarstellungen als übrige Tierbilder auf. Von diesem Zeitpunkt an steigen die Werte weiter bis zum Höhepunkt im zwölften Lebensjahr an, um dann im dreizehnten und vierzehnten Lebensjahr wiederum stark abzufallen.
Deutlich wird hier der Zusammenhang zwischen Pubertät und dem Motivverhalten. Pferde scheinen Ausdruck einer spezifischen Beziehung zu sein, die speziell in der Zeit der Pubertät den Bedürfnissen der Kinder entgegenkommt; vielleicht in einem platonischen Sinn als Freunde und erste Liebe. Es handelt sich dabei eindeutig um eine geschlechtsbezogene Beziehung. 174 Bilder der Jungen zu Pferden und Reiterbildnissen stehen 1 011 Bilder der Mädchen gegenüber; d.h. 83,9 Prozent aller Bilder dieses Genres stammen von Mädchen.
Das Abnehmen des Interesses an diesem Motiv nach dem 12. Lebensjahr könnte so gedeutet werden, daß nun an die Stelle des Pferdes andere Interessen und auch erste Kontakte zum anderen Geschlecht wichtiger werden. Es scheint, daß das Tier (das Pferd) als Übergangsobjekt fungiert, als Ersatz späterer, reiferer Beziehungen.
Kinder versuchen, sich in das Tier hineinzuversetzen, indem sie menschliche Gefühle und Eigenschaften in es projizieren. Es ist dem Kind ein lebendiger Gefährte; dem es seine Sorgen mitteilt, ohne wie häufig vom Erwachsenen enttäuscht zu werden. Wärme und Weichheit des Fells kommen den Zärtlichkeitsbedürfnissen entgegen.
Aus all dem ist verständlich, daß Kinder entschieden, sensibel und ganz empfindlich auf Tierquälerei und -mißhandlungen reagieren. In vier Motivschwerpunkten wurden diese Themen bearbeitet:

	Jungen	Mädchen	Gesamt
1 Tierversuche/Massentierhaltung/Tierquälerei (vgl. Abb. 90)	37	82	119
2. Jagen bedrohter Tiere/Fischfang/Robben, Wale	33	38	71
3. Natur- und Tierschutz versus Tierversuche/Tierquälerei/Jagd auf Tiere	12	39	51
4. Gefährdung der Tiere durch die Umwelt/durch den Verkehr	21	18	39

Tabelle 18: Tierschutz.

Zu den zentralen Erfahrungsbereichen heutiger Kinder gehören die Verbundsysteme von Medien, Kinderliteratur und Konsumangeboten *(vgl. Abb. 93)* Es bildet ein unauflösliches Netz, das im Bewußtsein der Kinder an die Stelle getreten ist, welche klassische Märchen-, Sagen- und Abenteuerbücher noch vor einer Generation ausfüllten

7.4. Freizeit

und welche die ältere Entwicklungspsychologie einmal als »Märchen-, Robinson- und Sagenalter« bezeichnet hatte. Diese Erfahrungen mit dem Medien haben auch auf die Kinderbilder erheblichen gestalterischen und inhaltlichen Einfluß. Sie binden und erweitern. Binden, indem sie Bildvorstellungen und Themen festlegen; erweitern, indem sie Kindern unbegrenzt viele Zugänge zur Welt eröffnen, sie an den Informationen der Erwachsenen teilnehmen lassen und riesige Felder der Bildwelten erschließen. Insofern ist ohne nähere Kenntnis nicht zu entscheiden, ob sich in den Bildern authentische Erfahrungen und Wünsche oder medial vermittelte Inhalte widerspiegeln. Die Darstellung zu Spiel und Tieren, zu einer intakten Familiensituation, zu Drogen, einem Bauernhaus oder hungernden Menschen kann Realität oder Wunsch, Erlebtes oder Fiktives zeigen. Doch unabhängig davon ist die zeichnerische Auseinandersetzung mit diesen Inhalten ein Indiz für die individuelle Befindlichkeit des Zeichners/der Zeichnerin. Bildnerisches Probehandeln bedeutet aktive Aufnahme und Bearbeitung. Sie ist das Gegenteil dessen, was bei der Nicht-Thematisierung eintreten kann, indem Verdrängung, Verleugnung oder Sublimierungsprozesse an die Stelle aktiver Bearbeitung treten.

Faßt man die Bildinhalte zusammen, dann stehen 314 Darstellungen zu Märchen-, Phantasie- und Abenteuergeschichten 425 Bildern gegenüber, welche Figuren und Szenen aus den Massenmedien vor allem aus dem Film- und Fernsehangebot enthielten. D. h., Fernsehhelden und Comicfiguren haben die traditionellen Stoffe wie die Märchen der Gebrüder Grimm, den Lederstrumpf von Karl May, die Heldensagen und die Mädchenliteratur (»Der Trotzkopf«»Nesthäkchen«, »Hanni und Nanni« etc.) verdrängt. Dieser Trend wird sich weiter fortsetzen, denn der Zugriff des industriellen Angebotes für Kinder wird immer umfassender. Man kann sagen, über den Kindern liegt ein Konsum- und Mediennetz, das aus der Software ihres PC, Werbespots, Comics, Spielzeug, Süßigkeiten, Schulartikeln, Kinderkleidung, Video-Kassetten, dem Gameboy und vielem anderen mehr gewebt ist. Das Fernsehen steht dabei im Mittelpunkt, es ist aber inzwischen nur noch ein Medium unter vielen anderen.

Deutlich verweisen die Bildinhalte auf das jeweilige aktuelle Medienangebot. Zur Zeit des Malwettbewerbs liefen im Fernsehen die Serien von »Heidi« und »Pumuckl«; beide Figuren wurden entsprechend häufig als Bildinhalt gewählt. Eine Gegenwartsanalyse würde die mediale Realität anderer Figuren der Massenkultur nachweisen können, wie beispielsweise der Turtels, der Simpsons oder z.Zt (1993), die der Dinosaurier. Vergleicht man die Bildinhalte zu den Bereichen: Märchen, Comicfiguren, Abenteuer und Roboter sowie Freizeitsituationen vor dem Fernseher miteinander, so zeigen sich deutlich unterscheidbare Verhaltensweisen.

Die *Abb. 116* zeigt bei Inhalten zu Märchen, daß der Anteil von 6,1 % bei den Sechsjährigen bereits bei den Siebenjährigen bis auf 1,4 % abfällt und mit ansteigendem Alter immer weiter zurück-

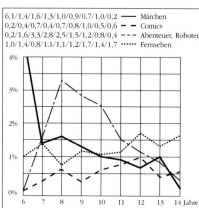

Abb. 116: *Altersabhängige Veränderungen der Darstellungen zu Märchen, Comics, Abenteuer und Roboter, Fernsehen.*

geht. Das Verhalten gegenüber Abenteuer- und Bildern von Robotern ist bis zum achten Lebensjahr gegenläufig (steiler Anstieg der Motive), um dann ebenso wie die Märchendarstellungen kontinuierlich abzunehmen.
Betrachtet man die beiden anderen Inhaltsfelder, die Beiträge zu Comics und Fernsehdarstellungen, so ist eine gegenläufige Tendenz festzustellen: Beide Motivgruppen behalten das Interesse der Kinder während der gesamten Kindheit bis zum 14. Lebensjahr, wobei die Darstellungen zum Fernsehen bei den älteren Kindern weiter zunehmen und schließlich die anderen Bereiche deutlich übertreffen.
Betrachtet man den Stellenwert der Medien im Kontext der umfassenden Fragestellung: »Wie wir Kinder heute leben«, so bleibt als ein wesentliches Ergebnis festzuhalten, daß die Kinder trotz massivster Einflüsse nur bedingt medienspezifische – und speziell fernsehspezifische Inhalte dargestellt haben. Sie hatten ein weit größeres Bedürfnis Naturnähe und Erlebnishaftes zu wählen, als etwa Medienhelden, Computerfiguren, Fernsehbilder oder Computerspiele. In der Reihenfolge der Freizeitaktivitäten kam z. B. der thematisch manifeste Inhalt: »Ich sehe fern« mit 189 Bildern erst an 19. Stelle *(Tab. 17, S. 160)*.
Hier bestätigen sich Umfragen, (wie z. B. vom Berliner Institut »Gesellschaft für Sozialforschung und statistische Analyse« [FORSA] aus dem Jahr 1993), die ergeben, daß über 50 % aller Kinder zwischen 6 und 13 Jahren »aus Langeweile« fernsehen, daß 68 % von ihnen dabei allein vor dem Fernseher sitzen und 29 % der 6- bis 9jährigen nur deshalb fernsehen, weil sie sich dann »nicht so alleine fühlen« und weil sie (jedes 5. Kind) nur selten Gelegenheit haben, ihren Spiel- und Freizeitwünschen wirklich nachzugehen. D. h., ihnen bleibt dann nur noch der Fernseh-Tag oder das stundenlange Computer bzw. Gameboy-Spiel. Interessanter als Fernsehen wurden auch nach dieser repräsentativen Umfrage die Aktivitäten in folgender Reihenfolge genannt: Spielen, sich mit Freunden treffen, Sport treiben, Radfahren, Malen und am Computer spielen.

7.5. Umwelt und Umweltzerstörung

»Ich finde die Landschaft sehr schön, weil es dort viele Blumen, Bäume und Tiere gibt. Ich finde nicht gut, wenn Häuser, Straßen und Fabriken die Landschaft zerstören«
(Ulrike, 11 Jahre; ergänzender Text auf der Rückseite ihres Landschaftsbildes)

Die **Umwelt** als inhaltlicher Ausdruck sinnlicher Erfahrungen im Umgang mit Welt war **das zentrale Thema der Kinder.** In über 12 000 Bildern, etwa in jeder 3. Darstellung unseres gesamten Untersuchungsgutes, haben die Kinder ihre Lebensumwelt in Form einer Haus- oder Landschaftsdarstellung gemalt oder gezeichnet.

Das inhaltliche Verhalten, bezogen auf das Alter, gibt der Kurvenverlauf (Abb. 117) eindrucksvoll wieder. Er zeigt einerseits die Abnahme heiler Landschaften mit zunehmendem Alter und andererseits vor allem ab dem 9. Lebensjahr eine sprunghafte Zunahme kritischer Umweltauseinandersetzung. Beim Übergang vom 11. zum 12. Lebensjahr ist schließlich der Punkt erreicht, an dem die Zahl der kritischen Auseinandersetzung gegenüber den Darstellungen einer heilen Welt überwiegt. Die am

7.5. Umwelt und Umweltzerstörung

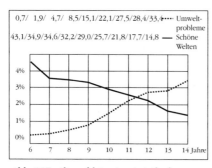

Abb. 117: Altersabhängige Anteile der Darstellungen zu idyllischen Landschaften und Umweltproblemen.

häufigsten gewählten Inhalte zur Thematik der Umwelt *(vgl. Abb. 118)* bezogen sich auf die Umweltverschmutzung (11,7 %). Es folgen danach Landschaften (6,1 %), Häuserdarstellungen (5,4 %), Umweltverschmutzung versus heile Welt (5,0 %), Schiffe (2,3 %), Fahrzeuge (2,2 %), Bauernhöfe (2,0 %) und Pflanzen (1,1 %). Am häufigsten treten Bilder auf, die ganz allgemein die Umweltverschmutzung, Umweltbelastung und Umweltzerstörung zeigen. Dies realisieren die Kinder, indem sie Fabriken, qualmende Schornsteine, Schmutz, Ruß, Abfälle und schmutzige Abwässer zeichnen. Die zweite Gruppe läßt

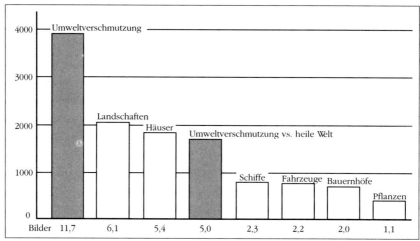

Abb. 118: Inhalte zum Thema Umwelt

sich folgendermaßen beschreiben: Unsere Welt wird immer weiter zubetoniert, es gibt immer weniger Natur, immer mehr Straßen, mehr Verkehrsfahrzeuge, mehr Hochhäuser und Mauern. Am häufigsten sind es zusammengefaßte städtische Agglomerate, die im Zentrum kindlicher Kritik stehen. Typisch waren auch riesige Hausfronten, die mit Parolen beschmiert waren, mit davor befindlichen Verkehrsströmen *(vgl. Abb. 119)*. Etwa 50 Bilder zeigten und kritisierten die Zerstörung und den Abriß alter, aber erhaltenswerter Gebäude. Auf mehr als 700 Bildern beschäftigte sich eine dritte große Gruppe mit dem Thema Waldsterben, seinen Ursachen und damit, daß alte Bäume zu schnell gefällt werden, die Bebauung immer mehr Lebensraum der Wälder vernichtet und die Wälder häufig als Müllkippen mißbraucht werden *(vgl. Abb. 89)*.

Über 500 Kinder verknüpften in ihren Bildern die allgemeinen Umweltprobleme, vor allem die der Stadt, mit ihrer Situation, indem sie zeigen, daß sie keinen Raum mehr zum Spielen besitzen, Häuser und Verkehr, Straßen, Parkplätze und Einfriedungen keinen Platz für ihre Lebensentfaltung lassen *(vgl. Abb. 88, Abb. 120).* Schließlich thematisieren etwa 200 Kinder die Diskussion um Probleme der Atomkraftwerke, der Wiederaufbereitungsanlagen, der radioaktiven Abgabe in die Luft und der radioaktiven Abfallbeseitigung.

Bei den 1 729 Bildern der »Ja-Nein-Darstellungen« sind die hier geschilderten kritischen Bildinhalte auf der einen Bildhälfte dargestellt, während auf der anderen Seite überwiegend eine idyllische Naturlandschaft, eine Kinderspielszene in freier Natur, ein Bauernhof mit Tieren oder andere positive Lebensräume, entgegengesetzt werden *(vgl. Abb. 87).*

Dabei ist die Unzufriedenheit der Kinder über die umweltpolitische Entwicklung wahrscheinlich noch größer, als es diese Statistik belegt. Denn es muß berücksichtigt werden, daß die Inhaltsgruppe »Schöne Landschaften«, »Häuser«, »Bauernhäuser« und »Pflanzen« von vielen Kindern ebenfalls mit einem kritischen Impetus versehen wurde, wenn sie ihr Bild antithetisch zu ihrer Lebens-Wirklichkeit verstanden oder es direkt ausdrückten, indem sie mit schriftlichen Zusätzen (vgl. das Motto dieses Kapitels) kommentierten wie: »So möchte ich leben«, »So sollte die Landschaft sein«, »Das finde ich schön« ect. Schöne Landschaften, Orte, wo Kinder leben möchten, waren eines der meistverwendeten Themen, die als Antwort auf die allgemein gehaltene Aufforderung: »Mal doch mal – wie wir Kinder heute leben«, gestaltet wurden *(vgl. Abb. 86).* Jüngere Kinder zeichneten und malten Wiesen, Blumen, Wege, Bäume, Blumen, Häuser, Himmel, Vögel und Sonne, oder sie stellten ein Haus, ein Schloß oder eine Ritterburg in den Mittelpunkt ihrer Landschaft.

Je älter die Kinder wurden, umso eher spezifizierten sie diese Landschaftsbilder und stellten jetzt z.B. Berglandschaften dar (535 Bilder), Bauernhöfe (272 Bilder), Bilder von einsamen Inseln, Traumlandschaften mit südländischem Charakter, Palmen und Sonnenuntergänge (243 Bilder), romantische Plätze oder Dörfer (185 Bilder), Seestücke (160 Bilder) sowie Bilder mit besonderen jahreszeitlichen Inhalten (106 Bilder).

7.6. Gesellschaft und Politik

Über 3 000 Bilder mit gesellschaftlichen, politischen und sozialen Inhalten signalisieren, daß die inhaltliche Bearbeitung gesellschaftlicher Themen und Problemfelder heute auch schon zur Kindheit gehört.

Die altersabhängigen Anteile zeigen in der *Abbildung 123,* daß sich die Sechs- bis Neunjährigen Kinder mit politischen und sozialen Themen nur selten auseinandersetzen.

Mit dem 9. Lebensjahr beginnt ein Anstieg, der sich dann fast linear bis in das beginnende Jugendalter fortsetzt. Das Durchschnittsalter dieses Themenbereiches betrug 11, 6 Jahre. Er gehört damit zu den Inhaltsbereichen, die den höchsten Altersdurchschnitt aufweisen. Es ist anzunehmen, daß diese Tendenz auch über die Altersangaben der Tabelle hinaus anhält. Bei den politisch-sozialen Inhalten gab es zwei große Themenbereiche, die immer wieder aufgegriffen wurden: am häufigsten war es der

7.6. Gesellschaft und Politik

Abb. 119: Katrine C., 11 J., »Wo kann ich spielen?«

7.6. Gesellschaft und Politik

Abb. 120: Rabea T., 9 J., »Kind im Verkehr«.

7.6. Gesellschaft und Politik

Abb. 121: Christel G., 13 J., »Wohlstand und Armut«.

7.6. Gesellschaft und Politik

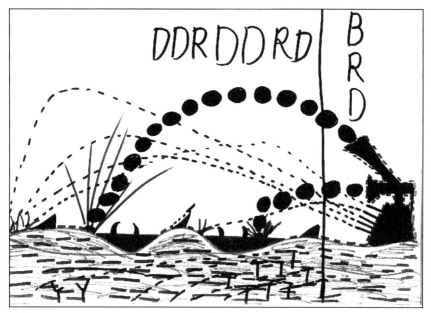

Abb. 122: Janin F., 10 J., »DDR-BRD«, Filzstifte.

Die Zeichenfläche kann während des Zeichenprozesses zum Spielfeld werden, wenn beispielsweise der Fußball auf seinem Weg in das gegnerische Tor phasenweise gezeichnet wird, oder wie bei diesem Beispiel, bei dem der zehnjährige Junge einen Bombenhagel verfeindeter Kriegsparteien gezeichnet hat.

Dieses – inzwischen vom Inhalt her betrachtet – bereits »historisch« gewordene Bild wurde Ende der achtziger Jahre während einer Stunde in der »Freien Arbeit« angefertigt. Dies ist eine Schulstunde in der Grundschule, die den Kindern zur freien Verfügung steht. Manche lesen, andere spielen und viele malen.

Als der Junge dieses Bild fertiggestellt hatte, beachtete er es nicht mehr und es lag auf dem Klassenzimmerboden. Der Lehrer, der das Bild aufhob, sprach mit dem Schüler. »Was sind das für Spitzen auf dem Wasser?« »Das sind Haie, alle in der DDR sind Haie«. »Was sind das für Zeichen im unteren Bilddrittel auf der linken Seite?« »Das sind Panzersperren, die ihnen aber nichts nutzen«. »Glaubst Du denn, daß sich die BRD und die DDR bekämpfen?« »Natürlich, auf jeden Fall wird es zwischen den beiden Ländern zu ein Krieg kommen«.

*Offenbar war das Verhältnis der beiden Länder ein wichtiges Thema in der Familie und die Anfertigung des Bildes während der »freien Arbeit« verweist auf eine starke Motivation. In diesem Fall bedeutet Zeichnen die Bearbeitung eines stark beschäftigenden Inhalts. Für den Jungen war bei dieser Handlung der **Prozeß** der Bildherstellung das Entscheidende und nicht das fertige Produkt, wie die gleichgültige Behandlung des Blattes nach Beendigung der Arbeit beweist.*

7.6. Gesellschaft und Politik

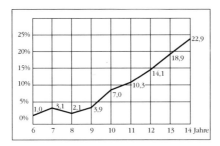

Abb. 123: Altersabhängige Anteile der Darstellungen zu Gesellschaft und Politik.

Gegensatz das Thema »Krieg«, gefolgt von Themen zur Problematik von Arm und Reich, von Not und Überfluß. In über 400 Bildern wurde dargestellt, wie das Verhältnis zwischen der reichen Bundesrepublik Deutschland und den armen und ärmsten Ländern der »3. Welt« aussieht. In häufig karikierenden Übertreibungen zeigten sie auf der einen Seite Wohlstand, Luxus und Überfluß auf der anderen Mangel, Hilflosigkeit und Unterdrückung.

Zusammenfassend ergibt sich folgende Übersicht:

INHALTE	Jungen	Mädchen	Gesamt
1. Kriegsdarstellungen allgemein (vgl. Abb. 85)	608	141	749
– Krieg versus Frieden	209	123	332
– Krieg, ökologische u. soziale Probleme	108	18	126
– Kriegsschiffe, Flugzeuge (Sachdarstellungen)	47	1	48
– Kriegsdarstellungen Gesamt	972	283	1 255
2. Reichtum und Armut (Abb. 121)	141	271	412
3. Soziale und politische Probleme in einem Bild, Hunger, Umweltprobleme, Streit, Krieg etc. (Abb. 87, 121)	156	230	386
4. Früher war es schöner, in der Zukunft wird alles schlimmer	85	107	192
5. Rauschgift/Drogen/Alkohol (vgl. Abb. 84)	59	60	119
6. Soziale Ungerechtigkeiten/Alte/Behinderte	26	56	82
7. Ausländerfeindlichkeit (Abb. 83)	21	38	59
8. Gefängnis/Folter/KZ	11	43	54
9. Demonstrationen/No-future/Rocker/Punker (vgl. Abb. 83)	33	19	52
10. Verbrechen	26	19	45
11. DDR, Mauer, etc. (vgl. Abb. 122)	32	12	44
12. Penner/Trinker/Schläger/Sex	24	15	39
13. Arbeitslosigkeit	6	14	20
14. Heute ist es besser als früher	11	7	18
15. Politik/Parteien	4	4	8

Tabelle 19: Bildinhalte zu Gesellschaft und Politik.

7.6. Gesellschaft und Politik

Über 1 000 Bilder zu dem Thema »Krieg« sind eine erstaunlich hohe Zahl für Kinder, die nie authentische Erfahrungen in ihrem Leben mit dieser Problematik machten. Aber durch die Bilder in den Medien, in Illustrierten und Comics, durch Friedensdiskussionen und -demonstrationen der Erwachsenen ist dieser Themenbereich den Kindern bekannt und präsent.

Die Wahl dieses Motivs hat sehr unterschiedliche Gründe. Ausschlaggebend kann die technische Faszination der Geräte, der Waffen und Kriegsfahrzeuge, der Panzer, Schiffe und Raketen sein. Aber ebenso ist es möglich, daß in dem Bild die medialen Einflüsse wiedergegeben oder auch verarbeitet werden. Die älteren Kinder offenbaren in ihren Bildern ihre Meinung oder ihre Überzeugung geprägt durch Schule oder Elternhaus.

Die altersabhängigen Anteile der Darstellungen zum Thema »Krieg« belegen, wie sich das bereits schon bei den Bildern zu »Spiel«, »Umwelt« und zu »Gesellschaft und Politik« herausgestellt hat, die Tendenz, daß mit dem 9. Lebensjahr eine deutliche Zunahme der Kriegsdarstellungen zu verzeichnen ist. Es scheint der Zeitpunkt zu sein, an dem die »heile Welt« der Kindheit verlorengeht und die Kinder ihre geistige Autonomie entdecken, sich der »Welt« und ihren Problemen zuwenden.

Die Bilder der Jüngsten stellten Kriegsschiffe, Flugzeuge, Panzer und Raketen dar. Sie grenzten in ihren Bildern aber in der Mehrzahl irgendwelche kriegerischen Handlungen aus. Offensichtlich hat hier die technische Faszination eine wichtige Rolle gespielt; denkbar wäre auch, daß Spielzeug den Anstoß für den Bildinhalt gegeben hat.

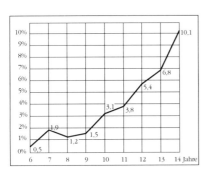

Abb. 124: Altersabhängige Anteile der Darstellungen zum Krieg.

Etwas älter (11,2 Jahre) sind im Durchschnitt die Kinder gewesen, die »Krieg versus Frieden« gezeichnet haben. Die Verbindung von Kriegshandlungen mit ökologischen und sozialen Problemen sahen die über Elf- und Zwölfjährigen. Die pessimistischste Sicht hatten die Ältesten, (12,7 Jahre im Durchschnitt), sie sehen unsere Erdkugel insgesamt durch Tod und Vernichtung in einem Atomkrieg an ihr Ende gekommen. Einen anderen ebenso wichtigen Aspekt zeigt das geschlechtsspezifische Verhalten. Es fällt zunächst auf, daß die Mädchen das Thema »Krieg« nur selten dargestellt haben. Auf vier Bilder der Jungen kommt ein Bild der Mädchen. Aber die Mädchen haben dieses Thema nicht nur quantitativ weniger, sondern sie haben es auch inhaltlich-qualitativ anders gestaltet als die Jungen. Jungen haben in ihren Bildern entweder nur die siegreiche Partei oder beide kämpfenden Parteien dargestellt. Im Mittelpunkt ihrer Darstellungen steht der Kampf der Soldaten oder des Kriegsgerätes, »Kugeln« und »Raketen« prasseln gegeneinander; Fliehstriche und Geräuschwörter zeigen Richtung, Geschwindigkeit und den Einschlag an. Die kämpfenden Personen werden häufig mit Sprechblasen versehen, die Wörter enthalten, wie: »Aah«, »Treffer«, »Peng« oder »Hilfe«.

Im Gegensatz zu den Jungen haben die Mädchen kaum Kriegsgerät oder die miteinander kämpfenden Parteien thematisiert, vielmehr zeigen sie die Zerstörung von Häusern, das große Leid der Menschen, Tote, Verletzte, Angst und Trauer *(vgl. auch Kapitel 7.8: »Geschlechtsspezifische Differenzen«).*

7.7. Ängste und Nöte der Kinder

Mit dem Themenkomplex »Ängste und Nöte der Kinder« haben sich 2 453 Kinder auseinandergesetzt, der Prozentanteil zum gesamten Bildmaterial betrug 7 Prozent, wobei die Mädchen in der Wahl dieser Themen höher lagen (7,8 %) als die Jungen (6,3 %). Mit weitem Abstand an der Spitze befanden sich Probleme, die im Zusammenhang mit dem Spielen stehen. Sie lassen sich in zwei Aussagegruppen zusammenfassen.

An erster Stelle stehen (1 080) Bilder, die vor allem darauf hinweisen, wie machtlos Kinder gegenüber wirtschaftlichen Prioritäten sowie den Haus- und Grundstücksvorschriften sind. In diesen Bildern wird dargestellt: »Spielen verboten«, »Betreten verboten«, »Im Hof spielen verboten«, »Ballspielen auf dem Platz verboten«; Spielplätze werden dem Haus- und Straßenbau geopfert, oder Spielstätten befinden sich in heruntergekommenem und verwahrlostem Zustand. Einen wichtigen Stellenwert nehmen Streit und Raufereien auf dem Spielplatz ein: ältere Kinder und Jugendliche schlagen die Jüngeren, oder sie zerstören mutwillig Spielgeräte. Ein weiteres häufiges Motiv zeigt Hundebesitzer, die ihre Tiere auf den Spielplatz führen und ihn als Hundetoilette mißbrauchen.

An zweiter Stelle stehen alternative Darstellungen: auf der einen Bildhälfte zeigen die Kinder, wie sie ungestört spielen können, und auf der anderen Seite stellen sie dar, wie die Umwelt ihren Spiel- und Bewegungsraum immer weiter einschränkt, z. B. daß an der Stelle, an der sich früher ein Spiel- oder Sportplatz befand, heute statt dessen Häuser oder Straßen zu finden sind. Ein weiteres häufiges »Ja-Nein-Motiv« zeigt Verständnis für die Bedürfnisse der Kinder und andererseits zeigt es Einschränkungen und Verbote.

	KATEGORIEN	Jungen	Mädchen	Gesamt
1.	Probleme Spiel/Spielplatz (vgl. Abb. 92, Abb. 119, Abb. 127)	452	628	1 080
2.	Probleme mit dem Verkehr/ Autos (vgl. Abb. 88, 120)	175	190	365
3.	Traurige Kinder (vgl. Abb. 81, 82, 125, 128)	60	145	205
4.	Kinderprobleme/Mißgeschicke	65	102	167
5.	Streit/Kinder streiten (vgl. Abb. 92)	41	115	156
6.	Belastungen durch Medien/ Langeweile und Luxus	44	69	113
7.	Ängste/Nacht/Feuer/Monster (Abb. 82)	60	50	110
8.	Krankheit/Krankenhaus/beim Arzt (vgl. Abb. 126)	50	56	106
9.	Kinder sind böse/tun Verbotenes	40	64	104
10.	Tod/Friedhof/Beerdigung/ Selbstmord (vgl. Abb. 81)	15	18	33
11.	Kinder sind Opfer von Verbrechen	11	17	28

Tabelle 20: Bildinhalte zum Thema Ängste und Nöte der Kinder.

7.7. Ängste und Nöte der Kinder

Abb. 125: Ramona K., 11 J., »Was soll das«?

7.7. Ängste und Nöte der Kinder

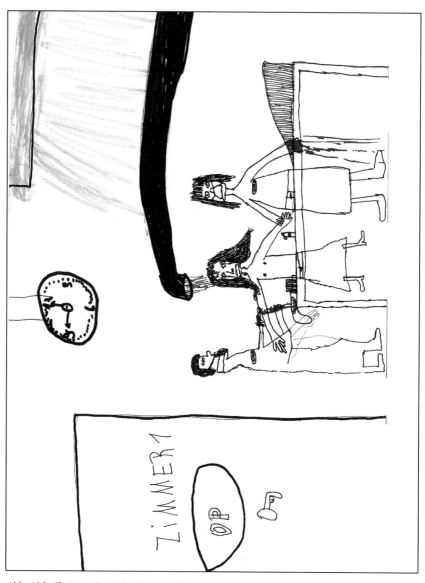

Abb. 126: Christian J., 11 J., »Zimmer, OP«.

7.7. Ängste und Nöte der Kinder

Abb. 127: Ingo E., 12 J., »Kannst Du nicht lesen«?

7.7. Ängste und Nöte der Kinder

Abb. 128: Jeser S., 12 J., »Ein Türkisches Mädchen – Deutsche Kinder«.

7.7. Ängste und Nöte der Kinder

Eng verbunden mit dieser Thematik ist auch der zweithäufigste Bereich dieser Bildinhalte: es sind Probleme, die sich aus dem Straßenverkehr ergeben. So bedroht der Neubau von Straßen und der immer weiter zunehmende Straßenverkehr entscheidend die Freizeit und das Spiel der Kinder. Gerade sie sind Opfer der Verkehrsexpansion. Über dieses große Problem gegen 365 Bilder Auskunft.
Sie zeigen rücksichtslose Autofahrer, viel zu schnell fahrende Autos und Unfallszenen, in die Kinder verwickelt sind. Sie dokumentieren das Wesentliche in signifikanter Form: eng zusammengedrängt spielende Kinder, Fußgänger und Mütter mit Kinderwagen auf dem Gehweg, den großen Platz dagegen beanspruchen die Autos.
Bilder von traurigen Kindern (372 Bilder) thematisieren häufig eine Grundangst: die der Trennung. Dieses Motiv durchzieht viele der Themen, die in der Tabelle 20 aufgelistet wurden. Die Darstellungen zeigen alleingelassene Kinder, Schlüsselkinder, Heimkinder oder Kinder, die man in ein Heim bringt. Andere Bilder zeigen, daß Kinder ausgesperrt, geschlagen oder ungerecht behandelt werden. Etwa die Hälfte dieser Bilder wurde wiederum als »Ja-Nein-Darstellung« angefertigt. Sie zeigen auf der einen Hälfte erwünschte Zuwendung, Verständnis, familiäre Geborgenheit und glückliche Kinder, auf der anderen Seite, wie sie unter den oben berichteten Nöten zu leiden haben.
Ein weiteres Problem stellen Auseinandersetzungen der Kinder untereinander dar (156 Bilder). Dies betrifft den Streit unter Gleichaltrigen, aber häufiger wird dargestellt, wie ältere Kinder und Jugendliche jüngere und kleinere Kinder ärgern und schlagen. Eine andere Motivgruppe zeigt Kinder, die ausgeschlossen und von anderen Kindern gemieden werden, Kinder, die nicht mitspielen dürfen oder gehänselt werden.
Immerhin 113 Bildinhalte verweisen auf ein kritisches Verhältnis zum Medium »Fernsehen«. Es sind bereits ältere Kinder (Altersdurchschnitt 11,6), die im Fernsehen nicht nur das entspannende Unterhaltungsinstrument sehen, sondern das Fernsehen als ein Medium betrachten, das kommunikative Prozesse und Interaktionen verhindern kann. Die Bilder zeigen zugleich, daß die Inhalte als belastend empfunden werden: Prügelszenen, Autokarambolagen, Brutalitäten aller Art, Schießereien, Monster und Sterbeszenen werden von den Kindern aufgenommen und unverarbeitet im Bewußtsein aufbewahrt. Andere Kinder haben auch erfahren müssen, daß der Fernseher als Ersatz für nicht gegebenen Aufmerksamkeit und Fürsorge dient.
Weitere Bilder dieser Kategorie zeigen bundesdeutsche Kinder, wie sie Fernsehen schauen, dabei umgeben sind von Spielzeug, Süßigkeiten essen und mit einer Inschrift in der Sprechblase versehen: »Ich langweile mich!« Hier wird eigenes Verhalten konterkariert. Sie machen damit deutlich, daß eine materiell vollkommene und lückenlose Befriedigung durch Medien und Konsum nicht genügt, wenn dabei der zwischenmenschliche Kontakt verkümmert. Ähnlich kritisch reflektieren die Kinder ihr eigenes Verhalten in der Kategorie »Kinder sind böse/tun etwas Verbotenes«. Gezeigt wird, wie sie Brot fortwerfen, daß sie die Umwelt durch achtlos weggeworfene Gegenstände verschmutzen, wie sie ältere, behinderte oder farbige Menschen ärgern, Gegenstände mutwillig zerstören, stehlen, Alkohol trinken, rauchen oder sich anderweitig unsozial verhalten. Darüber hinaus gibt es eine Serie von Bildern, welche Angst vor Krankheiten, Operationen, vor ärztlicher Behandlung zeigen und dies in besonders detailgetreuer, eindrucksvoller Weise *(vgl. Abb. 126)*. Am häufigsten wurde der Aufenthalt im Krankenhaus thematisiert, danach folgen Darstellungen zum Zahnarztbesuch und über Unfälle. Die häufige Wahl der Krankenhausaufenthalte ist wohl

7.7. Ängste und Nöte der Kinder

erklärbar in der einschneidenden Erfahrung der Trennung von Zuhause, in der Angst vor dem Unbekannten.
Von Tod, Selbstmord und Beerdigung handeln 33 Bilder und 28 mal stellten sie eine Szene dar, in der ein Kind das Opfer eines Verbrechens wird.

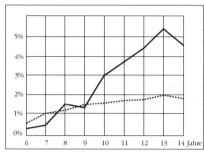

Abb. 129: *Altersabhängige Anteile der Darstellungen zu Problemen beim Spielen (———) und zu Krankheit, Angst und Traurigkeit (········).*

Die Betrachtung des altersspezifischen Verhaltens der beiden Inhaltsgruppen »Probleme beim Spielen« und »Krankheit, Angst und Traurigkeit« *(Abb. 129)* belegt, daß die Kinder mit zunehmendem Alter immer häufiger problemorientierte Inhalte wählen. Die deutliche Abnahme der »Spielprobleme« vom 13. zum 14. Lebensjahr ist ein Zeichen für die allmähliche Ablösung im beginnenden Jugendalter von den kindlichen Aktivitätsformen. Ähnlich verhält es sich mit den Bildinhalten, die sich mit dem Einsatz für Andere und mit der Hilfsbereitschaft beschäftigen. Hier zeigt der Verlauf den Kurve an vom 13. zum 14. Lebensjahr die bedeutsamste Zunahme, so daß dieser Themenkomplex erst im späten Kindesalter häufiger gewählt wird.

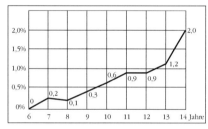

Abb. 130: *Altersabhängige Anteile der Darstellungen »Ich engagiere mich, setze mich ein«.*

Sechs Inhaltsgruppen lassen sich unterscheiden. Am häufigsten wurde der Wunsch geäußert, daß alle Menschen sich gut verstehen mögen. Dies gilt für In- und Ausländer, Erwachsene und Kinder, Gesunde und Behinderte, sowie für Menschen aller Hautfarben und alle Kinder untereinander.

Anhand des Motivs »Frieden« zeigen die Inhalte, daß man für Abrüstung sei und man sich dafür einsetzen wolle, daß nie wieder ein Krieg geführt werden dürfe. Hier findet man die bekannten weltumspannenden »Kinderketten«, die sich, an den Händen haltend, eine friedvolle Welt symbolisieren. Kinder bemalen Panzer und Raketen mit Blumen, Menschen unterschiedlichster Nationalitäten feiern gemeinsame Friedensfeste.

In der dritten Themengruppe zeigen sie ihre Hilfsbereitschaft, indem sie Behinderten helfen, alten Menschen oder kleinen Kindern, für karitative Organisationen Spenden sammeln oder Pakete für bedürftige Menschen in das Ausland verschicken.

In der vierten Themengruppe zeigen sie ihr Engagement für den Umweltschutz. Es werden Müll gesammelt, die Greenpeace-Organisation beim Einsatz dargestellt, Tieren geholfen, werden Pflanzen und Bäume geschützt. Das fünfte Thema beschäftigt sich mit der eigenen Situation der Kinder. Sie leben auf diesen Bildern in einer Welt, die ganz auf sie eingerichtet ist, in der sie spielen können, in der sie wichtige Aufgaben übernehmen und in der sie ernst genommen werden. Die Erwachsenen sind hilfsbereit und freundlich, sie lieben Kinder, geben ihnen Verantwortung. Einige Male zeigen die Bilder auch die Arbeit des Kinderschutzbundes bei der Durchführung eines großen Kinderfestes oder einer Straßenspielaktion. In der letzten Themengruppe greifen die Bilder noch einmal das Problem des Hungers in der Welt auf. Auf den Bildern werden hungernde Kinder dargestellt sowie Hinweise auf Hilfe, wie sie Kinderhilfsorganisationen »Unicef« oder die »Kindernothilfe« in den Ländern der »3. Welt« leisten.

Das atemberaubende Tempo, mit dem sich das Kinderbild und sein Inhalt in den letzten drei Jahrzehnten gewandelt hat, kann am Ende der Untersuchungen zu sozialpolitischen, gesellschaftlichen und Umweltthemen nicht deutlicher ausgedrückt werden als es in einer »amtlichen« Stellungnahme zum Ausdruck kommt. Wenn wir unsere Ergebnisse mit einem Zitat aus dem Lehrplan für Kunsterziehung des Landes Bayern aus dem Jahr 1964 konfrontieren, wird dies deutlich. Dort heißt es unter der Überschrift »Die Entwicklungsstufen und ihre Aufgabengebiete« für die hier untersuchte Altersgruppe von zehn- bis vierzehnjährigen Jungen und Mädchen: »**Grundlage:** Das Kind lebt in einer ganzheitlichen, egozentrischen Welt ohne Reflexion über sich und die Umwelt. Seine Beziehungen zur Umgebung sind subjektiv. Realität und Phantasiewelt überschneiden sich fortwährend und suchen nach Ausdruck.«[154]

7.8. Lebenswelt und semantische Profile

In diesem Abschnitt soll der Frage nachgegangen werden, ob sich in den Bildaussagen lebensweltliche Perspektiven nachweisen lassen. Zunächst werden ökologisch-räumliche Beziehungen hinterfragt, es folgen sozialisationsbedingte Einflüsse und schließlich wird die Frage nach der Wirkungskraft geschlechtsspezifischer Orientierungen gestellt.

Zur ersten Fragestellung: Wenn es stimmt, daß Wahrnehmung jeweils an eine bestimmte räumlich-ökologische Konstellation gebunden ist[155], dann müßten sich Wahrnehmungsunterschiede feststellen lassen, die Hinweise auf eine Beziehung des Kindes zu seiner konkreten Lebenssituation erlauben. Wir fragen: zeigen sich in bestimmten geografischen Orten Interessen oder Bedürfnisse, welche durch unterschiedliche lebensweltliche Zusammenhänge zu anderen inhaltlichen Bildentscheidungen führen?

Die Annahme lautete: Kinder, die in den zwölf Großstädten der Bundesrepublik mit mehr als 500 000 Einwohnern leben, äußern in ihren Bildern häufiger Stadt- und Umweltprobleme als Kinder, die aus Kleinstädten, ländlichen Gemeinden und Dörfern kommen. Für die Evaluation dieser Hypothese wurden 3 537 Bilder der Kinder aus den Großstädten, 7 649 Bildern von Kindern, die in einem Ort mit einer vierstelligen Postleitzahl wohnen, zugrundegelegt.

Die *Abb. 131* zeigt, daß die Kinder aus den größten Städten der Bundesrepublik bereits ab dem 7. Lebensjahr signifikant häufiger Bilder mit riesigen »Wohnmaschinen«, Hochhäusern, Mauern, breiten Straßen, vielen Autos, Einkaufszentren, Fabriken und Industrien darstellen, d.h. eine Lebenswelt, in der Natur und Spielmöglichkeiten für Kinder kaum mehr vorhanden sind. Eine gegenläufige Tendenz ist erst bei den Vierzehnjährigen zu sehen. Sie weist möglicherweise darauf hin, daß Jugendliche aus länd-

7.8. Lebenswelt und semantische Profile

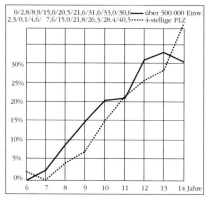

Abb. 131: Regionale Differenzen: Städte über 500 000 Einwohner – Dörfer und Gemeinden mit 4stelligen Postleitzahlen, **ökologische Themen**

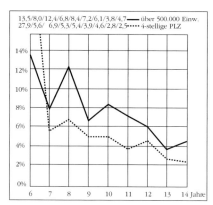

Abb. 132: Regionale Differenzen: Städte über 500 000 Einwohner – Dörfer und Gemeinden mit 4stelligen Postleitzahlen, **Hausdarstellungen**

lichen Gegenden »unwirtliche« Stadtlandschaften drastischer sehen und negativer darstellen als gleichaltrige »Städter«.

Wenn Kinder in ihren Bildern darstellen, was sie nicht wollen, so könnten sie ebenso zeigen, was sie sich im Gegensatz dazu wünschen, wie sie eigentlich leben möchten. Um zu erfahren, ob sich solche Wünsche in unterschiedlichen Lebensräumen ebenfalls different zeigen, wurde als inhaltliches Pendant das häufig gemalte Thema »Haus« gewählt. Denn die Darstellung eines Hauses ist nicht nur Signifikat für das Objekt »Haus«, sondern kann gleichzeitig symbolische Aspekte enthalten. Das Haus kann tiefensymbolisch für das Kind als Ich-Symbol fungieren. Aber ebenso kann es für Geborgenheit, für Familie und Heimat stehen, und schließlich könnte sich in der Darstellung eines Hauses der Wunsch äußern, in einem »eigenen Haus«, d. h. in einer Lebensumwelt zu wohnen, in der man sich entfalten kann, Platz zum Spielen – und Raum für Tiere hat. So wurde überprüft, ob sich bei dem semantischen Profil »Hausdarstellungen in idyllischer Landschaft«, die »Großstadtkinder« von den »Landkindern« unterscheiden.

Betrachtet man den Verlauf der Kurven in *Abbildung 132*, so zeigt sich zunächst gegenüber dem inhaltlichen Verhalten zur Umwelt eine umgekehrte Tendenz: die Darstellungen nehmen mit zunehmendem Alter nicht zu, sondern ab. Dieser Rückgang überrascht nicht, weil das »Haus« für die jüngeren Kinder durch die Gebundenheit an die Familie eine größere Bedeutung besitzt als für die Älteren. Aber es zeigt sich hier nun die deutliche Tendenz, daß die Kinder aus den größten Städten der Bundesrepublik dieses »Wunschmotiv« bis in das beginnende Jugendalter hinein häufiger gewählt haben als Kinder ländlicher Gebiete. Diese Befunde in zwei zentralen Themen bestätigen offenbar die Annahme, daß in Bildern Tendenzen regionalspezifischer Einflüsse zum Ausdruck gelangen. Beide Ergebnisse können als Hinweise auf die zunehmende Bewußtwerdung der Probleme wie der Wünsche verstanden werden.

Die zweite Fragestellung bezog sich auf sozialisationsbedingte Einflüsse. Als Exemplum werden Bilder ausländischer Kinder herangezogen, die sich (zum größten Teil im Rahmen ihrer Schulen) an dem Zeichen- und Malwettbewerb beteiligt hatten.

7.8. Lebenswelt und semantische Profile

Die Untersuchung dieser Arbeiten ergab eine Reihe von Besonderheiten, die sich sowohl bei den Inhalten als auch beim Formbestand zeigten. Zunächst war auffällig, daß der Anteil kritischer Bildinhalte unter dem der deutschen Kinder lag: ihr Anteil betrug nur 24 Prozent und war damit etwa um ein Drittel niedriger als bei dem Gesamtbestand.

Die kulturell unterschiedlichen Auffassungen zeigen sich vor allem bei den Inhalten zu Familie und Religion. Hier lag der Anteil der Bildinhalte, die sich mit Familienfesten wie z. B. Hochzeiten, Geburtstag oder mit anderen Festtagen beschäftigten, deutlich höher als bei den deutschen Kindern. Ebenso war die Wahl unterschiedlich. Das Weihnachtsfest war bei den deutschen Kindern das wichtigste Fest des Jahres, während es bei den ausländischen Kindern so gut wie gar keine Rolle spielte. Sehr häufig war die Darstellung einer türkischen Moschee sowie die Darstellung der türkischen Nationalflagge vertreten. Auch der starke Familienzusammenhalt und das Freizeitverhalten zeigte sich in den Bildern.

Signifikant höher wurde die Großfamilie dargestellt. Weiterhin wurde deutlich: die Spielorte der ausländischen Kinder sind weniger die offiziellen Kinderspielplätze, sondern es ist die Straße, der öffentliche Raum vor dem Haus, ein Platz mit Bänken in der Stadt. Dagegen waren Bilder, die sich kritisch mit der Familie auseinandersetzten, bei den deutschen Kindern dreimal höher als bei ihren ausländischen Freunden. Diese Zurückhaltung hinsichtlich einer kritischen Bewertung durchzog alle Bereiche. Sie gilt für Spielprobleme ebenso wie für Krankheiten, Ängste, Kriegsdarstellungen und Umweltprobleme. Nur in zwei Fällen, bei Problemfeldern aus dem politisch-sozialen Bereich lagen plötzlich die ausländischen Kinder fünfmal höher: bei Bildern, die das Problem der Ausländerfeindlichkeit behandelten, bei Straftaten und bei Gewaltszenen auf der Straße.

Mädchen lernen sehr früh Gehorsam und Unterordnung und Einordnung in ihre Aufgaben in der Familie. So kann bei türkischen Mädchen der Vergleich ihrer Situation mit der Lebensweise deutscher Freundinnen zu großen Problemen führen. In dem Bild *(Abb. 128)* zeigt die zwölfjährige Yeser den Unterschied zwischen beiden: das türkische Mädchen ist strengen Sitten unterworfen. Es muß sich möglichst innerhalb des Hauses aufhalten, soll nicht allein außerhalb der Wohnung spielen und darf auf keinen Fall zusammen mit Jungen gesehen werden. So stellt es sich in dem Bild dar: den ganzen Tag eingespannt in die Pflichten häuslicher Arbeit, während ihre deutschen Freundinnen in ihrer Freizeit über ihre Aktivitäten selbst entscheiden können. Das männliche Rollenverständnis zeigt sich am deutlichsten in der Darstellung der Sportarten. Fast alle Kampfsportarten wie Karate, Boxen, Ringen sowie Gewichtheben wurden von türkischen Kindern gemalt und gezeichnet. Es sind Sportarten, die die deutschen Kinder fast nie gewählt hatten. Früh lassen sich hier spezifische Charakteristika des männlichen Ideals von physischer Stärke erkennen. Aber sportliche Fitness, Körperbeherrschung und Kampfbereitschaft dienen auch als Schutzfunktion für sich und ihre Freunde in einer oft als feindlich erfahrenen Welt.

In den Bildern lassen sich die charakteristischen Merkmale einer anderen Wohnkultur finden. Die Zimmer sind für viele Personen eingerichtet, Wandteppiche stehen an der Stelle von Bildern, die Vorliebe für Kleinfiguren und Vasen wird gezeigt. Ein weiterer sehr interessanter Unterschied ließ sich bei den Fahrzeugen ausmachen. Fahrzeuge, mit denen sich große Entfernungen überbrücken lassen, wurden von den ausländischen Kindern häufiger dargestellt, wie Autos, Schiffe, Luftschiffe, Eisenbahn und Flugzeug. Es kann sein, daß sich in diesen Inhalten symbolisch Wünsche und

7.8. Lebenswelt und semantische Profile

Sehnsüchte der Kinder und ihrer Familienangehörigen widerspiegeln. Es sind die Verkehrsmittel, mit denen sie nach Deutschland kamen, aber es sind auch die Verkehrsmittel, mit denen es möglich ist, wieder in die alte Heimat (nach Hause?) zu reisen.

Die dritte Fragestellung bezieht sich auf die geschlechtsspezifischen Differenzen im Kinderbild. Im Verlauf der Untersuchungen wurde bereits mehrfach auf die erheblichen geschlechtsspezifischen Unterschiede hingewiesen. Zunächst zeigt sich eine grundlegend unterschiedliche Haltung: Bei den Jungen ist die Darstellung kritischer Themen deutlicher ausgeprägt als bei den Mädchen. Dieses unterschiedliche Verhalten zeigt sich vom 7. Lebensjahr an als durchgängige, gleichbleibende Tendenz *(vgl. Abb. 133)*. Erst die vierzehnjährigen Mädchen hatten in unserer Untersuchung den gleich hohen Anteil kritischer Bildinhalte gewählt, wie die Jungen.

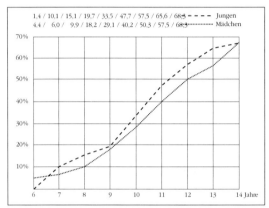

Abb. 133: *Geschlechtsspezifische Differenzen; Vergleich zwischen Jungen und Mädchen, kritische Bildinhalte.*

Ein genaues Bild geschlechtsspezifischer bildnerischer Verhaltensweisen zeigt die Aufschlüsselung der Inhalte in 32 verschiedene Themenbereiche *(vgl. Abb. 134)*.

Auch wenn unsere Alltagserfahrung weiß, daß Inhalte stark geschlechtsspezifisch geprägt sein können, überraschten dennoch diese Ergebnisse, die zeigen, wie stark maskulin und feminin bestimmte soziale Rollen von Kindern übernommen und im Bild verarbeitet werden. Auf der einen Seite steht das größere Interesse der Jungen an »Krieg«, »Technik«, an aggressiven und kritischen Aussagen, an »Abenteuern«, »Sport« und »Reisen«. Dagegen finden wir die bevorzugten Inhaltsbereiche der Mädchen an hausarbeitsnahen und sozial orientierten Themen wie »Familie«, »Kinderspiel«, »Probleme beim Spiel«, »traurige Kinder«, »Märchen und Phantasie«, »Feste« und »Kinder setzen sich ein«, sie »engagieren sich«. Ferner dokumentieren die Themen der Mädchen wie: »Bauernhof«, »Pflanzen«, »Umweltverschmutzung versus bedrohte Welt«, »bedrohte Tiere«, sowie bei Tierbildern ganz allgemein ein naturnahes, soziales Bewußtseinspotential. Sie haben Interesse an der natürlichen Umwelt, an Menschen, an kommunikativen Akten, wie sie sich bei »Festen« und »Spiel« zeigen, an Tieren und Pflanzen. Auch in unserer Untersuchung zu Sonnendarstellungen *(s. S. 63ff.)* hatten die Mädchen mit durchschnittlich 34,7 Prozent bereits deutlich häufiger dieses Symbol gezeichnet als die Jungen, von denen nur 29,3 Prozent die Darstellung der Sonne in ihr Bild aufgenommen hatten. Erinnert sei auch an die Untersuchungen zur Farbe, (vgl. *s. S. 79ff.*) und der Darstellung des Menschen, (vgl. *s. S. 84ff.*) bei denen die Mädchen sowohl in qualitativer (früher »anspruchsvoller«) als auch in quantitativer (»mehr Farben« und »bunter«) Hinsicht den Jungen überlegen waren.

7.8. Lebenswelt und semantische Profile

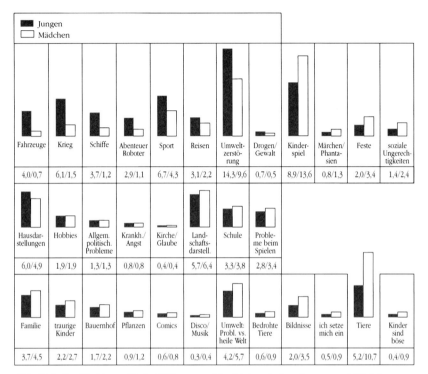

Abb. 134: *Geschlechtsspezifische Differenzen; Vergleich zwischen Jungen und Mädchen; Bildinhalte aufgeteilt in 32 Kategorien.*

Die Akzente, welche die Jungen setzten, weisen auf entsprechende »männliche« Interessen hin, auf rational-kritische, eher gegenständlich-vermittelnde Aspekte. Ihre Inhalte zeigen Distanz zu Gefühlen, die sachliche Funktion dominiert. Typisch für ihr Verhalten war u.a. bei den morphologischen Untersuchungen auch die deutlich häufigere Verwendung von technischen Hilfsmitteln, die geringere Anzahl der Darstellungen von Personen, sowie die unpräzisere zeichnerische Ausführung der menschlichen Gestalt.

Exemplarisch lassen sich die unterschiedlichen geschlechtsspezifischen Auffassungen bei Themen zur Umweltproblematik und zur Kriegsdarstellung zeigen. Während die Jungen bei den Bildern zur Umweltproblematik ihre Kritik unvermittelt und drastisch im Bild äußern, bevorzugen die Mädchen eine andere bildnerische Aussageform. Sie wählten signifikant häufiger die »Ja-Nein-Darstellung«, »heile versus zerstörte Welt« und nahmen somit eine dialektisch argumentierende Haltung ein:

So könnte die Welt aussehen – und so ist sie. Oder: dieses ist die Welt, wie ich sie mir wünsche, in der ich leben möchte – und dies ist eine beängstigende, unwirtliche Welt, die ich ablehne, in der ich nicht leben möchte, sie zeigt eine Zukunft, die nicht kommen soll. Ebenso läßt sich ein bildnerisch »argumentierender« qualitativer Unterschied zwischen den Geschlechtern bei den Darstellungen zum Thema »Krieg« feststellen. Im Unterschied zu den Jungen haben Mädchen an den nachfolgend aufgezählten Themen **kein** Interesse bekundet:

7.8. Lebenswelt und semantische Profile

An allgemeinen Darstellungen des Krieges, an Bildern, die Kampfhandlungen zeigen, an der Darstellung technischer Kriegsgeräte und an Bildern, die den Krieg im Zusammenhang mit sozialen und ökologischen Problemen betrachten.

Gegenüber den Jungen deutlich überrepräsentiert waren sie bei folgenden Themen: Darstellung von Leid und Verletzung, Zerstörungen durch den Krieg, alternativen Darstellungen Frieden versus Krieg, sowie Bildern, welche die Forderung nach Frieden enthielten. Dieses Ergebnis unterstreicht noch einmal unsere Annahme, daß unterschiedliche inhaltliche Auffassungen aufgrund weiblicher und männlicher Sozialisation gegeben sind.

Die Unterschiede, die auf jeder Altersstufe in den Zeichnungen zutage treten, die entweder mehr »maskulin« oder mehr »feminin« sind, sind so bedeutsam, daß sie als reale Differenz bei den inhaltlichen und gestalterischen Darstellungsprozessen zwischen Jungen und Mädchen angesehen werden müssen.

Nachwort

Zeichnungen im Kontext der Entwicklung der heutigen Kindergeneration nehmen eine bedeutsame Rolle ein. Die Bildprodukte sind für sie nicht mehr nur Arbeitsfelder, die Erwachsene vergeben und beurteilen, sondern sie sind zu einem biografischen »Lebensbegleiter« geworden. Das selbstgestaltete Bild fungiert als Vermittlungsinstanz zwischen Individuum und Umwelt als wichtiger sprachunabhängiger Ausdrucksträger:

»Wer Bilder macht, legt die Welt aus, die Welt, in der er handelt, er legt sein Verhältnis zu der Welt aus, in der er lebt.«[156)]

Mit der Untersuchung morphologischen und semantologischen Verhaltens konnte der zeichnerische Aufbau und die Bildung von Interessen näher beschrieben werden. Dieses Handlungswissen um Bedingungen, Möglichkeiten und Grenzen weist darauf hin, daß ästhetisches Verhalten eine eigene Erkenntnis- und Aussageform, eine eigene Rationalität besitzt.

Anhand der Genese, bei der Morphologie und bei den Inhalten zeigte sich der sukzessive Aufbau, dem das Bild unterliegt; alles Neue hebt sich von einem sedimentierten Erwerb ab. Dabei enthält der Formfindungsprozeß der Metaphern immer die Möglichkeit eines sinnlich-schöpferischen Faktors und individueller Entfaltungsmöglichkeiten. Das Kind bestimmt durch seine bildnerische Erfahrung die Neubeschreibung der Wirklichkeit.

Angesichts des schnellen Wandels der gesellschaftlich-kulturellen Lebensumwelt und der zunehmend schwieriger werdenden Lernsituation kann die Vermittlungsinstanz »Bild« für die schulische Grundbildung gar nicht hoch genug angesetzt werden.

Diese Tendenzen gilt es weiter zu fördern, liegt doch hier die Chance der Kinder, selbstbestimmt und authentisch zu arbeiten. Die Didaktik der Kunstpädagogik sollte es als eine wichtige Aufgabe betrachten, die Autonomie des präsentativen Handlungsfeldes weiter auszubauen, und den Kindern diese Weise subjektiv-ästhetischer Welterfahrung ermöglichen.

Anmerkungen

[1] Eine Ausnahme bildet die Arbeit von H. John-Winde, Kriterien zur Bewertung der Kinderzeichnung, Bonn 1981. Sie vergleicht in ihrer Studie zwei Zeichnungen eines Kindes, welches es einmal im 1. Schuljahr und einmal im 4. Schuljahr angefertigt hat. Das Thema lautete: »Harald schiebt sein Auto unter einen Baum«. Die Autorin versucht – so ihr zentrales Erkenntnisinteresse, die beiden Zeichnungen »auf ihren Zusammenhang zum sozio-ökonomischen Status der Eltern zu überprüfen« (S.11). Für die statistische Verarbeitung analysiert die Autorin die Mensch-, Baum- und Autodarstellung sowie weitere Strukturierungsmerkmale. Aufgrund des spezifischen Erkenntnisinteresses (Statusabhängigkeit) werden die Differenzierungs- und Strukturierungskriterien in Korrelation mit sozio-ökonomischen Daten betrachtet. (Die Publikation von 1993 konnte nicht mehr berücksichtigt werden.)

[2] H. G. Richter, Die Kinderzeichnung, Düsseldorf 1987, S.370.

[3] Vgl. Zeitschrift Kunst und Unterricht, Velber bei Hannover, 1968, Heft 1ff. Vgl. Zeitschrift für Kunstpädagogik, Ratingen, Kastellaun, Düsseldorf 1972ff. Vgl. BDK Mitteilungen, Hannover 1976ff. Vgl. Handbuch der Ästhetischen Erziehung, Hrsg. von A. v. Criegern, Stuttgart, Berlin, Köln, Mainz 1982.

[4] Vgl. K.S. Richter-Reichenbach, Bildungstheorie und ästhetische Erziehung heute, Darmstadt 1983, S.227

[5] Eucker, J./ Hans, J./ Hinkel, H./ u.a., Kunst und Unterricht-Thesen zur Ästhetischen Erziehung, in: Kunst und Unterricht, Velber bei Hannover, Heft 125, 1988, S.7.

[6] J.S. Bruner, Bereitschaft zum lernen, in: F. E. Weinert (Hrsg.), Pädagogische Psychologie, Köln 1967, S.102.

[7] H. Heckhausen, Förderung der Lernmotivierung und der intellektuellen Tüchtigkeiten, in: Roth (Hrsg.), Begabung und Lernen, Stuttgart 1969, S.193–208.

[8] Vgl. J. Habermas, Theorie des kommunikativen Handelns, Frankfurt/Main 1981 Bd. I, S.104f.

[9] E. Betzler, Neue Kunsterziehung, Frankfurt/M. 1949, S.178.

[10] F. Menzer (Hg.) Forum Kunstpädagogik, Festschrift für H. Klettke, Baltmannsweiler 1985, S.151.

[11] Vgl. C. Ricci, Kinderkunst, Leipzig 1906, S.46.

[12] Vgl. H. Meyers, Stilkunde der naiven Kunst, Frankfurt/M. 1960.

[13] G. Britsch, Theorie der Bildenden Kunst, Hg. von E. Kornmann, 4. A. Ratingen 1966.

[14] Vgl. G. Mühle, Entwicklungspsychologie des zeichnerischen Gestaltens, 4. A. Berlin/Heidelberg/New York 1975.

[15] Vgl. H. Meyers, Die Welt der kindlichen Bildnerei, Witten 1957, S. 51f.

[16] Vgl. eb. S. 53.

[17] Schwarze, Rote und Menschen wie wir, Von Kindern gemalt und erzählt, Zusammengestellt und erläutert von Max Buchartz, München 1956, S. 72.

[18] ebenda, S.76

[19] ebenda, S.77

[20] G. Kerschensteiner, Die Entwicklung der zeichnerischen Begabung, München 1905, S.7.

[21] Vgl. eb. S.35

[22] R. Pfennig, Plastisches Gestalten in der Schule, in Zeitschrift »Die Laterne«, Oldenburg 1949, S.20.

[23] H. G. Richter, Geschichte der Kunstdidaktik, Düsseldorf 1981, S.121.

[24] G. Otto, Kunst als Prozeß im Unterricht, 2. A. Braunschweig 1969, S.154, 155.

[25] Vgl. ebd. S.155.

26) G. F. Hartlaub, Der Genius im Kinde, Breslau 1922, S.14.
27) R. Ott, Urbild der Seele, Bergen 1949, S.19.
28) Vgl. Eid/Langer/Ruprecht, Kinderkunst, München 1983, S.10, 11.
29) Vgl. H. Giffhorn, Kritik der Kunstpädagogik zur gesellschaftlichen Funktion eines Schulfaches, Köln 1979. Vgl. H. Hartwig, (Hg.), sehen lernen, Kritik und Weiterarbeit am Konzept visuelle Kommunikation, Köln 1976.
30) Handreichungen für Lernziele, Kurse und Projekte im Sekundarbereich II, Der Niedersächsische Kultusminister in Hannover, Hannover 1972, S.41.
31) Bund Deutscher Kunsterzieher, Tagung vom 30.9.1972, unveröffentlichtes Manuskript. Vgl. versch. Jahrgänge der Zeitschrift »Kunst und Unterricht«, a.a.O. Rahmenrichtlinien, Primarstufe Kunst/Visuelle Kommunikation, Der Hessische Kultusminister o.J. S.13
32) Gesellschaft und Schule, Heft 3/4, Dezember 1972, Hg. Fachgruppe Gymnasium der Gewerkschaft Erziehung und Wissenschaft, Lebendiges Gymnasium, Neue Folge, 13. Jg. S.108, 109.
33) Vgl. A. Eschbach, Bildsprache, Isotype und die Grenzen, in H. Brög/A. Eschbach, Die Tücke des Objekts, Festschrift zum fünfzigsten Geburtstag von Hermann Sturm, Aachen 1987, S.258–295.
34) D. Widlöcher, Was eine Kinderzeichnung verrät, München 1973, S.51.
35) Vgl. eb. S.8.
36) Vgl. G. Mühle, Entwicklungspsychologie, a.a.O., S.154, 156.
37) Vgl. K. Spitzer/M. Lange (Hg.), Tasten und Gestalten, Kunst und Kunsterziehung bei Blinden, Waldkirch 1982, S.208f.
38) Vgl. S.K. Langer, Philosophie auf neuem Wege, 2. A. Mittenwald 1979.
39) Vgl. H. Heckhausen, Wachsen und Lernen in der Genese von Persönlichkeitseigenschaften. Bericht 24. Kongreß der Deutschen Gesellschaft für Psychologie, Wien 1964, Göttingen 1965, S.125-132.
40) Vgl. D. Baacke, Die 6- bis 12jährigen, Weinheim und Basel 1984, S.81
41) Vgl. ebenda S.81, 82.
42) Vgl. A. Schütz, Der sinnhafte Aufbau der sozialen Welt, 2. A. Frankfurt/M. 1981, S.162f.
43) J. Piaget, Nachahmung, Spiel und Traum, Die Entwicklung der Symbolfunktion beim Kinde, Stuttgart 1969, S.112.
44) H. Daucher (Hg.), Kinder denken in Bildern, München/Zürich 1990, S.166, 167.
45) Vgl. H. Daucher, Psychogenetische Erklärungsansätze zum Ästhetikbegriff, in: H. Daucher/K.-P. Sprinkart (Hg.), Ästhetische Erziehung als Wissenschaft, Köln 1979, S 121f.
46) Vgl. H. G. Richter, Anfang und Entwicklung der zeichnerischen Symbolik, Kastellaun 1976, S.56f.
47) Vgl. G. Mühle, Entwicklungspsychologie des zeichnerischen Gestaltens, Berlin, Heidelberg, New York 1975, S.29, 30.
48) Vgl. J. Habermas, Theorie des kommunikativen Handelns, a.a.O.
49) A. de Saint-Exupéry, Der kleine Prinz, Düsseldorf 1956, S.7, 8, 9.
50) Vgl. P. Bourdieu, Zur Soziologie der symbolischen Formen, Frankfurt/M. 1970, S.159f.
51) Vgl. Otto/Otto, Auslegen, a.a.O.
52) Vgl. R. Oerter/L. Montada, Entwicklungspsychologie, München, Wien, Baltimore, 1982, S.512.
53) Friedrich Dürrenmatt, Das Versprechen, Zürich 1985.
54) Vgl. M. Schuster, Die Psychologie der Kinderzeichnung, Berlin/Heidelberg/New York 1990, S.125f.
55) E. M. Koppitz, Die Menschendarstellung in Kinderzeichnungen und ihre psychologische Auswertung, Stuttgart 1972, S.16
56) H. Nickel, Entwicklungspsychologie des Kindes- und Jugendalters, Bd. II, 3. A. Bern 1975, S.67, 68.

[57] Vgl. zur Kritzelphase: H. G. Richter, Die Kinderzeichnung, a.a.O. S.20–37.
[58] Vgl. A. Nguyen-Clausen, Alle Kinder sind kreativ, Längsschnittstudie über Kritzelaktivitäten Ein- bis Dreijähriger, in: Ludwig-Maximilians-Universität-München, Berichte aus der Forschung, München Juli 1982, S.20–26. Vgl. A. Nguyen-Clausen, Ausdruck und Beeinflußbarkeit der kindlichen Bildnerei, in: v. Hohenzollern/M. Liedtke, Vom Kritzeln zur Kunst, Bad Heilbrunn/Obb. 1987, S.171f.
[59] Vgl. G. Mühle, Entwicklungspsychologie des zeichnerischen Gestaltens, a.a.O., S. 34.
[60] Vgl. C. G. Jung, Gestaltungen des Unbewußten, Zürich 1950.
[61] Vgl. J. Piaget, Nachahmung, Spiel und Traum, Stuttgart 1969.
[62] Vgl. H. G. Richter, Die Kinderzeichnung, S. a.a.O., S. 37-42.
[63] Vgl. M. Kläger, Phänomen Kinderzeichnug, Manifestation bildnerischen Denkens, Baltmannsweiler 1989, S. 8f.
[64] J. Piaget, Die Entwicklung des räumlichen Denkens beim Kinde, Stuttgart 1971, S 19.
[65] R. Oerter, Moderne Entwicklungspsychologie, Donauwörth 1967, S. 463.
[66] Vgl. W. Wieczerkowski/H. z. Oeveste (Hg.), Lehrbuch der Entwicklungspsychologie, Bd. 1, Düsseldorf 1982, S 350f. Vgl. R. Oerter, Moderne Entwicklungspsychologie, a.a.O., S. 462f.
[67] A. Staudte, Ästhetisches Verhalten von Vorschulkindern, Weinheim und Basel 1977, S. 119-123.
[68] Vgl. R. Kellogg, Analyzing Children's Art, Palo Alto, California 1970.
[69] Abb. a-k in: Funkkolleg Pädagogische Psychologie, Studienbegleitbrief 2, Weinheim und Basel 1972, S. 66.
[70] Vgl. M. Kläger, Phänomen Kinderzeichnung, a.a.O., S. 7f.
[71] H.J. Bachmann, Malen als Lebensspur, a.a.O., S. 110f.
[72] Vgl. H. Volkelt, Die Prinzipien der Raumdarstellung des Kindes, Masch. Manuskr. Bietigheim/Württemberg 1968, S. 75, 76.
[73] Vgl. W. Kunde, Klees unkindliche Kunst, Zu O. K. Werckmeisters Klee-Studien, in: Kritische Berichte, 13. Jg. 1985, Gießen 1985, S. 40.
[74] Vgl. O. K. Werckmeister, Versuche über Paul Klee, Frankfurt/M. 1981.
[75] Vgl. M. Kläger, Phänomen Kinderzeichnung, a.a.O., S. 9.
[76] Vgl. G. Selle, Gebrauch der Sinne, a.a.O.
[77] Vgl. R. z. Lippe, Sinnenbewußtsein, Grundlegung zu einer anthropologischen Ästhetik, Reinbek 1987.
Vgl. G. Selle, Gebrauch der Sinne, Reinbek bei Hamburg 1988.
[78] Vgl. E. Bloch, Das Prinzip Hoffnung, Gesamtausgabe Band 5, Frankfurt/M. 1959.
[79] Vgl. B. Strohschein, Tagträume hinter Schulmauern, Impulse aus Ernst Blochs »Prinzip Hoffnung« für die ästhetische Erziehung, Frankfurt/M. 1982.
[80] Vgl. O. Kroh, Entwicklungspsychologie des Grundschulkindes. 19. A., Langensalza 1944.
[81] Vgl. Oerter/Montada, Entwicklungspsychologie, a.a.O., S. 375f.
[82] Vgl. G. Otto/M. Otto, Auslegen, Ästhetische Erziehung als Praxis des Auslegens in Bildern und des Auslegens von Bildern, Seelze 1987. Vgl. Kunst und Unterricht-Thesen zur ästhetischen Erziehung, in Kunst und Unterricht, Heft 125, Seelze 1988, S. 5f.
[83] Oerter/Montada, Entwicklungspsychologie, a.a.O., S. 28.
[84] Vgl. ebenda.
[85] W. Neuhaus, Der Aufbau der geistigen Welt des Kindes, München/Basel, 1955, S. 108.
[86] Handbuch der Kunst- und Werkerziehung, H. Trümper (Hrsg.) Bd. III, a.a.O., S. 64.
[87] Vgl. z.B. die Stufenlehre der Theorie Britsch-Kornmann.
[88] Vgl. M. Schuster, Die Psychologie der Kinderzeichnung, a.a.O., S. 671f.
[89] Vgl. H. Hartwig, Sehen lernen, Bildgebrauch und Zeichnen. Historische Rekonstruktion und didaktische Perspektiven, in: Sehen lernen, Kritik und Weiterarbeit am Konzept Visuelle Kom-

munikation, Köln 1976, S. 103f. Vgl. dazu kritisch: H.-D. Junker, Zur kunstpädagogischen »Realismusdiskussion«, in: H. Brög (Hg.) Kunstpädagogik heute, Band 1, Didaktische Probleme, Düsseldorf 1980, S. 91-113.

[90] Die Angaben beziehen sich auf eine zufällige Auswahl von 8 604 Bildern aus dem Mal- und Zeichenwettbewerb: »Wie wir Kinder heute leben«. Vgl. Anm. 149.

[91] Vgl. C. Brenner, Grundzüge der Psychoanalyse, 6. A. Frankfurt/M. 1972.

[92] Im primärprozeßhaften Denken sind Darstellungen durch Anspielungen oder Analogien häufig ein Teil eines Objektes, einer Erinnerung oder Idee. Es steht oft für das Ganze, oder umgekehrt. Logische Regeln werden in primär prozeßhaftem Denken bei weitem nicht so ausschließlich verwendet wie im Denken des sekundären Prozesses, dem Denkmodus, der in der Regel dem reifen Ich zugeschrieben wird.

[93] Vgl. W. Wieczerkowski/H. z. Oeveste (Hg.), Lehrbuch der Entwicklungspsychologie, Bd. 1, Düsseldorf 1982, S. 216. Vgl. H. Nickel, Entwicklungspsychologie des Kindes- und Jugendalters, Bd. II, Schulkind und Jugendlicher, 3. Aufl., Bern/Stuttgart/Wien 1981, S. 174.

[94] Vgl. W. Wieczerkowski/H. z. Oeveste, Lehrbuch Bd. 1, a.a.O., S. 356.

[95] Diese Angaben beziehen sich auf eine zufällige Auswahl von 8.697 Bildern aus dem Bildbestand des Mal- und Zeichenwettbewerbs »Wie wir Kinder heute leben«. (Vgl. Anm. 149).

[96] Vgl. M. Kläger, Phänomen Kinderzeichnung, Manifestationen bildnerischen Denkens, a.a.O., S. 30f.

[97] »Durch Übung wächst der Menschenkenner.
Bald macht er auch schon ganze Männer
Und zeichnet fleißig, oft und gern
Sich einen wohlbeleibten Herrn.
Und nicht nur, wie er außen war,
Nein, selbst das Innre stellt er dar.
Hier thront der Mann auf seinem Sitze
Und ißt z. B. Hafergrütze.
Der Löffel führt sie in den Mund,
Sie rinnt und rieselt durch den Schlund,
Sie wird, indem sie weiterläuft,
Sichtbar im Bäuchlein angehäuft.
So blickt man klar, wie selten nur,
Ins innre Walten der Natur.-«
»Und zeigt bereits als kleiner Knabe
Des Zeichnens ausgeprägte Gabe.
zunächst mit einem Schieferstile
Macht er Gesichter im Profile;
weil Augen aber fehlen nie, denn die, das weiß er, haben sie.«

[98] Vgl. H. Meyers, Experimentelle Untersuchungen zur Entwicklung des zeichnerischen Gestaltens bei Sechs- bis Siebenjährigen am Beispiel der Darstellung des menschlichen Kopfes, Diss. Mainz 1950 (Ms.).

[99] Vgl. G. Mühle, Entwicklungspsychologie, a.a.O., S. 62.

[100] Vgl. M. Kläger, Jane C., Symbolisches Denken in Bildern und Sprache, München/Basel 1978, S. 108f.

[101] Vgl. H.G. Richter, Die Kinderzeichnung, a.a.O., S. 57f.

[102] Vgl. G. Mühle, Entwicklungspsychologie, a.a.O., S. 97.

[103] Vgl. W. Wieczerkowski/H. z. Oeveste (Hg.), Lehrbuch, Bd. 1, a.a.O., S. 357, 358.

[104] Die Angaben beziehen sich auf die Untersuchungen: »Wie wir Kinder heute leben«, vgl. Anm. 149.

[105] Vgl. R. Oerter, Moderne Entwicklungspsychologie, a.a.O., S. 391.

Anmerkungen

[106] Vgl. J. Piaget, Das Weltbild des Kindes, Frankfurt/M./Berlin/Wien 1980.
[107] Vgl. R. Oerter, Moderne Entwicklungspsychologie, a.a.O., S. 326.
[108] Vgl. A. Iten, Die Sonne in der Kinderzeichnung und ihre psychologische Bedeutung, Zug (Schweiz) 1974, S. 51f.
[109] Vgl. Anmerkung 149.
[110] J. Piaget, Nachahmung, Spiel und Traum, Die Entwicklung der Symbolfunktion beim Kinde, Stuttgart 1969, S. 323, 324.
[111] R. Oerter/L. Montada, Entwicklungspsychologie, a.a.O., S. 29.
[112] Vgl. H. Nickel, Entwicklungspsychologie des Kindes- und Jugendalters, Bd. II, Bern/Stuttgart/Wien 1981 S. 173.
[113] Vgl. W. Kemp, »... einen wahrhaft bildenden Zeichenunterricht überall einzuführen«, Zeichnen und Zeichenunterricht der Laien 1500-1870, Ein Handbuch, Frankfurt/M. 1979, S. 23f.
[114] Noch zu Beginn des 20. Jahrhunderts bis zum Anfang der zwanziger Jahre war Papier knapp und teuer. Gustav Kolb berichtete aus den letzten Kriegsjahren des 1. Weltkrieges, daß man ganz auf die Praxis verzichten mußte und sich auf die Tafelzeichnung beschränkte, weil kein Zeichenmaterial für die Kinder zur Verfügung stand. (Vgl. W. Reiß, Kunstpädagogik und Politik, dargestellt am Beispiel von Gustav Kolb, in: Zur Lage der Kunstpädagogik Schriftenreihe der Hochschule für Bildende Künste Braunschweig, Band 9, Braunschweig 1986, S. 176.)
[115] Vgl. Katalog, Mit den Augen der Kinder, Kindernothilfe, Duisburg 1990.
[116] Vgl. J. Hofmann, Künstlerische Techniken für Kinder, in: H. Daucher (Hg.), Kinder denken in Bildern, a.a.O., S. 244.
[117] ebd. S. 242.
[118] A. Staudte, Ästhetisches Verhalten von Vorschulkindern, Weinheim und Basel 1977, S. 168.
[119] H. Daucher (Hg.), Kinder denken in Bildern, a.a.O., S. 156.
[120] K. Schwerdtfeger, Bildende Kunst und Schule, Hannover 1957, S. 37, 38.
[121] Vgl. M. Kläger, Das Bild und die Welt des Kindes, München 1974, S. 16–27.
[122] Von Nathalie Thomkins lagen 213 Bilder vor, die sie zwischen 3; 4 und 14; 2 Jahren angefertigt hat.
[123] M. Richards/H. E. Ross, Developmental Changes in Childrens Drawings, in: British Journal of Educational Psychology, Bd. 37, 1967, S. 73-80.
[124] Vgl. A. Staudte, Ästhetisches Verhalten von Vorschulkindern, a.a.O., S. 127.
[125] Vgl. R. Rabenstein, Kinderzeichnung, Schulleistung und seelische Entwicklung, 4. A. Bonn 1980, S. 36. Vgl. A. Staudte, Ästhetisches Verhalten von Vorschulkindern, a.a.O., S. 189.
[126] Vgl. M. Muckenhaupt, Text und Bild, Tübingen 1986. Vgl. W. Kemp (Hg.), Der Text des Bildes, Möglichkeiten und Mittel eigenständiger Bilderzählung, München 1989.
[127] Vgl. S. Langer, Philosophie auf neuem Wege, a.a.O., S. 99f.
[128] Vgl. R. Oerter/L. Montada, Entwicklungspsychologie, a.a.O., S. 426f.
[129] Die Untersuchungen basieren auf folgendem empirischen Material:
1. Bilder einer hessischen Grundschulklasse. Über einen Zeitraum von vier Jahren wurde etwa alle ein bis zwei Monate von jedem Schüler eine Arbeit eingesammelt. Nach vier Jahren lagen von jedem Kind über zwanzig verschiedene Bilder vor, die bei unterschiedlicher Thematik, immer auch die Darstellung von Menschen enthielten. Die hier von den 19 Schülerinnen und Schülern gesammelten und zeitlich geordneten Bilder bildeten eine erste Grundlage für die Untersuchungen von Varianten in der Menschendarstellung.
2. Anhand des Bestandes aus dem Mal- und Zeichenwettbewerb: »Mal doch mal – wie wir Kinder heute leben« überprüften zwei unabhängig voneinander arbeitende Gruppen von Kunstpädagogikstudenten das Spektrum unterschiedlicher Ausprägungen.
3. Bilder des Schülers Sebastian (vgl. Kap. 6.11.2.).
Die Ausprägungen wurden in folgender Weise empirisch gewonnen: Wenn sich eine größere Anzahl von morphologischen Ähnlichkeiten durch eine größere Anzahl von Gestalten nach-

weisen ließ, wurde die Ausprägung festgelegt. Immer wiederkehrende Haupttypen die der Auswertung zugrundegelegt wurden, zeigt die Abbildung 38. Es handelt sich um 30 verschiedene Phasen, die vom »Kopffüßler« (Ausprägung 1) bis zur naturalistischen Menschdarstellung (Ausprägung 30) reichen. Es folgen im Anschluß daran die Bestimmungen der durchgepausten und abgezeichneten Figuren (Ausprägung 31), sowie Bilder, die lediglich Darstellungen des Kopfes enthielten, also den Körper nicht zeichneten (Ausprägung 32). Dazwischen liegen die Varianten des entwickelten Schemas.

[130] Vgl. K. Schwerdtfeger, Bildende Kunst und Schule, 6. A. Hannover 1965, S. 19f.
[131] Vgl. E. Kornmann, Grundprinzipien bildnerischer Gestaltung, Ratingen 1962, S. 40.
[132] Vgl. G. Mühle, Entwicklungspsychologie des zeichnerischen Gestaltens, a.a.O., S. 89.
[133] Vgl. ebd. S. 14, 15.
[134] Bei dem Schüler (Sebastian) handelt es sich um einen von der Schule in seinen allgemeinen Leistungen als mittelmäßig bis gut eingestuften Schüler. In seinem Verhältnis zum Fach Kunst gab es keine besonderen Bindungen (z.B. durch die Familie); die Leistungsnoten in diesem Fach schwankten zwischen befriedigend und gut. Seine Leistungen und seine Beziehung können durchaus als durchschnittlich für einen Schüler Ende der achtziger, Anfang der neunziger Jahre angesehen werden. Die Darstellungen des Menschen, die hier zugrundegelegt wurden, stammen von Bildern, die außerhalb der Schule angefertigt worden waren. Zum Zeichnen wurde das Kind nie gedrängt, hatte es keine Lust, so wurde auf ein Bild an diesem Tag verzichtet. Im Verlauf der zehn Jahre entstanden auf diese Weise mehr als dreißig Protokolle seiner Zeichentätigkeit.

Die gestellten Themen variierten leicht, sie enthielten im Kern aber immer den Auftrag, »Menschen«, häufig auch »eine Familie« darzustellen. Die weitere Gestaltung des Bildes war freigestellt, ebenso die Technik. Angeboten wurden Bleistifte, Buntstifte, Wasserfarben, Filzstifte und Wachsmalkreiden. Er benutzte jedoch ausschließlich Bleistifte, Buntstifte und vor allem die Filzstifte. Auf Wasserfarben und die Wachsmalkreiden verzichtete er ganz.

Die nachfolgenden achtzehn protokollierten Darstellungen von Menschen, die zwischen dem fünften und dem fünfzehnten Lebensjahr entstanden sind, wurden deshalb ausgewählt, weil sie immer eine Modifikation des Schemas beinhalteten. Gezeigt wird also jeweils der neue akkomodatorische Prozeß, der sich innerhalb der geschilderten Zirkulärreaktion von Assimilation, Äquilibration und Akkommodation vollzieht.

[135] Vgl. H. Hartwig, Jugendkultur, Ästhetische Praxis in der Pubertät, Reinbek 1980.
[136] H.-G. Richter, Die Kinderzeichnung, a.a.O., S. 67.
[137] Vgl. ebd.
[138] Vgl. A. Busemann, Jugend im Selbstbildnis, in: Zeitschrift für Kinderforschung, Bd. 44, 1935.
[139] Vgl. die Arbeiten von Volkelt, Meyers und Mühle
[140] Vgl. J. Piaget/B. Inhelder, Die Entwicklung des räumlichen Denkens beim Kinde, Stuttgart 1971, S. 71.
[141] Vgl. G. Mühle, Entwicklungspsychologie, a.a.O., S. 106.
Vgl. v. Lowenfeld, vom Wesen schöpferischen Gestaltens, a.a.O., S. 93f.
Vgl. H. Meyers, Die Welt der kindlichen Bildnerei, a.a.O., S. 79f.
Vgl. O. Wulff, Die Kunst des Kindes, a.a.O., S. 22f.
[142] Diese vier Ausprägungen der Raumdarstellung wurden in weitere Kategorien aufgeteilt: in eine Übergangsform »vororthogonale Relationen« (vgl. Tabelle 7, B) in die »orthogonale Raumdarstellung« (vgl. Tab. 7, C) und in eine räumliche Darstellungsweise, bei welcher metrische Relationen beachtet werden, also im Bild bei Raumlagebeziehungen auf **Größenkonstanzen** Rücksicht genommen wird (vgl. Tabelle 7 D). Den »vororthogonalen Raumschemata« (B) wurden diejenigen Bilder zugeordnet, welche Bildzeichen enthalten, deren Raumbezüge nicht durchgängig das orthogonale Raumschema verarbeiten, sondern an einer oder an mehreren Stellen noch »ungeklärte« Raumlagebeziehungen aufweisen, also z.B.

keinen Standkontakt haben, oder nicht einheitlich ausgerichtete Bildzeichen enthalten, etc.
Unter dem Punkt C finden wir gleichsam das »klassische« Raumschema der orthogonalen Raumdarstellung. Innerhalb dieser Raumordnung finden alle Bildgegenstände ihren Platz: die Beziehungen der Zeichen zu- und untereinander sind geklärt, die Koordinaten der Vertikalen und Horizontalen werden konsequent angewendet, der Standkontakt ist gewährleistet.
Auch intrarelationale Raumlagebeziehungen sind hier – sofern sie dem »logischen« orthogonalen System entsprechen, eingeordnet. Des weiteren gehören zu dieser kategorialen Bestimmung alle Bilder auf denen die Größenkonstanzen nicht beachtet werden. D. h., metrische Bezüge bleiben unberücksichtigt; das Kind unterscheidet nicht bei der Darstellung von Gegenständen die »weiter entfernt« am Horizont liegen und Bildzeichen, die sich im »Vordergrund« befinden, also »näher« stehen.
Dieses zuletzt angesprochene Kriterium differenzierter Proportionsverhältnisse unterscheidet den Punkt C von Punkt D. Im Sinne unserer Definition könnte man bei Raumgestaltungen dieser Kategorie von einem orthogonal-metrischen Raumstadium sprechen, von einer Übergangsform, da diese Raumauffassung bereits Ansätze zur tiefendimensionalen Gestaltung beachtet. Allerdings geschieht dies noch **nicht durch konvergierende Projektionslinien,** denn weiterhin bildet das parallel organisierte »orthogonale System« die Grundlage. Für die Bestimmung und Einordnung in die Kategorie D war ausreichend, wenn dieser räumliche Sachverhalt an **einem** Gegenstand oder an **einer** räumlichen Situation innerhalb des Bildgeschehens vorlag.
So wurden dem Punkt E alle Bilder zugeordnet, die mindestens **einen** tiefendimensional gezeichneten Gegenstand enthielten (auch wenn er »fehlerhaft« war) und darüber hinaus das Bild noch in der orthogonalen Raumordnung gestaltet war. Weiterhin weisen die Bilder dieser Raundarstellung noch invariante metrische Raumlagebeziehungen auf.
Dieses zuletzt angesprochene Kriterium unterscheidet Punkt E von Punkt F. Diese Bilder enthalten nun metrische Raumbeziehungen, mit denen wechselnde Entfernungen variabel dargestellt werden sie enthalten darüber hinaus mindestens **einen** tiefenräumlich dargestellten Bildgegenstand, (der im übrigen den gleichen Bedingungen unterliegt, wie in der Kategorie E beschrieben).

[143] Vgl. H. Meyers, Die Welt der kindlichen Bildnerei, a.a.O., S. 83.
[144] Vgl. K. Koch, Der Baumtest, Der Baumzeichen-Versuch als psychodiagnostisches Hilfsmittel, Bern 1949, S. 51.
[145] Vgl. H. Dreidoppel, Zur Genese, Kontinuität und Diskontinuität des Zeichnens und Malens seit meiner Kindheit, in: Ästhetik und Kommunikation Heft 30, Dezember 1977, Berlin 1977, S. 47-68.
Vgl. H. Dreidoppel, »Das sieht unheimlich stark aus!«, Perspektive im 8. Schuljahr – ein Praktiker erzählt, in: Kasseler Hefte für Kunstwissenschaft und Kunstpädagogik, Texte des Symposions »Kunstpädagogik 1980« in Kassel, Heft 1, Kassel 1981, S. 45–88.
[146] Vgl. H. Dreidoppel, »Das sieht unheimlich stark aus!«, a.a.O., S. 47.
[147] Vgl. ebd. S. 48.
[148] R. Oerter/L. Montada, Entwicklungspsychologie, a.a.O., S. 53.
[149] Den Beginn dieses Malwettbewerbs bildete eine Initiative aus Einzelpersonen, Firmen und Verlagen, die sich zum Ziel gesetzt hatten, etwas Positives für die Kinder in der Bundesrepublik in Gang zu setzen. Ein wichtiges Agens in diesem Zusammenhang bildete die Ausschreibung eines des größten Zeichen- und Malwettbewerbs in der Geschichte dieses Landes.
Man wandte sich über die Presse, das Fernsehen, den Rundfunk mit Plakaten und Informationsmaterial an 20 000 Schulen im Bundesgebiet und West-Berlin an alle 8- bis 14jährigen Kinder mit der Aufforderung:
»Mal doch mal ... Wie wir Kinder heute leben. Du siehst die Welt mit Deinen eigenen Augen. Du machst Dir Deine eigenen Gedanken darüber. Mal, was Dir gefällt, Zeig mit Dei-

nem Bild, wie Kinder heute leben. Mit Pinsel, Bleistift oder Tinte, ganz egal. Warum veranstalten wir diesen großen Malwettbewerb? Sonst reden immer die Erwachsenen. Hier könnt Ihr Kinder Euch selbst mitteilen. Möglichst viele Menschen sollen erfahren, wie Ihr Euch fühlt, wo Eure Probleme liegen, was Euch Freude macht, was Ihr Euch wünscht. Deshalb zeigen wir die besten Bilder in mehreren deutschen Städten. Du mußt kein Künstler sein. Wichtig ist Deine Idee. Jedes Bild kann einen Preis gewinnen. Die Gewinner des 1. bis 3. Preises können ihre Klasse einladen zu einem klasse Wochenende auf einer Ritterburg am Rhein.«

Da die Aufforderung zur Teilnahme sich sowohl auf die Schulen als auch auf Einzelpersonen bezog, war es von hohem Interesse, wie viele der Bilder im häuslichen Bereich und ohne schulischen Einfluß entstanden sind. Um dieses zu erfahren, schrieben wir 2 400 Kinder, die auf ihren Bildern entscheidende Angaben vergessen hatten, an und fragten danach wie alt sie seien, welche Schulform sie besuchten, und bat sie um Ergänzung fehlenden Informationen. Gleichzeitig wollten wir wissen, aufgrund welcher Informationen sie zur Teilnahme angeregt worden waren.

Es antworteten 1 343 Kinder. 963 schrieben, daß durch die Schule bzw. durch den Lehrer die Aufforderung zur Teilnahme ausgegangen sei. 158 gaben an, von Eltern, Geschwistern, Freunden oder anderen Personen angeregt worden zu sein, 195 durch Plakate, Zeitungen, andere Hinweise der Medien, und 27 Kinder schrieben zurück, sie könnten sich nicht mehr erinnern.

Schließlich enthielt das Anschreiben eine Frage nach dem Schulfach, in dem das Thema bearbeitet worden sei. Hier stellte sich heraus, daß dies zumeist im Kunstunterricht geschehen war aber es wurden auch immer wieder die Fächer Deutsch und Religion genannt. Die breite Streuung des Aufrufs zur Teilnahme zeigte ihre Auswirkungen: Zusätzlich zu den eingegangenen Bildern gab es Erklärungen, Briefe, Postkarten, Gedichte, Fotos von den Kindern, den Eltern und Erziehern. Sie gaben Auskunft darüber, daß sich auch Kinder aus unterschiedlichsten Vereinen, aus Kinderheimen, aus dem benachbarten Ausland, aus Tanzkreisen, Arbeitsgemeinschaften und aus der damaligen DDR beteiligt hatten. Die interessierende Frage nach dem Ort der Bildanfertigung ergab: von allen eingegangenen Bildern war ein Viertel bis ein Drittel nicht in der Schule, sondern außerhalb von ihr entstanden. Dieser quantitative Hinweis ist auch von qualitativer Bedeutung, weil er das Gesamtbild des Wettbewerbs erweitert, denn damit unterlagen seine Ergebnisse nicht allein der Fachkompetenz von Lehrern, und insbesondere von Kunstlehrern. Zum anderen bringen die Bilder, welche im familiären Rahmen ausgeführt wurden, andere Qualitäten in die Bildgestaltungen ein als die unter schulischen Einfluß angefertigten Arbeiten. Es könnte die Möglichkeit bestehen, daß außerschulisch entstandene Bilder eher der Bedürfnislage der Kinder entsprechen. Allerdings hat in der Schule ein Wandel der Didaktik stattgefunden, der heute auch in ihr ein freieres Arbeiten ermöglicht, den kindlichen Interessen mehr entgegenkommt als früher. Dies bekundet sich bei den meisten Bildern durch ihre freie und individuelle Gestaltung. Die Reduktion von Klassenergebnissen auf vorgegebene gestalterische oder inhaltliche Vorgaben blieb auf wenige Beispiele beschränkt. Im weiteren Verlauf des Forschungsprozesses wurden nach dem Zufallsprinzip 34 623 Bilder zur inhaltlichen Untersuchung aus dem Gesamtbestand ausgewählt. Die nachfolgende Tabelle gibt Auskunft über die Alters- und Geschlechtsverteilung aller zu weiteren Untersuchungen herangezogenen Bilder:

Anmerkungen

Altersverteilung				
Schuljahr	Alter	männlich	weiblich	Gesamt
1	6,7	755	823	1598
2	8	1505	1709	3214
3	9	2595	3088	5683
4	10	3430	3791	7221
5	11	3575	4304	7879
6	12	2324	2732	5056
7	13	1245	1567	2812
8	14	552	608	1160
		16001	**18622**	**34623**

Anzahl der untersuchten Bilder, aufgeteilt nach Alter und Geschlecht.

Soweit die Bilder in Schulen angefertigt wurden, handelte es sich um Regelschulen: Der Anteil von 18 Kindergartenkindern und 36 Schülern einer Sonderschule bedeutet eine

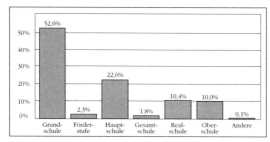

Verteilung aller Kinder nach Schulformen

statistisch vernachlässigbare Größe bezüglich verallgemeinerbarer Aussagen. Auch in demographischer Hinsicht ist das Grundlagenmaterial als repräsentativ anzusehen: Die 34623 Kinder verteilen sich auf fast 2000 Heimatorte; ihre genaue Anzahl beträgt 1927 Großstädte, Städte, Gemeinden und Dörfer, verteilt über das (alte) Bundesgebiet und Berlin (West).

[150] Um die Untersuchungen auch auf sechs- und siebenjährige Kinder ausdehnen zu können, wurden über den Kultusminister des Landes Nordrhein-Westfalen 104 repräsentativ ausgewählte Grundschulen angeschrieben und gebeten, den Kindern des 1. und 2. Schuljahres den Ausschreibungstext des Malwettbewerbs ebenfalls vorzulegen.

Für den Unterrichtsverlauf, so empfahl das Anschreiben, sollten keine fachdidaktischen Maßnahmen ergriffen werden, sondern die Kinder sollten eigenständig über Form, Technik und Inhalt entscheiden. Aus Gründen der Vergleichbarkeit wurde freigestellt, die Bilder in der Schule oder zu Hause anzufertigen. Mit Ablauf des festgesetzten Stichtages hatten 70 Grundschulen Bilder von 1827 Erst- und Zweitkläßlern eingesandt. Sie bildeten die notwendige Ergänzung, um auch in diesem Altersbereich analoge Untersuchungen vornehmen zu können.

[151] Das Bemühen um eine Erfassung der Inhalte war in 89 Fällen nicht möglich. Elfmal handelte es sich um Streu- und Kritzelbilder von Vorschulkindern, die ohne erklärenden Zusatz nicht zu identifizieren waren, neunmal um nicht bestimmbare Bildinhalte bereits älterer Kinder; letztere enthielten nur unfertige Zeichenversuche, oder es handelte sich um lustlose Kritzel. 29 Kinder, darunter befand sich eine Schulklasse mit 22 Schülern, hatten rein ornamentale Bildlösungen abgegeben. 30 weitere Bilder, diesmal vorwiegend von älteren Schülern, leg-

ten ungegenständliche Arbeiten vor; sie stellten den Versuch dar, ein »abstraktes« Bild zu gestalten.
[152] Vgl. A Gesell, Jugend, Die Jahre von zehn bis sechszehn, Bad Nauheim 1958, S. 74-77 und S. 112.
[153] Vgl. P. Ariès, Geschichte der Kindheit, Mit einem Vorwort von Hartmut von Hentig, München/Wien, 2. A. 1976.
[154] Lehrplan für Gymnasien des Freistaates Bayern v. 26. Aug. München 1964, S. 445.
[155] Vgl. H. Sturm, Ästhetik und Umwelt. Anmerkungen zum Verhältnis von Wahrnehmung, ästhetischen Funktionen, Normen, Werten, in: H. Sturm (Hg.), Ästhetik & Umwelt, Wahrnehmung, ästhetische Aktivität und ästhetisches Urteil als Momente des Umgangs mit Umwelt, Tübingen 1979, S. 83.
[156] Vgl. G. Otto/M. Otto, Auslegen, a. a. O., S. 8 f., S. 20 f.

Literatur

Aissen-Crewett, M., Kindenzeichnungen verstehen; Von der Kritzelphase bis zum Grundschulalter, München 1988.
Ariès, P., Geschichte der Kindheit, Mit einem Vorwort von Hartmut von Hentig, 2. A. München/Wien 1976
Arnheim, R., Art and visual perception, Berkely Univ. of California Press 1965.
Ästhetik und Kommunikation, Ästhetische Praxis Heft 30, Berlin 1977.
Austin, J.L., Zur Theorie der Sprechakte, Stuttgart 1972.
Auwärter, M., Die Kinder sind meistens traurig, Interviews mit Vier- bis Zehnjährigen, in: Kursbuch 72, Berlin 1983.
Baacke, D., Die 6- bis 12jährigen, Einführung in Probleme des Kindesalters, Weinheim und Basel 1984.
Baacke, D., Die Dreizehn- bis Achtzehnjährigen, Einführung in Probleme des Jugendalters, 2. erw. A. München/Wien/Baltimore 1979.
Barthelmes, J., Kindliche Weltbilder und Medien, München 1987.
Bauer K.W./Hengst H., (Hg.), Kritische Stichwörter zur Kinderkultur, München 1978.
Bauer, K.W.,/Hengst, H., Wirklichkeit aus zweiter Hand, Kinder in der Erfahrungswelt von Spielwaren und Medienprodukten, Reinbek bei Hamburg 1980.
BDK-Mitteilungen, Hannover 1976ff.
Betzler, E., Neue Kunsterziehung, Frankfurt/Main 1949.
Bloch, E., Das Prinzip Hoffnung, In fünf Teilen, Frankfurt/M. 1959.
Bourdieu, P., Zur Soziologie der symbolischen Formen, Frankfurt/M. 1974.
Britsch, G., Theorie der Bildenden Kunst, (Hg. Egon Kornmann) 5. A., Ratingen 1966.
Brög, H., (Hg.) Kunstpädagogik heute. Band 1: Didaktische Probleme. Band 2: Grund- und Bezugswissenschaften, Düsseldorf 1980.
Brög, H./Eschbach A., Die Tücke des Objekts, Festschrift H. Sturm, Aachen 1987.
Bruner, J.S., u.a., Studien zur kognitiven Entwicklung, Stuttgart 1971.
Bühler, K., Die geistige Entwicklung des Kindes 3. A., Jena 1922.
Burchartz, M., (Hg.), Schwarze, Rote und Menschen wie wir, München 1956
Criegern, A. von, (Hg.), Handbuch der Ästhetischen Erziehung, Stuttgart 1982.
Daucher H., (Hg.), Kinder denken in Bildern, München/Zürich 1990.
Daucher, H./Sprinkart K.-P., (Hg.), Ästhetische Erziehung als Wissenschaft, Köln 1979.
Dewey, J., Kunst als Erfahrung, Frankfurt/M. 1988.
DiLeo, J.H., Die Deutung von Kinderzeichnungen Karlsruhe 1992
Dürrenmatt, F., Das Versprechen, Roman, München 1988.
Ebert, W., Zum bildnerischen Verhalten des Kindes im Vor- und Grundschulalter, Ratingen 1967.
Egen, H., Kinderzeichnungen und Umwelt, Bonn 1967.
Ehmer, H.K., (Hg.), Kunstunterricht und Gegenwart, Frankfurt/M. 1967.
Eid, K./Langer, M./Ruprecht H., Kinderkunst, München 1983.
Eng, H., Kinderzeichnen, Vom ersten Strich bis zu den Farbenzeichnungen des Achtjährigen, Leipzig 1927.
Eng, H., The psychology of child and youth drawing from the ninth to the twenty-fourth year, London 1957.
Erikson, H.E., Identität und Lebenszyklus, Frankfurt/M. 1973.
Eucker, J./Kämpff-Jansen, H., Ästhetische Erziehung 5-10, München 1980.
Eucker, J./Ruppik, B., Kunstunterricht 1–2, Weinheim/Basel 1983.

Freeman, N.H., Strategies of representation in young children: Analysis of spatial skills and drawing processes, Academic Press, London 1980.
Gesell, A., Jugend, Die Jahre von zehn bis sechszehn, Bad Nauheim 1958.
Giffhorn, H., Kritik der Kunstpädagogik, Köln 1979.
Goodnow, J., Children's drawings; Open Books, London 1977.
Grözinger, W., Kinder kritzeln, zeichnen, malen, München 1952.
Haas, G., Ich bin ja so allein, Kranke Kinder zeichnen und sprechen über ihre Ängste, Ravensburg 1981.
Habermas, J., Theorie des kommunikativen Handelns, Bd. 1, Handlungsrationalität und gesellschaftliche Rationalisierung, Bd. 2. Zur Kritik der funktionalistischen Vernunft, Frankfurt/M. 1981.
Handbuch der empirischen Sozialforschung, Hg. R. König, Band 4, Komplexe Forschungsansätze, Stuttgart 1974.
Handbuch der Kunst- und Werkerziehung. Begr. v. H. Trümper, fortgeführt von G. Otto, Berlin seit 1953.
Handbuch der Psychologie, Bd. 6, Psychologische Diagnostik, *R. Heiss* (Hg.), Göttingen 1964.
Hartlaub, G.F., Der Genius im Kinde, Breslau 1922.
Hartwig, H., (Hg.), Sehen lernen, Köln 1976.
Hartwig, H., Jugendkultur, ästhetische Praxis in der Pubertät, Reinbek bei Hamburg 1980.
Hausmann, M., Martin, Gütersloh 1953.
Heckhausen, H., Wachsen und Lernen in der Genese von Persönlichkeitseigenschaften. Ber. 24. Kongreß der Deutschen Gesellschaft für Psychologie, Wien 1964, Göttingen 1965.
Heckhausen, H., Motivation und Handeln, Berlin u.a. 1980.
Hengst H./Köhler M./Riedmüller B. u.a., Kindheit als Fiktion, Frankfurt/M. 1981
Hentig H. v., Der ungleiche Krieg zwischen Erwachsenen und Kindern, Rede bei der Verleihung des Friedenspreises an den polnischen Arzt und Pädagogen Janusz Korczak in der Paulskirche, in: Frankfurter Allgemeine, Nr. 228 vom 2.10.1972.
Hentig H. v., Das allmähliche Verschwinden der Wirklichkeit, Ein Pädagoge ermutigt zum Nachdenken über die Neuen Medien, 2. A. München/Wien 1985.
Hentig H. v., Ergötzen, Belehren, Befreien, Schriften zur ästhetischen Erziehung, München/Wien 1985.
Hespe, R., Der Begriff der freien Kinderzeichnung in der Geschichte des Zeichen- und Kunstunterrichts von ca. 1890–1920, Frankfurt/M./Bern 1985.
Hinkel H., Wie betrachten Kinder Bilder? Untersuchungen und Vorschläge zur Bildbetrachtung, 4. A. Gießen 1972.
Hohenzollern, J.G. Prinz v., (Hg.), Vom Kritzeln zur Kunst, Bad Heilbrunn/Obb. 1987.
Holzkamp, K., Sinnliche Erkenntnis, Frankfurt 1973.
Iten, A., Die Sonne in der Kinderzeichnung und ihre psychologische Bedeutung, Zug 1974.
John-Winde, H., Kriterien zur Bewertung der Kinderzeichnung, Bonn 1981.
John-Winde, H./Roth-Bojadzhier, G., Kinder, Jugendliche, Erwachsene zeichnen, Baltmannsweiler 1993.
Karmann, P., Die Wahrnehmung von baulichräumlicher Umwelt bei Kindern, Frankfurt/M. 1986.
Katalog, Mit den Augen der Kinder, Kindernothilfe, Duisburg 1990.
Kellog, R., Analyzing Children's Art. Palo Alto 1969.
Kemp W., »... einen wahrhaft bildenden Zeichenunterricht überall einzuführen«, Zeichnen und Zeichenunterricht der Laien 1500-1870, Ein Handbuch, Frankfurt/M. 1979.
Kerbs, D., Historische Kunstpädagogik, Köln 1976.
Kerschensteiner, G., Die Entwicklung der zeichnerischen Begabung, München 1905.
Klafki, W., Neue Studien zur Bildungstheorie und Didaktik, 2. erw. A. Weinheim/Bazel 1991.
Kläger, M., Das Bild und die Welt des Kindes, Ein monografischer Bericht über die Bilder zweier Kinder vom 2. bis zum 14. Lebensjahr, München 1974.

Kläger, M., Jane C. Symbolisches Denken in Bildern und Sprache, Das Werk eines Mädchens mit Down-Syndrom in Le Fil d'Ariane, München/Basel 1978.
Kläger, M., Phänomen Kinderzeichnung, Baltmannsweiler 1989.
Kobbert, M.J., Kunstpsychologie, Darmstadt 1986.
Koch, K., Der Baumtest (1949), Bern/Stuttgart/Wien 1972.
Koch, L./Marotzki, W./Peukert, H., (Hg.): Pädagogik und Ästhetik, Weinheim 1994.
Kolb, G., Bildhaftes Gestalten als Aufgabe der Volkserziehung, Teil 1., 2. erw. A., Stuttgart 1930.
Koops, H./Mosel-Göbel D./Sorger P., Zur Interpretation und Konstruktion räumlicher Konfigurationen und ihrer ebenen Darstellungen, Opladen 1984.
Koppitz, E.M., Die Menschendarstellung in Kinderzeichnungen und ihre psychologische Auswertung, Stuttgart 1972.
Kornmann, E., Über die Gesetzmäßigkeiten und den Wert der Kinderzeichnungen, Ratingen, 5.A. 1966.
Kos, M./Biermann, G., Die verzauberte Familie, München/Basel 1973.
Kramer, E., Kunst als Therapie mit Kindern, München/Basel 1975.
Kroh, O., Entwicklungspsychologie des Grundschulkindes, 19. A. Langensalza 1944.
Krötzsch, W., Rhythmus und Form in der freien Kinderzeichnung, Leipzig 1917.
Kunst und Unterricht, Velber bei Hannover, 1968, Heft 1ff.
Langer, S.K., Philosophie auf neuem Wege, Das Symbol im Denken, Ritus und in der Kunst, 2. A. Mittenwald 1979.
Legler, W./Otto, G./Pazzini, K.J. u.a., Denken und Machen, Kunst und Unterricht, Sonderheft 1979, Velber bei Hannover 1979.
Lenzen, D. (Hg.), Kunst und Pädagogik, Erziehungswissenschaft auf dem Weg zur Ästhetik?, Darmstadt 1990.
Levinstein, S., Kinderzeichnungen bis zum 14. Lebensjahr, Mit Parallelen aus der Urgeschichte, Kulturgeschichte und Völkerkunde, Leipzig 1904.
Limberg, R., Der Einfluß von Angstbereitschaft auf die Verarbeitung visueller Informationen, Weinheim/Basel 1982.
Lowenfeld, V., Vom Wesen schöpferischen Gestaltens, Frankfurt/M. 1960.
Lowenfeld, V./Brittain, W.L., Creative and mental growth, New York 1982
Machover, K., Personality projection in the drawings of the human figure, Illinois, 4th Print, 1957.
Meili-Dworetzki, G., Das Bild des Menschen in der Darstellung und Vorstellung des Kleinkindes, Bern/Stuttgart 1957.
Meili-Dowretzki, G., Spielarten des Menschenbildes. Ein Vergleich der Menschenzeichnungen japanischer und schweizerischer Kinder, Bern/Stuttgart/Wien 1982.
Meyers, H., Experimentelle Untersuchungen zur Entwicklung des zeichnerischen Gestaltens, Diss. Mainz 1950.
Meyers, H., Die Welt der kindlichen Bildnerei, Witten 1957.
Meyers, H., Stilkunde der naiven Kunst, Frankfurt/M. 1960.
Meyers, H., Kind und bildnerisches Gestalten, München 1968.
Mosimann, W., Kinder zeichnen, Bern/Stuttgart 1979.
Muckenhaupt, M., Text und Bild, Grundfragen der Beschreibung von Text- Bildkommunikation aus sprachwissenschaftlicher Sicht, Tübingen 1986.
Mühle, G., Entwicklungspsychologie des zeichnerischen Gestaltens, Grundlagen, Formen und Wege in der Kinderzeichnung, 4. A. Berlin/Heidelberg/New York 1975.
Müller-Wiedemann, H., Mitte der Kindheit, Das neunte bis zwölfte Lebensjahr, Eine biografische Phänomenologie der kindlichen Entwicklung, Frankfurt/M. 1984.
Neuhaus, W., Der Aufbau der geistigen Welt des Kindes, 2. A. München 1962.
Nguyen-(lausen, A., Alle Kinder sind kreativ, Längsschnittstudie über Kritzelaktivitäten Ein- bis Dreijähriger, in: Berichte aus der Forschung, Maximilians-Universität-München, Juli 1982.

Literatur

Nickel, H., Entwicklungspsychologie des Kindes- und Jugendalters, Bd. 1, Allgemeine Grundlagen, Die Entwicklung bis zum Schuleintritt, 4. A. Bern 1982. Bd. 2, Schulkind und Jugendlicher, 3. A. Bern 1981.
Oerter, R., Moderne Entwicklungspsychologie, 19. A. Donauwörth 1982.
Oerter, R./Montada L., Entwicklungspsychologie, Ein Lehrbuch, München/Wien/Baltimore 1982.
Ott, R., Urbild der Seele, Bergen II 1949.
Otto, G., Kunst als Prozeß im Unterricht, 2. erw. A., Braunschweig 1969.
Otto, G., (Hg.), Texte zur Ästhetischen Erziehung, Braunschweig 1975.
Otto, G., Kunstpädagogik, Psychologische Beiträge zur Erforschung ästhetischen Verhaltens, in: Die Psychologie des 20. Jahrhunderts, Bd. XI, Konsequenzen für die Pädagogik (1), Entwicklungsmöglichkeiten und erzieherische Modelle, W. Spiel (Hg.), Zürich 1980.
Otto, G./Otto M., Auslegen, Ästhetische Erziehung als Praxis des Auslegens in Bildern und des Auslegens von Bildern, Seelze 1987.
Petzold, H./Orth. J., (Hg.): Die neuen Kreativitätstherapien, Handbuch der Kunsttherapie, Bd. I u. Bd. II, Paderborn 1991.
Pfennig, R., Gegenwart der Bildenden Kunst, Erziehung zum bildnerischen Denken, Oldenburg 1964.
Piaget, J., Das Erwachen der Intelligenz beim Kinde, Stuttgart 1969.
Piaget, J., Nachahmung, Spiel und Traum, Stuttgart 1969.
Piaget J./Inhelder B., Die Entwicklung des räumlichen Denkens beim Kinde, Mit einer Einführung von H. Aebli, Stuttgart 1971.
Piaget, J., Der Aufbau der Wirklichkeit beim Kinde, Ges. Werke Bd. 2, Stuttgart 1975.
Piaget, J., Das Weltbild des Kindes, Mit einer Einführung von H. Aebli, Frankfurt/M./Berlin/Wien 1980.
Postman, N., Das Verschwinden der Kindheit, Frankfurt/M. 1983.
Rabenstein, R., Kinderzeichnung, Schulleistung und seelische Entwicklung, 4. A. Bonn 1980.
Rahmenrichtlinien, Primarstufe Kunst, Visuelle Kommunikation, Pr-K 72, Der Hessische Kultusminister. Wiesbaden o.J.
Rahmenrichtlinien Primarstufe, Sekundarstufe I Kunst, Der Hessische Kultusminister; Wiesbaden 1983.
Read, H., Erziehung durch Kunst, München/Zürich 1968.
Reiß, W., Die Kunsterziehung in der Weimarer Republik, Weinheim/Basel 1981.
Ricci, C., L'arte dei bambini (Bolonga 1887), Leipzig 1906.
Richter, H.-G., Anfang und Entwicklung der zeichnerischen Symbolik; Kastellaun 1976.
Richter, H.-G., Therapeutischer Kunstunterricht, Düsseldorf 1977.
Richter H.-G., Geschichte der Kunstdidaktik, Düsseldorf 1981.
Richter H.-G., Pädagogische Kunsttherapie, Düsseldorf 1984.
Richter, H.-G., Die Kinderzeichnung, Entwicklung, Interpretation, Ästhetik, Düsseldorf 1987.
Richter-Reichenbach, K.-S., Bildungstheorie und Ästhetische Erziehung heute, Darmstadt, 1983.
Richtlinien und Lehrpläne f. die Grundschule in Nordrhein-Westfalen Kunst/Design, Köln (o.J.).
Richtlinien Kunst für die Gesamtschule- Sekundarstufe I in Nordrhein-Westfalen, Köln 1980.
Richtlinien Kunst Gymnasium- Sekundarstufe I in Nordrhein-Westfalen, Düsseldorf 1993.
Rolff H.G./Zimmermann P., Kindheit im Wandel, Eine Einführung in die Sozialisation im Kindesalter, Weinheim/Basel 1985.
Roth, H., (Hg.), Begabung und Lernen, Stuttgart 1969.
Rubinstein, S.L., Grundlagen der allgemeinen Psychologie, 8. A. Berlin 1973.
Saint- Exupéry, A., Der Kleine Prinz, Düsseldorf 1956.
Sander, F./Volkelt, H., Ganzheitspsychologie, 2. A. München 1967.
Schenk-Danzinger, L., Entwicklungspsychologie, 15. A. Wien 1981.

Literatur

Schetty, S. A., Kinderzeichnungen, Eine entwicklungspsychologische Untersuchung, Zürich 1974.
Schneider, G., (Hg.), Ästhetische Erziehung in der Grundschule, Weinheim/Basel 1988.
Schoppe, A., Kinderzeichnung und Lebenswelt, Herne 1991.
Schuster, M., Die Psychologie der Kinderzeichnung, Berlin/Heidelberg 1990.
Schütz, A., Der sinnhafte Aufbau der sozialen Welt, Frankfurt/M. 1981.
Schwarze, Rote und Menschen wie wir, Von Kindern gemalt und erzählt, zusammengestellt und erläutert von Max Buchartz, München 1956.
Schwerdtfeger, K., Bildende Kunst und Schule. 3./4. A. Berlin u. a. 1957.
Seitz, R., Zeichnen und Malen mit Kindern, München 1980.
Selle, G., Gebrauch der Sinne, Eine kunstpädagogische Praxis, Reinbek bei Hamburg 1988.
Spitzer, K./Lange, M., (Hg.): Tasten und Gestalten, Waldkirch 1982.
Staguhn, K., Expressives Malen. Weinheim, Berlin 1968.
Staudte, A., Ästhetisches Verhalten von Vorschulkindern. Eine empirische Untersuchung zur Ausgangslage für Ästhetische Erziehung, Weinheim/Basel 1977.
Staudte, A., (Hg.), Ästhetisches Lernen auf neuen Wegen, Weinheim/Basel 1993.
Stern, Cl. u. W., Die zeichnerische Entwicklung eines Knaben vom 4. bis zum 7. Jahre, in: Zeitschr. f. angew. Psychologie u. psycholog. Sammelforschung, 3. Bd., 1910.
Strohschein, B., Tagträume hinter Schulmauern, Frankfurt/M. 1982.
Sturm, H., (Hg.), Ästhetik und Umwelt, Tübingen 1979.
Sully, J., Untersuchungen über die Kindheit (1895),
Volkelt, H., Die Prinzipien der Raumdarstellung des Kindes, Bietigheim/Württemberg 1968.
Weinert, F. E., (Hg.), Pädagogische Psychologie, Köln 1967.
Welsch, W., Ästhetisches Denken, Stuttgart 1990.
Westrich, E., Die Entwicklung des Zeichnens während der Pubertät, Frankfurt/M. 1968.
Wick, R., Bauhaus-Pädagogik, 4. A. Köln 1994.
Widlöcher, D., Was eine Kinderzeichnung verrät, Methode und Beispiele psychoanalytischer Deutung, München 1974.
Wieczerkowski W., Oeveste, H. z., Lehrbuch der Entwicklungspsychologie, 3 Bde, Düsseldorf 1982.
Wulff, O., Die Kunst des Kindes, Der Entwicklungsgang seiner zeichnerischen und bildnerischen Gestaltung, Stuttgart 1927.

Für die Abdruckgenehmigung einiger Abbildungen danken wir dem Ludwig Auer Verlag, Donauwörth, und dem Schwann Verlag, Düsseldorf.